Wolfgang Hardegen • Gefangen in Bautzen

Wolfgang Hardegen

Gefangen in Bautzen

Ein Jugendlicher überlebt acht Jahre Haft im „Gelben Elend“

FRIELING

Dieses Buch widnme ich meinem Freund

Walter Hamann,

der nach dreijähriger Haft, 19jährig,
im „Gelben Elend“ menschenunwürdig sterben mußte.

Die Deutsche Bibliothek – CIP-Einheitsaufnahme
Hardegen, Wolfgang:
Gefangen in Bautzen : ein Jugendlicher überlebt acht Jahre Haft im „Gelben Elend“ / Wolfgang Hardegen. –
Orig.-Ausg., 1. Aufl. – Berlin : Frieling, 2000
ISBN 3-8280-1120-9

Hünefeldzeile 18, D-12247 Berlin-Steglitz
Telefon: 0 30 / 76 69 99-0

ISBN 3-8280-1120-9
1. Auflage anno 2000
Umschlaggestaltung: Graphiti
Bildnachweis: Archiv des Autors

Wenn auf unserer Erde auch nur einem Menschen ein Haar deshalb gekrümmt wird, weil er einem bestimmten Volk oder einer ethnischen Gruppe, einer bestimmten Rasse, einer gesellschaftliche Klasse, Nation oder Religion angehört, er aber sonst frei von Schuld ist, so wird das immer verwerflich und grundsätzlich verabscheuungswürdig sein.

„Sobald nun eine Lüge populär geworden ist …, ist es unmöglich, sie einzuholen, wenn sie einmal einen Vorsprung hat. Sie mag noch so oft und von noch so attraktiver Seite widerlegt werden, unwissende Menschen wiederholen sie weiter, und Journalisten schreiben sie weiter voneinander ab, bis sie keine Lust mehr haben, daran zu glauben. Dann, und nicht früher, stirbt sie eines natürlichen Todes. Es ist jedoch ein sehr schleichender Tod …“

Georg Bernard Shaw 1856-1950

Die Tatsache besteht, daß die deutsche Selbstkritik bösartiger, radikaler, gehäßiger ist als die jeden anderen Volkes. Eine zügellose Herabsetzung des eigenen Landes nebst inbrünstiger kritikloser Verehrung anderer.

Thomas Mann

Wo Recht zu Unrecht wird, wird Widerstand zur Pflicht!

Eine gerechte Zukunft kann nur auf der Wahrheit der Vergangenheit errichtet werden.

Inhaltsverzeichnis

Vorwort

1947. Nach monatelanger Untersuchungshaft, allein in einer Einzelzelle, wurde ich – 18 Jahre jung – von einem sowjetischen Militärgericht zu zweimal 25 Jahren und einmal zehn Jahren Zwangsarbeitslager verurteilt. Großzügig wurden diese drei Strafen zu 25 Jahren zusammengefaßt. Das war die Höchststrafe. Ich wußte damals nicht, daß im Mai 1947 die Todesstrafe abgeschafft worden war. Es wäre mir sicherlich sonst so ergangen wie so vielen Jungs in der SBZ in den beiden ersten Nachkriegsjahren. Mehrere Hundert sollen zum Tode verurteilt worden sein. Durch Erschießen wurden sie ermordet. Bis zum Januar 1950 war in der Sowjetunion und in ihrem Einflußbereich die Todesstrafe abgeschafft worden.

Typisch für die Schreckensherrschaft Stalins und seiner Helfer war, daß die Abschaffung der Todesstrafe mit großem propagandistischen Aufwand erfolgte. Die Wiedereinführung 1950 hingegen wurde in aller Stille durchgeführt.

Außergewöhnliche Zeiten, außergewöhnliche Ereignisse, außergewöhnliche Situationen sind wohl am besten zu verstehen durch Berichte möglichst vieler um Objektivität bemühter Zeitzeugen, obwohl es vollständig objektive Augenzeugenaussagen vielleicht nicht gibt. Mehr oder weniger sind auch solche Berichte immer subjektiv gefärbt. Beim Lesen solcher Darstellungen sollte sich der Leser aber immer fragen: Warum hat dieser oder jener Zeitzeuge überhaupt seine besonderen Erlebnisse zu Papier gebracht? Was waren seine Motive?

Sicher gibt es meist auch dafür mehrere Antworten.

Will er sich wichtig machen? Will er sich damit an denen rächen, die ihm persönlich Schaden zugefügt haben? Will er sich rechtfertigen? Das sind einige Beispiele für egoistische Motive. Es gibt aber auch Zeitzeugenberichte, die aus der bedrängenden Vorstellung heraus niedergeschrieben werden, daß unglaubliche und furchtbare Ereignisse nicht in der Versenkung verschwinden dürfen, nicht dem Vergessen anheimfallen sollen, ja sogar dem Reich des Vergessens wieder entrissen werden müssen.

Alle großen Opfer und schmerzhafte Leiden bekommen noch nachträglich einen Sinn, wenn sie durch ehrliche Niederschriften erhalten bleiben. Vielleicht, aber leider eben nur vielleicht, kann das Wissen von schrecklichen und grausamen Vorkommnissen in der Vergangenheit, die von brutaler Menschenhand und verachtungswürdigem Menschengeist ausgelöst wurden, in der Zukunft eine Wiederholung verhindern.

Der prozentuale Anteil der an Geschichte interessierten Menschen ist nur klein. Nur relativ wenige beschäftigen sich ernsthaft mit ihr. Die Bedeutung des Unterrichtsfaches Geschichte an den Schulen ist zu verschiedenen Zeiten verschieden groß gewesen. Auch wurde und wird in den verschiedensten Gesellschaftssystemen immer wieder versucht, den Geschichtsunterricht für ideologische Ziele zu instrumentalisieren. Heute dürfte der Geschichtsunterricht keinesfalls besonders hoch eingeschätzt werden. Wer kennt nicht das Zitat: „Das einzige, was man aus der Geschichte lernen kann, ist, daß die Menschheit aus der Geschichte nichts lernt." (Hegel)

Dieser sarkastische Satz zeigt sicherlich nicht die volle Wahrheit. Aber eines scheint offensichtlich: In der Verantwortung stehende Politiker in hohen oder in höheren Positionen ohne fundiertes Geschichtswissen sind wie Chirurgen mit unvollständiger Kenntnis der Anatomie. Beider Erfolge sind auf Friedhöfen zu finden.

Bei Diskussionen, Unterhaltungen, Vorträgen, in Filmberichten und Geschriebenem kann immer wieder festgestellt werden, daß Erklärungsversuche oder Erklärungen von geschichtlichen Abläufen oder Situationen verwechselt werden mit Wertungsversuchen oder Wertungen, Entschuldigungen, Verurteilungen oder Rehabilitierungen.

Eine Erklärung darf nicht automatisch als Rechtfertigung gewertet werden. Vielen ist schon dadurch Unrecht zuteil geworden, daß ihre Erklärung für einen geschichtlichen Tatbestand oder Ablauf mit einer Entschuldigung verwechselt wurde. Da auch ethische Normen gerade im Bereich der politischen Machtstrategien einem häufigen Wechsel unterworfen sind, werden historische Fakten immer wieder von verschiedenen Standpunkten erhellt oder verdunkelt. Es gibt eben hier keine absolute Wahrheit.

Einem meist kurzlebigen Zeitgeist zu verfallen, kann jeden Menschen schnell auf einen Pfad führen, der ihn zu einem unerwünschten Ziel bringt.

Es ist nicht einfach nur intellektuelle Unzulänglichkeit oder moralische Schlechtigkeit, die dazu verleitet, historische Fakten falsch zu interpretieren. Meistens sind es Unwissenheit, einseitige Information, Oberflächlichkeit, manchmal aber auch Bösartigkeit.

Für viele Deutsche unserer Zeit mag der Spruch Voltaires zutreffen: „Der Friede ist mehr wert als die Wahrheit!"

Dieser Satz mag durchaus vorteilhaft sein im kleinen Geplänkel des Alltags. Für die Beurteilung historischer Fakten ist die Anwendung dieser Aussage nicht nur Bequemlichkeit, sondern öfter auch Feigheit.

Rückblickend auf unser 20. Jahrhundert muß man feststellen, daß nicht nur für Europa die beiden großen Weltkriege die verheerenden Ereignisse dieses Zeitraums waren. Es ist müßig, darüber nachzudenken, wie die Welt heute aussehen würde, hätte es sie nicht gegeben. Um so wichtiger aber sind die Fragen: Warum konnte es sie geben? Was waren die Ursachen? Waren sie wirklich unvermeidbar?

Unendlich viel Wahres, Halbwahres, Falsches und Entstellendes ist darüber geschrieben worden. Wer wirklich ernsthaft diese große Frage beantworten will, muß viele Bücher lesen, Originaldokumente studieren, großes Interesse für geschichtliche Ereignisse und Entwicklungen haben, sich gut in zurückliegende Zeiten hineinversetzen können und versuchen, die Dinge aus der damaligen Zeit heraus zu verstehen.

Mit dem Wissen, das wir am Ende dieses Säkulums haben, mit den Wertmaßstäben von heute die Ereignisse messend, werden wir vieles nicht erklären und verstehen können. Wer Geschichte wirklich erfahren will, muß versuchen, sich in die jeweilige Epoche hineinzuversetzen, und dabei das damalige Wissen der Betroffenen in Betracht ziehen. Unsere Urteile aus heutiger Sicht sind oft arrogant. Warum konnte das und jenes damals so passieren? Wieso reagierten die Menschen der damaligen Zeit so und nicht anders? Wieso konnte dies oder das nicht verhindert werden? Wer der Wahrheit näherkommen will, muß hinterfragen. Nur so wird Geschichte auch interessant. Wer sie wirklich erfahren will, muß sie studieren, d. h. sich sehr um sie bemühen.

Interessant ist vielleicht in diesem Zusammenhang folgende Tatsache: Das weltweit bekannte amerikanische Nachrichtenmagazin „Time" wählte Hitler 1938, also als er bereits fünf Jahre an der Macht war, zum „Mann des Jahres".

In den ersten beiden schweren Nachkriegsjahren, und dies scheint im Zusammenhang der hier geschilderten Ereignisse besonders wichtig zu sein, war der Wissensstand über die Demokratie bei uns 16- und 17jährigen durch das bestimmt, was wir im Geschichtsunterricht gelehrt bekommen hatten. Und das war in etwa: Das Wort Demokratie stammt aus dem Griechischen und bedeutet Volksherrschaft. Bei berühmten griechischen Philosophen wie z. B. Platon und Aristoteles, dem römischen Cicero galt sie als entartete oder zumindest als nicht gute Staatsform. Außerdem wäre es im alten Griechenland ohnehin nur einer kleinen oberen Gesellschaftsschicht gestattet gewesen mitzubestimmen.

In Deutschland gab es von 1919 bis 1933 die Weimarer Republik, die erste parlamentarische Demokratie. In den 14 Jahren ihres Bestehens gab es viele Regierungen, bürgerkriegsähnliche Zwistigkeiten und eine Inflation, die alle Ersparnisse zunichte gemacht hatte.

1929 breitet sich eine weltweite Wirtschaftskrise von den USA her aus, also von einer Demokratie, die alle Industriestaaten in Mitleidenschaft zog.

Den demokratischen Regierungen der Weimarer Republik war es nicht gelungen, die das gesamte deutsche Volk knebelnden Bedingungen des Versailler Diktats zu mildern oder zu beseitigen.

Am Ende dieser ersten Demokratie in Deutschland stand ein Heer von über sechs Millionen arbeitslosen Deutschen, die am unteren Ende des Existenzminimums ihr Leben fristen mußten.

Die beiden Demokratien England und Frankreich hatten uns am 3.9.1939 den Krieg erklärt, als Antwort auf den Einmarsch deutscher Truppen in Polen und die vorangegangene aggressive deutsche Außenpolitik.

Am verwerflichsten waren für uns die „Überdemokratien“, die sogenannten Volksdemokratien, also Volks-Volksherrschaften im Osten Europas unter sowjetischem Diktat.

Zusammenfassend muß ich sagen, daß wir keinerlei Demokratieerfahrung hatten und uns ein einseitiges, negatives und falsches Demokratiebild beigebracht worden war.

Als Jugendliche waren wir eher leicht zu begeistern für eine neue Utopie.

„Gebt mir die Jugend, und ich schaffe euch das Jahrhundert“, ist sicherlich ein nicht unberechtigtes Zitat, das zu allen Zeiten seine Aktualität behalten hat.

Da es eben keine absolut allgemeingültigen Wertskalen gibt und nur zu viele Menschen mehr oder weniger orientierungslos das tun, was ihnen vorgegeben, befohlen, verordnet wird oder der Zeitgeist ihnen vorgaukelt, werden machtbesessene Utopisten und Demagogen immer wieder Anhänger finden. Bildung, Aufklärung, Erziehung zur Kritik, besonders der Jugend, Vermittlung von Geschichtswissen, Behandlung der unumstößlichen menschlichen Werte, der Menschenrechte und vor allem der Pflichten sind angezeigt zur Prophylaxe gegen falsche Denkmodelle menschlichen Zusammenlebens.

Eigentümlicherweise ist z. Zt. in der Welt immer nur von Menschenrechten die Rede. Warum wird eigentlich nicht gelegentlich auch von Menschenpflichten gesprochen?

Ungewollt bin ich in die Geschichte der ersten zwei Nachkriegsjahre gerissen worden. Als Augenzeuge habe ich unvorstellbare Grausamkeiten und Furchtbares erlebt. Es war kein Krieg mehr während dieser Zeit mitten in Europa und mitten im 20. Jahrhundert. Die Täter versuchten damals, all das Schreckliche zu verheimlichen, ein eindeutiger Beweis ihres schlechten Gewissens bzw. der Tatsache, daß sie wußten, daß sie Unrecht begingen.

Ich habe das große Glück gehabt zu überleben und fühle mich deshalb moralisch verpflichtet denen gegenüber, die dort geblieben sind und nicht mehr sprechen oder schreiben können, diesen Tatsachenbericht niederzuschreiben. Ich möchte auch nicht verhehlen, daß mich mit diesem Buch eine Haß-Liebe verbindet.

Was ich mühsam all die Jahre danach verdrängt habe, muß ich nun mit allen Mitteln wieder in mein Gedächtnis rufen. All die schrecklichen Zeiten gilt es noch einmal zu durchleben.

Wäre die Berliner Mauer nicht gefallen, hätte ich nie den Ort der bösen Handlung wiedergesehen, hätte ich wahrscheinlich eine Unterlassungssünde begangen und das Buch nie geschrieben.

So aber hat mich die Vergangenheit wieder eingeholt, und sie wird mich wohl bis an mein Lebensende weiter begleiten.

Ausdrücklich möchte ich aber an dieser Stelle mit großem Nachdruck betonen, daß die Darstellungen der menschenverachtenden Grausamkeiten in keiner Weise übertrieben sind. Ich würde allen Betroffenen einen Bärendienst erweisen, wenn ich auch nur im geringsten versuchen würde, etwas zu entstellen oder zu übertreiben. Es war alles grausam genug. Besonders am Herzen aber liegt mir, deutlich zu sagen, was das Buch auf gar keinen Fall beabsichtigt: Es wäre fatal, wenn auch nur der Anschein entstehen würde, daß dieser Bericht Ressentiments wecken oder aufbauen wolle, Vorurteile bestätigen oder gar Haß und Rache säen sollte. Wer solches daraus folgert, versteht die Aussage, die ich mit dieser Niederschrift machen möchte, falsch.

Daß das meinerseits nicht nur leere Worte sind, kann man in einem der letzten Kapitel bestätigt finden.

Meine Niederschrift soll keinesfalls zur Verherrlichung des Dritten Reichs dienen, ebenso darf sie der Aussöhnung des deutschen und russischen Volkes auf gar keinen Fall im Wege stehen.

Die dargestellten Tatsachen mögen aber dazu beitragen, diesen Teil der jüngsten Geschichte unseres Vaterlandes besser zu verstehen.

Wir Betroffenen, Jungs von 16 und 17 Jahren, empfanden so, wie ich es beschreibe, und wir waren davon überzeugt, daß wir uns schuldig machen würden, wenn wir nichts gegen das Schreckensregime Stalins unternommen hätten.

Wer den Inhalt des Buchs richtig erkennen, gerecht interpretieren und verständnisvoll einordnen will, sollte sich immer vor Augen halten, daß wir Jungens von den unglaublichen Untaten und Menschenrechtsverletzungen, die von deutscher Seite vorher begangen worden waren, bis Kriegsende nichts wußten, da wir nie etwas davon gehört hatten.

Was das verabscheuungswürdige Verhalten von Deutschen in den besetzten Gebieten betrifft, erinnere ich mich lediglich an Unterhaltungen von Erwachsenen,

Soldaten aus Rußland, die auf Heimaturlaub waren und die im Freundeskreis mit größtem Zorn von „Goldfasanen" berichteten. „Goldfasane" waren höhergestellte NSDAP- Parteileute, die sicher weit hinter der Front in Saus und Braus lebten. Sie spielten sich diktatorisch als Potentaten auf, schikanierten und drangsalierten in oft brutaler und widerlicher Weise die Bevölkerung. Die von den meisten Soldaten verhaßten Parteibonzen haben durch ihr Verhalten vor allem bewirkt, daß immer mehr russische Zivilisten zu den Partisanen übergelaufen sind.

In den ersten beiden Nachkriegsjahren war die Information außerordentlich spärlich. Fernsehen gab es noch nicht. Rundfunkapparate waren gestohlen, zerstört oder mußten abgegeben werden. Die Zeitungen, die es bei uns erst Monate nach Kriegsende wieder gab, bestanden nur aus wenigen Blättern, und ihr Inhalt war dermaßen stalinistisch-kommunistisch tendenziös, daß kaum einer glauben konnte und auch nicht glauben wollte, was man uns Deutschen an Verbrechen vorhielt. Das Inferno, welches wir mit der Roten Armee und den sowjetischen Besatzern erlebt hatten, war absolut nicht geeignet, die Glaubhaftigkeit der kommunistischen Anschuldigungen auch nur im geringsten anzuerkennen.

Was über die deutschen KZs, z. B. über Auschwitz, Buchenwald, Sachsenhausen u. a. berichtet wurde, war für uns unvorstellbar. Wir sahen das alles als propagandistische Unwahrheit an, ebenso die Behauptung, daß die Massenmorde von Katyn nicht von den Sowjets, sondern von den Deutschen begangen worden sein sollten.

Nach der Eroberung des Gebietes um Katyn durch die deutsche Wehrmacht hatte man die Massengräber gefunden. Tausende von polnischen Offizieren und Angehörigen aus der Schicht der Intelligenz waren durch Erschießen hingerichtet worden. Von deutscher Seite wurde mit großem propagandistischem Aufwand uns, den Deutschen, aber auch der ganzen Welt gezeigt, was für ein Verbrechen von sowjetischer Seite begangen worden war. Internationale kompetente Fachleute, z. B. aus der Schweiz und aus Schweden, wurden nach Katyn geholt, die eindeutig bestätigten, daß die Sowjets diese Verbrechen begangen hatten. Wir mußten annehmen, daß die sowjetischen Nachkriegsdarstellungen Lügen waren.

Die angeführten Tatsachen sollten jedem zu denken geben, der heute über die Informationsflut und die Medien schimpft.

Wer sich mit der Zeit beschäftigt, in der die Nationalsozialisten Deutschland beherrschten, und wer an der Geschichte des Zweiten Weltkrieges, aus deutscher Sicht betrachtet, interessiert ist, sollte die Wirkung der damals intensiven, ja oft penetranten, einseitigen politischen Beeinflussung und der allgegenwärtigen, gewaltigen Propaganda sehr hoch einschätzen. Wenn man dazu bedenkt, daß es keine

Opposition gab, grundsätzliche Kritik verboten war und dem Normalbürger Informationen aus dem Ausland nicht zur Verfügung standen, wird vielen Geschichtsinteressierten der heute lebenden Generation manches Unverständliche aus jener Zeit erklärbar werden.

Vereinzelt wurden Namensänderungen vorgenommen.

1

Behütete Kindheit am Waldesrand

Es ist ein wunderschöner Sommertag. Die Sonne scheint hell, und die dunklen Schatten sind sehr kurz. Im herrlichen Wald, der das langsam ansteigende Tal umgibt, ist es angenehm kühl. Ich liege im Schatten einer weit ausladenden Silberpappel auf unserer üppig blühenden Wiese und freue mich, wie der laue Wind mit den Blättern spielt, die auf der sonnenzugewandten Seite mehr grün und auf der unteren mehr silbrig sind.

Majestätisch ziehen weiße Kumuluswolken wie stolze Segelschiffe am Himmel herauf. Sie kommen von Westen, grüßen Görlitz und fliegen in das schöne Schlesierland. Bienen summen um mich herum, ein Frosch plumpst in den Teich. Ich denke an nichts. Ich sehe nur, ich höre nur. Die Sauerampferblätter schmecken mir so gut, daß ich weiterpflücke. Im naheliegenden Wald warnt ein Eichelhäher krächzend. Eine laute Libelle schwebt schnellflattrig heran und steht in der klaren Luft. Mein Auge folgt ihrem ruckartigen Flug und verliert sich in der Ferne. Hoch am Himmel zieht ein großer Raubvogel seine Kreise, es könnte ein Mäusebussard sein. Doch was ist das? Es raschelt. Stille. Erneut ein zartes Geräusch. Wie von der Tarantel gestochen schnelle ich hoch. Vor Schlangen habe ich Angst, und Kreuzottern sollen giftig sein. Bei uns am Teich gibt es eigentlich nur Ringelnattern, sehr große mit kleinen gelben Bäckchen. Die silbergraue, glänzende große Schlange gleitet durch das Gras. Es ist ein besonders fettes Exemplar. Was soll ich tun? Soll ich sie nur beobachten? Soll ich davonlaufen? Soll ich sie töten? Plötzlich stoppt sie vor mir, hebt den flachen Kopf und züngelt mit schmaler langer Zunge. Offensichtlich sind wir beide gefangen von einem Gefühl aus Angst und Angriffslust. Ein aus Granit bestehender behauener Pflasterstein liegt in der Nähe des Baumes, unter dem ich eben noch geträumt habe. Mit drei schnellen Schritten springe ich hin und werfe ihn behend auf den noch erhobenen Kopf der noch immer züngelnden Schlange. Es entfacht sich ein ungleicher Kampf. Immer wieder werfe ich den Stein. Wild schlägt das Ungeheuer mit dem langen Schwanz um sich. Doch nachdem sie 20- oder 30mal vom Stein getroffen ist, bleibt sie zusammengeringelt und bewegungslos liegen. Vorsichtshalber lege ich den blutverschmierten Stein auf das kleine unberechenbare Ungeheuer. Stolz gehe ich in unser so anmutig und friedlich gelegenes Haus zurück. Habe ich etwas Böses besiegt?

Unser leuchtendrot bedachtes Haus, das nicht sehr groß ist, dafür aber sehr gemütlich, zeigt gewisse Anzeichen bescheidener Vornehmheit. Es bringt mir die ewige Nachmittagsfrage in mein leicht schlechtes Gewissen. Schularbeiten, ja oder nein?

Wie so oft entscheide ich mich gegen diese lästige Pflicht und gehe zum Bach.

Eigentlich gehe ich gerne in die Zweiklassenraum-Dorfschule. Ich habe nur 20 Minuten dorthin zu laufen. Allein am Waldesrand zu leben ist schön, aber manchmal auch sehr langweilig. In der kleinen Schule treffe ich gute Freunde, meist Kinder von Bauern oder Steinbrucharbeitern. In der großen Pause wird mit Begeisterung Schlagball gespielt. Das alles ist am Vormittag. Der Nachmittag aber gehört mir und nicht der Schule.

Es gibt in Königshain Granitsteinbrüche. Mit Königshainer Granit wurde sogar Helgolands Westmauer befestigt. Ebenso wurde er beim Bau des Berliner Reichstags und bei der Errichtung des Leuchtturms auf Kap Arkona verwandt.

Mittags wird in den naheliegenden Steinbrüchen oft gesprengt, und dann und wann passiert es sogar, daß Steine auf unser Grundstück fallen oder unser rotes Dach zerschlagen. Aber das passiert selten. Geängstigt hat es mich nie. Mich trifft kein Stein.

Am grünen Waldrand entlang, mit einem kleinen Handtuch in der meist schmutzigen Hand, gehe ich eine halbe Stunde über Stock und Stein zum Rubelsloch. Das ist ein malerisch gelegener „abgesoffener“ alter Steinbruch. Das Baden dort ist für Nichtschwimmer gefährlich, denn es geht nicht allmählich in tieferes Wasser hinein, sondern so, wie der Granitstein herausgeschlagen wurde, steil und schroff.

Das klare und dunkle Wasser ist recht kühl. Hier lerne ich schwimmen. Die Großen, d. h. die 13- oder 14jährigen, die schon schwimmen können, werfen mich einfach ins tiefe Wasser, nachdem ich tagelang in mehr oder weniger großem Abstand um sie herumgeschlichen bin. Sobald ich am Untergehen bin und den Kopf nicht mehr über Wasser halten kann, hält mich einer der mitschwimmenden Jungen, erklärt mir, wie ich mich über Wasser halten kann. Nach einem solchen ersten gruseligen Schwimmunterricht im Rubelsloch meide ich einige Tage diesen wilden Ort und bin froh, daß das Wetter schlecht wird. Das Schlimmste, was man mir vorwerfen kann, ist Feigheit. Feigheit oder Angst ist das Verwerflichste, was man einem deutschen Jungen vorhalten kann.

Zum Schwimmenlernen sind nur wenige kurze Lektionen erforderlich. Bald kann ich mich stolz unter die Schwimmer und vor allen Dingen auch unter die Springer von den hohen Steinwänden mischen. Ich bin jemand.

Es gibt natürlich auch „Pfeifen“, die sich so etwas nie trauen. Die müssen dann, um einen so großen Makel auszugleichen, andere besondere Qualitäten aufweisen, wie z. B. körperlich sehr stark sein, um aus Prügeleien siegreich hervorzugehen. Memmen und Stubenhocker sind nicht gefragt. Selbstverständlich sind wir Jungen auf den Steinplatten unter uns. Mädchen haben hier nichts zu suchen.

Anfänglich zeigen sich immer größer werdende weiße Haufenwolken, doch allmählich verdüstert sich der Himmel, und ein dunkles Gewitter zieht auf. Es grollt schon in der Ferne, es kommt von Görlitz her, also von Osten. Die meisten Gewitter kommen aus dem Westen, kommen sie aus dem Osten, weiß jeder, daß es ein schweres Unwetter wird. Schnell renne ich jetzt nach Hause, nachdem ich betont lange gewartet hatte. Man wird doch keine Angst vor Regen oder Gewitter zeigen. Ist jeder außer Sichtweite, renne ich, was die Beine hergeben. Wir wissen natürlich, daß es gefährlich ist, bei Gewitter ins Wasser zu gehen, aber selbstverständlich habe ich auch den anderen zeigen müssen, daß ich keine Angst habe, bei Blitz und Donner noch einmal zu schwimmen.

Den schweren Gewittern folgt oft ein ungeliebter Wetterwechsel. Es regnet tagelang. Das ist dann die Zeit, wo ich mit meinen Freunden zu Hause spiele. Sie kommen gerne zu mir, denn die meisten haben nur sehr wenig oder überhaupt keine Spielsachen, außer einem hölzernem Reifen, einem kleinen Kreisel mit Peitsche, selbstgebastelten Stelzen. Welch Spielparadies habe ich doch da zu bieten! Eine Eisenbahn mit vielen Schienen und Weichen, Lokomotiven und Waggons. Der große Märklin-Baukasten mit den vielen Metallteilen und den großen und kleinen Schrauben ist wegen seiner erfinderischen Konstruktionsmöglichkeiten sehr gefragt. Mein Freund Hans begeistert sich am meisten für die richtige Dampfmaschine. Holzbaukästen und viele Spiele erfreuen uns, weniger meine Mutter. Spielen ist wunderschön, und die Zeit vergeht wie im Fluge. Aufräumen ist langweilig und gefällt mir schon deshalb nicht, weil ich immer und immer wieder vorgehalten bekomme: „Wenn du nicht aufräumst, sperre ich deinen Spielzeugschrank ab!“

Also werfe ich kunterbunt alles in die schwere große Kommode. Nicht nur mit meinen Freunden, sondern auch mit meiner Mutter und Oma spiele ich besonders gern Quartett. Beim Riesengebirgsspiel sind die Bauden und besonders schöne und markante Regionen dieses Gebirges in Vierergruppen zu sammeln. Viel Spaß macht uns auch das Führerquartett. Hier sind alle Minister und die Größen von Parteien sowie besondere Bauten und nationalsozialistische Ereignisse zu sammeln und dann abzulegen: der Reichsparteitag zu Nürnberg oder das Braune Haus in München.

Ein besonders inniges, aber keinesfalls streitfreies Verhältnis verbindet mich mit meiner Großmutter. Sie ist mir Vaterersatz. Mein Vater war plötzlich verstorben, als ich erst drei Jahre alt war. Meine Oma hingegen verlor ihren Mann drei Jahre später durch ein böses Krebsleiden mit Embolie. An einem 5. April hatte er Geburtstag, und am 5. April sollte auch sein Todestag sein. Mit einem gewissen Schaudern denke ich manchmal an seinen Tod zurück. War es doch der erste und einzige Tote, den ich leibhaftig gesehen habe. Sein gemütliches Wartezimmer war voller Blumen an jenem Tag, Blumen, die für seinen Geburtstag gedacht waren, die aber dann zu Totenblumen wurden.

„Er war eben sehr beliebt“, sagte meine Großmutter weinend zu Patienten, die ihr kondolierten, und sie ordnete dabei das große Blumenmeer. Sechs Dörfer hatte er als Arzt zu betreuen. Früher mit Kutsche und Kutscher, später mit Auto und Chauffeur.

Bald nach der Machtübernahme war er in die SA eingetreten und hatte sich dort als Arzt engagiert. Er war, als er gestorben war, in seinem eleganten Sprechzimmer in Uniform aufgebahrt worden. Jeweils vier SA-Männer hielten mit versteinertem Gesicht Wache an seinem offenen Sarg, eine Hand dabei an ihren Dolchen. Zwei große silberne Kerzenleuchter erhellten gespenstisch den leicht verdunkelten Totenraum, in dem er einst unzählige Patienten mit liebevollem Rat und oft konsequenter Tat geholfen hatte. Er war immer sehr gütig und hilfsbereit. Kühl dagegen seine Sprechstundenhilfe. Unbemerkt hatte ich Gespräche belauscht, wo man Komisches über sie erzählte. Sie wurde zwar als besonders tüchtig beurteilt, aber irgendwie sollte sie mehr als nur eine Sprechstundenhilfe für meinen Opa gewesen sein. Oma mochte sie überhaupt nicht. Für mich jedenfalls ist Opa ein großartiger Mann. So will ich auch mal werden.

Unvergeßlich beeindruckten mich auch der viele hundert Meter lange Leichenzug durch unser trauerndes Dorf und die uniformierten SA-Männer, die meinem Großvater besondere Ehre erwiesen.

Meine Großmutter ist übrigens die einzige aus der Familie, die nicht in der Partei ist. Als alle anderen der Familie schon 1933 gemeinsam in diese Organisation eingetreten waren, hatte man vergessen, sie zur Anmeldung mitzunehmen, weil sie gerade in der Küche mit ihrer Köchin bei der Arbeit war. Sie war, wie sie mir erzählt hatte, darüber so erbost, daß sie alleine schon deshalb nie Parteimitglied werden wollte. Sie bei einer so wichtigen Sache einfach zu vergessen, das war zuviel und mußte bestraft werden.

Mein kleines verwinkeltes Zimmer im ersten Stock unseres schön gelegenen Hauses ist für mich in erster Linie Schlafzimmer und Schulaufgabenraum, obwohl ich für letzteres nur sehr wenig Zeit benötigte. Lästige Hausaufgaben hasse ich, da gibt es weiß Gott besseren Zeitvertreib. Das einzige Fenster zeigt nach Westen und blickt durch einen großen Birnenspalierbaum auf unser schönes Birkenwäldchen.

Ein kleines Wandbild vom „Alten Fritz" gefällt mir immer wieder. Oft schaue ich ihn ehrfurchtsvoll an. Das war ein toller König. Bescheiden, mutig und korrekt sorgte er für sein Volk. Wie war das doch mit dem Müller und seiner Mühle neben dem Schloß? Und auf einem einfachen Feldbett soll er geschlafen haben. Vor allem aber haben wir ihm auch zu verdanken, daß wir die Kartoffeln haben, die ich so gerne esse. Er war es, der unter Androhung von Strafe die Bauern dazu gezwungen hatte, sie anzubauen. Musik liebte er auch, musizierte sogar selbst. In seinem Blick sehe ich immer wieder einen Vorwurf, wenn ich wieder mal zuwenig Klavierspielen geübt habe, und ab und an gehe ich dann sofort und traktiere das schwarze Instrument. Mir gefällt es allerdings wesentlich besser, Schlager zu spielen, mit viel Pedal, als mich mit Etüden herumzuquälen.

Über meinem Bett hängt eine richtige Armbrust. Mein ganzer Stolz. Obwohl sie nicht ganz einfach zu spannen ist, schieße ich viel mit ihr und freue mich riesig, wenn ich die verschiedensten Ziele wie Flaschen, Holzklötzchen, Pappscheiben und selbstgefertigte Zielscheiben nicht verfehle.

Ein schmerzhaftes, unerfreuliches Ereignis war allerdings, daß ich meinem Freund Hans das Armbrustschießen beigebracht habe. Er wollte Wilhelm Tell nacheifern und schoß mir aus Versehen in den Hinterkopf. Ich wurde nicht sehr verletzt, aber immerhin so, daß ich zu Boden ging.

Mein verwinkeltes kleines Zimmer ist eigentlich schmucklos und sehr einfach eingerichtet. Neben dem Bett ein mit R6-Alben und anderen Heften bedeckter Nachttisch und einer mit gelbem Stoff bezogenen Nachttischlampe. R6-Alben sammle ich mit großer Begeisterung. In jeder Zigarettenschachtel Marke R6 liegt ein Gutschein. Wenn man genug zusammenhat, gibt es ein Album. „Die Olympiade 1936", „Der Wald" und sonstiges Wissenswertes. Das große Buch mit den wunderschönen Bildern läßt mich überlegen, ob ich nicht Förster werden soll.

Ansonsten stehen noch mein braunes Pult und der dazu passende Stuhl in dem nicht sehr hellen Raum. Das kleine Pult habe ich von meiner Mutter übernommen. Wenn man den Deckel hochklappt, ist auf der Innenseite eine richtige Tafel, auf der man mit Kreide schreiben kann. Das ist aber das einzige, was mir an dem vermaledeiten Möbelstück gefällt. Vielleicht mag ich es aber auch deshalb nicht, weil mir meine Mutter erzählte, daß man sie mit ihren langen Zöpfen am Stuhl des Pultes angebunden hatte, damit sie gerade sitzen sollte.

Im Wohnzimmer steht meine große Spielzeugkommode, und im eleganten Herrenzimmer daneben ist das eichenhölzerne schwere Klavier. Aber bei schönem Wetter bin ich ohnehin aushäusig.

Das einzige Schmuckstück auf dem lästigen Pult ist eine große goldene Olympiaglocke aus Schokolade, die ich trotz vieler Versuchungen nie verschmause. Oma war 1936 auf der großen Olympiade in Berlin. Unendlich begeistert kam sie zurück. Alles war gigantisch, einmalig, unvergeßlich, riesig und großartig gewesen. Sogar den Führer hatte sie gesehen. Begeistert hätten ihm alle zugejubelt, auch die ausländischen Delegationen. Noch nie gab es eine Olympiade mit einer so großen und ausgefeilten Organisation. Alle Welt bewunderte Deutschland. Mit 33 Gold-, 26 Silber- und 30 Bronze-Medaillen waren die deutschen Athleten siegreich und allen anderen Ländern weit überlegen. Mit Abstand folgte die USA auf dem zweiten Platz.

Zum Dorf hin gelegen ist unser nächster Nachbar der Bauer Scholze-Reinhard. Ich bin gern auf dem Bauernhof. Rechts im Hof ist der nicht sehr große Pferdestall. Im Vorraum sind zwei große hölzerne Kisten mit Hafer. Den eigentlichen Stall betrete ich immer mit ein bißchen Ehrfurcht, weiß aber nicht warum. Der gegenüberliegende mittelgroße Kuhstall atmet Ruhe und Frieden. Flinke Schwalben haben mehrere Nester gebaut, und ich bestaune ihre Flugkünste. Geschickt und mit Windeseile passieren sie die offene Kuhstalltür oder eines der kleineren mit Spinnweben verzierten Fenster. Und dann das aufgeregte Piepsen der Jungen mit ihren weit aufgerissenen kleinen roten Schnäbeln. Ich finde es immer wieder bewundernswert, wie lieb und fürsorglich die Alten sich um die Jungen kümmern. Im weiß getünchten Stall sind in einer Ecke auch die grunzenden Schweine untergebracht. Ihre listigen Augen und die lustigen Ringelschwänzchen amüsieren mich. Gemütlich kauend oder wiederkäuend liegen die schwarzweißen Kühe im Stroh, muhen ab und zu. Ab und an fällt mehrfach klatschend ein grüner Haufen auf den sonst möglichst sauber gehaltenen Stallboden. Vielleicht mag ich deshalb keinen Spinat, denn die Ähnlichkeit ist ja doch sehr groß. Die Augen der großen Tiere blicken treuherzig. Nicht oft hüte ich die Kuhherde hinter dem Bahndamm. Vor kurzer Zeit war es mir sehr unangenehm, daß einige Kühe verbotenerweise auf einen bestellten Acker gerannt sind. Es tat mir leid, aber ich mußte sie mit meinem Hütestab verhauen, da sie sonst noch mehr Schaden angerichtet hätten. Direkt unterhalb unseres großen Grundstücks sind in diesem Jahr Rüben, Runkelrüben, in langen Furchen von Ost nach West angesät worden. Ich helfe beim Rübenverziehen und beim Auflockern des trockenen Erdreichs. In einer Reihe sind wir zu viert oder fünft, und ich muß mich anstrengen, um mit den Großen mitzuhalten. Gilt es das Heu schnell einzufahren, weil ein Gewitter droht, bin ich mit dabei. Alles muß schnell gehen, und es würde Spaß machen, wenn nicht die großen Stechfliegen, Bremsen genannt, da wären. Sticht mich so ein Biest, und das passiert in Windeseile, jucken die großen Quaddeln oft stundenlang. Aber alle freuen sich, wenn das Heu noch trocken das schützende Scheunendach erreicht.

Heute ist Sonntag, der 26. September 1936. Voller Begeisterung kommt Mutti von ihrer Norwegenfahrt zurück und erzählt uns den ganzen Abend von ihrer so schönen Reise. Vor einer Woche war sie mit der Bahn nach Bremen gefahren.

„Ihr könnt euch das alles kaum vorstellen. Der riesige Dampfer, über 11.000 Tonnen, ist über 150 Meter lang. Er heißt „Der Deutsche“ und ist ein wunderbares Luxusschiff. Und stellt euch vor, ich bin nie seekrank geworden.“

Dann schwärmt sie von den herrlichen norwegischen Fjorden, den vielen netten Gästen, dem guten Essen und den vielen Unterhaltungsmöglichkeiten. KdF – Kraft durch Freude – ist eine tolle Sache, und die ganze Reise für nur 90 Reichsmark.

Sie hat mir die schönen Tageskarten, die täglich an die Gäste verteilt worden sind, mitgebracht und liest uns daraus voller Begeisterung vor.

„Tagesprogramm:

7.45 bis 8.00 Uhr: Flaggenparade

9.30 Uhr: Marsch der Norwegerfahrer unter Führung der Hochseekapelle auf dem Promenadendeck

bis 11.00 Uhr: Konzert der Bordkapelle im Hinterschiff

10.00 Uhr: Ausscheidungskämpfe für die Hochsee-Olympiade 1936 mit anschl. Preisverteilung

12.00 bis 13.00 Uhr: Rundfunkübertragung

13.30 bis 15.00 Uhr: Besichtigung der Maschinenanlage Gruppe B – weiße Tischkarten. Die Besichtigung geschieht auf eigene Gefahr (Damen ist der Zutritt aus betriebstechnischen Gründen nicht gestattet)

16.30 bis 18.00 Uhr: Besichtigung der Kommandobrücke (nur bei kaltem Wetter)

17.00 bis 18.30 Uhr: Konzert der Vereinigten Hochseekapelle auf dem Promenadendeck

19.00 bis 20.00 Uhr: Rundfunkübertragung

20.30 bis 23.30 Uhr: Tanz in den drei Speisesälen

22.00 Uhr: Nachrichtenübertragung

24.00 Uhr: Ruhe im Schiff!

So ähnlich verlief jeder Tag. Am Mittwoch war, ‚Fest der deutschen Traube und des Weins“, berichtet sie weiter und liest von der Tageskarte vor.

‚Wenn die Natur ihren Segen reichlich ausschüttet, so soll der Mensch sich diesem Reichtum nicht verschließen. Schon immer ist der Wein ein Volksgetränk gewesen, er muß es erst recht werden in diesem Jahr ... Aber daß jeder deutsche Volksgenosse sich des Wertes der Trauben bewußt wird und daß er den Wein zum Gemeingut des Volkes macht, das ist der Sinn der nationalen Gemeinschaftswerbung, die auch in diesem Jahr wieder auf unserem Schiff stattfindet. Vor allem gilt es dabei, die Bodenständigkeit des Winzers zu erhalten, die mühselige und schwere Arbeit von Millionen Volksgenossen, die im Weinbau ihren Lebensunterhalt finden, gerecht zu entlohnen.

Das Ziel der Werbung ist also, den Absatz der deutschen Traube und ihre Erzeugnisse zu heben. Es ist aus politischen und wirtschaftlichen Gründen Pflicht eines jeden, sich genau wie in vergangenen Jahren für den Absatz der Erzeugnisse des deutschen Weinbaus einzusetzen.‘

Nun wißt ihr, daß es sogar unsere Pflicht ist, möglichst oft einen guten Schoppen zu trinken“, meint abschließend meine begeisterte Mutter, und sie fährt weiter fort: „Das Essen war ausgezeichnet.“

Sie liest weiter aus der Tageskarte vor. „Es gab immer ein richtiges Frühstück mit Ei, Marmelade, Brot, Brötchen, Butter, Kaffee, Tee, Schokolade und manchmal Grieß mit Milch, Haferschleim, gemischten Aufschnitt, Haferflocken, Rahmkäse oder Sago in Milch. Auch das Mittagessen war viel zuviel und sehr abwechslungsreich. Suppen, z. B. Erbssuppe bürgerlich, Bouillon und Windsorsuppe. Als Hauptgang Schweine-, Rinder oder Kalbsbraten mit Gemüse und Kartoffeln. Am besten hat mir zum Nachmittagstee der Bienenstich und der glasierte Butterkuchen geschmeckt. Und stellt euch vor, auch das Abendessen war ein warmes Gericht. Um 22 Uhr gab es dann nochmals belegte Schnittchen. Das alles für 90 Reichsmark für die ganze Fahrt. Dafür habe ich aber jetzt einige Pfunde mehr.“

KdF ist überhaupt eine tolle Sache. Für weniger als 1.000 Reichsmark soll es demnächst ein KdF-Auto geben. Ein sogenanntes „Volkswagenwerk“ soll in Wolfsburg diesen Wagen herstellen. Auf Werbeplakaten kann man folgenden Werbespruch lesen: „5 Mark die Woche mußt du sparen, willst du im eignen Auto fahren.“

Als Kleinaktionär hilft man so, dieses Werk zu finanzieren, und bezahlt somit im voraus das Gefährt.

Wenn es heißt, wir fahren in die Stadt, dann ist damit gemeint, daß wir mit unserer gemütlichen Bimmelbahn Görlitz besuchen. Mir gefällt ein solcher Tagesausflug sehr, wenn ich einmal vom lästigen Bewundern der vielen Schaufenster absehe. Obwohl meine Mutter den Schrank voller Kleider, Röcke und Blusen hat, behauptet sie immer wieder, nichts anzuziehen zu haben, eine für mich völlig unverständliche Aussage. Mir gefällt besonders gut die Spielzeugabteilung im wunderschönen im Jugendstil gestalteten Karstadt-Kaufhaus. Was es da doch alles gibt!

Dann geht's fast immer ins Café, wo ich mir den Kuchen bestellen darf, den ich möchte. Mit einem gewissen Stolz zeigt mir meine Mutter auf vielen Spaziergängen die schöne Stadt. Besonders haben es mir die alten Türme angetan. Der dicke Turm, der eigentlich Frauenturm heißt, der Reichenbacherturm mit der schönen Haube oder der alte Nicolaiturm. Meine Mutter versteht es, mich für die an der Neiße gelegenene Peterskirche mit der einmaligen Sonnenorgel, für die dunkle, ehrfurchteinflößende Frauenkirche, für den geschichtsträchtigen Kaisertrutz und die gewaltige Ruhmeshalle zu begeistern. Gern spaziert sie mit mir an der lustig dahinfließenden Neiße, und bewundernd stehen wir vor dem gewaltigen Rathaus mit dem Wappen der sechs Städte, die zum Sechsstädtebund im Mittelalter gehörten, sowie dem alten Rathausturm mit der interessanten Uhr.

Ein besonders schönes Erlebnis war für mich, im Görlitzer Stadttheather „Peterchens Mondfahrt" zu sehen. Bei schönem Wetter fahren wir mit der gelben Straßenbahn manchmal zum Fuß der Landeskrone und wandern dann hinauf.

Anfang Dezember eines jeden Jahres gibt es ein besonderes Erlebnis. Beim Schubert Bäcker, bei uns im Oberdorf, backen Mutter und Großmutter Christstollen. Mit dem vollbeladenen Schlitten fahren wir alle erforderlichen Utensilien ins Dorf, in die mehlweiße Backstube mit dem großen Backofen. Obwohl ich beim Backen nicht beteiligt bin, schaue ich gerne zu. Vor allem aber interessieren mich die auf dem Backofen gelagerten und gespannten Eschenski. Der Hamann Böttcher legt wochenlang seine von ihm selbst gesägten und gehobelten Ski auf diesen warmen Platz, damit sie die richtige Spannung bekommen. Skifahren ist für mich sowieso das Höchste. Mit fünf Jahren bekam ich meine ersten Ski, und ich freue mich riesig, wenn viel Schnee liegt und das Thermometer unter Null sinkt. Mit meinen meist älteren Freunden sausen wir dann, oft risikoreich, den Backofen am Kämpfenberg oder vom Hochstein runter und stapfen mühsam wieder hoch. Hauptsache, es ist unter null Grad. Über null pappt es, und das zerstört unsere ganze Freude. Bis in die Dunkelheit hinein wird gefahren, und manchmal, wenn es gar zu kalt ist, hängen mir kleine Eisperlen an den Wimpern. Zweimal schon habe ich mir die Ohren angefroren, aber das hindert mich nicht, mit Begeisterung und oft auf Kosten der Schulaufgaben weiter diesem schönen Sport in Gottes schöner Natur zu frönen.

2

Ich werde Jungvolk-Junge

Frühjahr 1939. Ein beliebter Spielplatz für uns Jungen ist die Sandgrube. Hier kann man toben, seinen Mut unter Beweis stellen, spielen, Sandburgen bauen, sich verstecken und auch heimlich rauchen. Der feine gelbe Sand ist weich, und trotzdem erfordert es Mut, vom etwa sechs bis acht Meter hohen begrasten Rand in die Tiefe der Grube zu springen.

Heute scheint die Sonne, es ist warm, und ich habe mich mit einigen Freunden hier zum Spielen verabredet. Werner K. ist dabei. Er ist etwas älter als ich. Wir freuen uns immer wieder, wenn er mit uns ist. Obwohl ich schon längst zu Hause sein müßte, sitzen wir noch zusammen, und auf einmal fragt er mich, ob ich nicht auch Jungvolk-Junge werden möchte.

„Du, das ist prima. Wir treffen uns mittwochs und samstags jeweils um drei Uhr für zwei Stunden. Wir treiben Sport, machen Geländespiele, setzen uns zusammen, um zu singen, und lernen marschieren. Wenn du dazu kommst, darfst du auch eine Uniform tragen, und Luftgewehr und Kleinkaliber schießen dürfen wir auch."

Das gefällt mir auf Anhieb, vielleicht weil ich geschwisterlos und abseits vom Dorf am Waldesrand aufgewachsen bin. Immer wenn ich spielen will, muß ich Freunde zu mir bestellen oder aber ins Dorf gehen.

„Du, ich will erst noch meine Mutter fragen, aber ich komme bestimmt!"

Zu Hause angekommenen, frage ich sofort: „Du, Mutti, du hast doch sicherlich nichts dagegen, wenn ich zum Jungvolk gehe. Die anderen sind auch dabei, und wir treffen uns zweimal in der Woche, das muß ja ganz toll sein."

Offensichtlich freut sich meine Mutter über meinen Wunsch und gibt selbstverständlich sofort ihre Zustimmung, zumal sie meint, es wäre sowieso Pflicht für jeden Jungen ab dem zehnten Lebensjahr.

Ich freue mich riesig, daß ich zu meinem zehnjährigen Geburtstag eine richtige Uniform bekommen soll: eine kurze schwarze Manchesterhose, ein Braunhemd und ein schwarzes Halstuch mit einem Lederknoten. Vor allen Dingen finde ich es besonders interessant und toll, einen richtigen Gürtel, ein Koppel mit einem Koppelschloß und einem Schulterriemen zu tragen. Am 10. April 1939, meinem zehnten Geburtstag, bekomme ich all das, was ich mir wünsche. Selbstverständlich ziehe ich alles sofort an und bewundere mich im Spiegel. Ich bin ein kleiner Soldat.

Ein Jahr vorher an meinem Geburtstag war in einer geheimen Wahl die Frage in Deutschland gestellt worden: „Bekennst du dich zu unserem Führer Adolf Hitler und damit zu der am 13. März 1938 vollzogenen Wiedervereinigung Österreichs mit dem Deutschen Reich?“

Fast 49 Millionen der 49,5 Millionen Wahlberechtigten hatten mit „Ja“ gestimmt (99,08 Prozent).

Der Dienst, wie wir unsere Zusammenkünfte am Mittwoch- und Samstagnachmittag nennen, gefällt mir anfangs prima, jedoch im Laufe der Monate finde ich es nicht so schön, daß es Pflicht ist, immer anwesend zu sein. Auch mißfallen mir das ständige Üben des Marschierens und das Antreten: die Augen links, Augen rechts, richt euch, im Gleichschritt marsch, links, zwo, drei, vier, ein Lied. All das ist für mich ein notwendiges Übel. Um so schöner sind all die anderen Aktivitäten, die wir in der Gemeinschaft so erleben.

1. September 1939. Hitler hält eine von viel Beifall unterbrochene Rede vor dem Reichstag. Wie bei jeder seiner feurigen Ansprachen sitzen fast alle Deutschen vor dem Radio und hören gespannt zu.

„Seit 5.45 Uhr wird zurückgeschossen! Und von jetzt ab wird Bombe mit Bombe vergolten!“

Der Krieg hat begonnen. Mich beschleicht ein seltsames, unheimliches Gefühl. Wie ist das eigentlich, wenn Krieg ist?

Wir Pimpfe müssen uns auf dem Sportplatz in Königshain einfinden und in Formation antreten. Einer unserer HJ-Führer hält eine kurze Rede. Wir werden aufgefordert, ab sofort den Himmel über uns zu beobachten. Es könnten polnische Fallschirmspringer abgesetzt werden, die Sabotageakte ausführen. Heute und auch in den nächsten Tagen gehe ich wie Hans-guck-in-die-Luft durch das Dorf und halte gewissenhaft Ausschau. Vielleicht bin ich der erste, der einen Saboteur melden kann. Es kommt aber keiner, und ich stolpere über manchen Stock und Stein und falle schließlich auf die Nase.

Täglich höre ich mit Begeisterung die Nachrichten, warte vor allem immer auf die Sondermeldungen über die Erfolge unserer Soldaten.

Vor einem Jahr, im Herbst 1938, waren in unserem Dorf und auch direkt auf unserem Grundstück viele Soldaten, die ich mit großer Bewunderung beobachtet hatte. Ihre Autos, Motorräder und auch einige Geschütze begeisterten mich, und einige Soldaten hatten mir auch ab und zu etwas erklärt. Ich durfte einmal mit einem Militärauto mitfahren, was ich stolz meinen Freunden erzählte. Anfang Oktober waren sie dann in das Sudetenland einmarschiert.

Mein Stiefvater fuhr mit uns mit seinem Auto bald danach nach Reichenberg. Meine Mutter kaufte größere Mengen Kaffee ein, den es dort offensichtlich reichlicher als bei uns gab. Wir waren überrascht, wie auffallend freundlich wir von den befreiten Sudetendeutschen angesprochen wurden.

In dieser Zeit fuhren meine Angehörigen mit Freunden mit dem Wagen einen ganzen Nachmittag weg. Der Führer sollte mit der Bahn irgendwo vorbeikommen, und sie hofften, ihn zu sehen. Ganz freudig aufgeregt kamen sie zurück.

„Hatten wir ein Glück! Er war am Fenster und hat uns sogar zugewunken."

Mein Stiefvater, den meine Mutter vier Jahre nach dem frühen Tod meines Vaters geheiratet hatte, ist immer sehr nett zu mir. Meine Mutter war mit 28 Jahren Witwe geworden. Da er aber Handelsvertreter ist, kann er nur selten zu Hause sein. Im Frühjahr 1940 wird auch er eingezogen. Sein Auto wird als Privatauto auf Anordnung stillgelegt. Die Räder und die Autobatterie müssen abgegeben werden.

Mit großem Stolz trage ich bald mein erstes Abzeichen – meinen ersten Orden. Wir Pimpfe, ich bin inzwischen schon elf Jahre alt, haben ein Luftgewehr bekommen. Bei mehreren Schießwettbewerben gehöre ich immer zu den drei Besten. Als Belohnung wird mir das Abzeichen, das eine runde Schießscheibe darstellt, an die Brust geheftet.

Während des Jungvolkdienstes lernen wir viele Volks- und Marschlieder. Das Singen in der Gemeinschaft gefällt mir gut.

Einer unserer jungen Führer berichtet uns mit wichtiger Miene, wie sich der Führer seine Jugend wünscht. „Zäh wie Leder, hart wie Krupp-Stahl und flink wie die Windhunde!"

Ja, das gefällt mir, und so möchte ich auch werden.

1940. In den letzten Tagen war ich ausgesprochen aufgeregt. Ich habe mir einen Affen geliehen, d. h. einen Tornister mit hellbraunem Felldeckel, der umrandet geschnürt wird mit einer zusammengerollten Decke.

Obwohl ich erst elf Jahre alt bin, nimmt man mich mit auf Pfingstfahrt. Meine Mutter ist weniger begeistert davon, denn in ihrer, aus meiner Sicht übertriebenen, ängstlichen Fürsorge meint sie, ich soll dieses Mal noch nicht mitfahren, es sei zu anstrengend für mich. Ich bin empört. Selbstverständlich fahre ich mit, und schließlich kann ich ja auch radfahren. Wir haben nur ein altes wackliges Damenfahrrad, das meiner Mutter gehört. Ich putze es ordentlich, öle es nochmals und schaue nach, ob die Kette die richtige Spannung hat. Es ist eben schon etwas altersschwach. Einen Gepäckträger hat es auch, passend, um dort einen Affen festzuschnüren.

Pfingstsamstagmorgen 1940. Es ist ein wunderschöner Sonnentag, und wir treffen uns am Morgen mit unserem Jungzug. Wir sind etwa 20 Jungen. Lustig und mit viel Spaß radeln wir dem Morgen entgegen über Görlitz, Lauban in Richtung Hirschberg. Bald merke ich, daß es ganz schön anstrengend ist. Die Beine tun mir etwas weh. Aber unsere älteren Kameraden und unser Jungzugführer achten darauf, daß wir immer wieder eine Rast einlegen. Der Fahrtwind kühlt uns angenehm. Selbstverständlich zeige ich nicht, daß ich langsam müde werde, daß meine Beine schmerzen und ich mich am liebsten in den Straßengraben legen würde. Endlich erreichen wir eine Jugendherberge am Fuße des Riesengebirges. Doch ich bin so todmüde, daß ich sofort tief einschlafe. Traumlos habe ich die Nacht verbracht. Beim Aufstehen merke ich, daß mir die Beine und der Po weh tun.

Nach einem guten Frühstück heißt es dann: „Heute geht es auf die Schneekoppe!“ Und schon kommt der Befehl: „Raustreten zur Wanderung!“

Wir haben Glück. Es ist herrliches Frühlingswetter, aber recht kühl. Wir freuen uns auf diesen Tag, und mit dem Lied „Im Frühtau zu Berge wir ziehn, fallera …“ geht es los.

Selbstverständlich tragen wir unsere Sommeruniform: kurze Hosen, Braunhemd. Es geht am Haus von Gerhard Hauptmann vorbei. Bald setzen wir uns im Kreis zusammen, und unser Führer erzählt uns einiges über unseren Gerhard Hauptmann. Er, ein Schlesier wie wir, gehört also zu uns. Dann geht es ungezwungen, aber für mich doch anstrengend, bergauf. Je höher wir kommen, um so kälter wird es, und sobald wir stehenbleiben, um hinunterzublicken in unser schönes, frühlingsgeschmücktes Schlesierland, friere ich. Natürlich lasse ich mir nichts anmerken. Alles Negative versuche ich zu unterdrücken, zu ignorieren. Kalt ist mir, und Hunger habe ich auch. Aber es ist trotzdem wunderschön. Wir lachen viel, versuchen einander zu überholen, blödeln, springen und necken uns.

Auf 1.603 Meter oben angekommen, überkommt mich ein unvergessenes Glücksgefühl. Ich habe es geschafft.

Wir haben den Gipfel erklommen. Sieg.

Und jetzt gibt es auch noch Erbsensuppe mit einer dicken Bockwurst. Alle Mühen und unschönen Strapazen sind vergessen. Nach dem Essen setzen wir uns im Kreis zusammen und singen das Riesengebirgslied und hören etwas über das Riesengebirge und die Geschichte unseres wunderschönen Schlesierlandes.

Der schnelle Abstieg ist mit keiner Anstrengung verbunden. Der unvergeßliche Tag klingt aus mit einem gemütlichen Zusammensitzen in der Jugendherberge, und weil wir alle todmüde sind, schlafen wir bald tief und traumlos.

Auch der nächste Tag meint es gut mit uns. Das Wetter ist wieder schön. Die Sonne lacht am Himmel.

Der Affe wird gepackt und geschnürt, und die Rückfahrt beginnt. Die ersten 10 bis 20 Kilometer sind kein besonderes Problem für mich, obwohl mir heute alle Knochen im Leib weh tun.

Je weiter wir fahren, um so schwerer fällt mir die für mich so anstrengende Reise. Wäre ich bloß schon zu Hause! Ich kann das Tempo der Größeren einfach nicht mithalten. Obwohl ich mich so sehr anstrenge, komme ich kaum nach.

Und immer wieder reiße ich mich zusammen, auch wenn es mir noch so schwer fällt.

„Na, Kleiner, du kannst wohl nicht mehr?“ fragt mich einer der Größeren, der sich zu mir gesellt hat. Wir beide strampeln gemeinsam den anderen hinterher.

„Ach, es geht schon!“ Ich möchte auf gar keinen Fall schlappmachen. Immer wieder beiße ich mir auf die Zähne. Doch dann passiert es. Die lange Straße führt etwas bergauf. Ich kann einfach nicht mehr, mir wird schlecht, schwarz vor den Augen. Ich stürze vom Rad. Als ich wieder zu mir komme, liege ich im Schatten eines Baumes im Gras. Meine Kameraden sind fürsorglich um mich herum. Einer säubert vorsichtig meine schmutzigen und blutenden Schürfwunden an beiden Knien und am schmerzenden Ellbogen. Sie verbinden mich. Ein anderer reicht mir seine braungraue Feldflasche mit Tee. Wieder andere machen mir Mut: „Mach dir keine Sorgen, das geht schon wieder.“

Ich erhole mich rasch und fühle mich von der wohltuenden Fürsorge meiner hilfreichen Freunde beschützt. Ich stehe wieder auf eigenen Beinen. Wie eine Erlösung erscheint mir der Befehl: „Wolfgang, unser Kleiner, fährt ab jetzt als erster voran. Er bestimmt das Tempo, und er bestimmt die Pausen. Wer nimmt freiwillig seinen Tornister auf sein Rad, damit er es leichter hat?“

Sofort greift einer nach meinem Tornister und schnallt ihn auf sein Rad. Obwohl ich mich anfänglich über mein ungewolltes Versagen etwas schäme, fasse ich doch schnell neuen Mut. Die vielfältige Zusprache meiner Kameraden sowie die aufmunternde Feststellung, daß ich als der Jüngste unserer Gruppe mich bisher tapfer gehalten habe, läßt mir neue Flügel wachsen. Ohne weiteren Zwischenfall komme ich am späten Nachmittag zwar total erschöpft, aber doch glücklich darüber, es geschafft zu haben, zu Hause an.

Meine Mutter und auch meine Oma haben offensichtlich schon lange auf mich gewartet. Sie sitzen vor dem Schlafzimmerfenster, von wo aus man Ankommende als erstes erspähen kann.

Die Fahrt zur Schneekoppe wird ein unvergessenes Schlüsselerlebnis für mich bleiben.

Wenn ich ein hohes Ziel, einen noch so hohen Berg erklimmen will, werde ich nie aufgeben, auch wenn ich dabei einmal straucheln sollte, und das Beste ist, hilfreiche und gute Freunde und Kameraden zu haben.

Immer will ich Rücksicht nehmen auf Schwächere und ihnen helfen, wenn sie mit mir sind. Kameradschaft zu pflegen, ist eine der besten Tugenden.

Und schließlich die Oberlausitz, unser Schlesierland, unsere Heimat ist wunderschön. Ewig werden die Berge meine Freunde und eine Herausforderung für mich bleiben.

Im Sommer 1941 trotte ich öfters mit ein bißchen Wehmut in meine Zweiraum-Volksschule; sechs Jahre sind nun vorüber. Ich muß als einziger nach den lang ersehnten Sommerferien auf die Oberschule nach Reichenbach. Eigentlich paßt mir das nicht so recht. Weg von zu Hause. Bei anderen Leuten leben. Eigentlich sollte ich ja in das Schulinternat, aber das ist in diesem Jahr Reservelazarett geworden. Einen kleinen Trost habe ich. Manfred, der Sohn des Lehrers von der Schule im Niederdorf, wird mit mir in einer Privatpension eine Bude beziehen. Aber es gibt noch einen weiteren Grund, weshalb ich mit dem Schulwechsel nicht so ganz einverstanden bin. Ich will nichts Besseres sein als meine Freunde aus meinem Dorf. Die anderen können keine Oberschule besuchen. Entweder haben sie keine guten Noten, oder, und das vor allem, die Eltern halten es für nicht erforderlich.

Der Tag des Abschieds rückt unaufhaltsam näher, und mein Poesialbum wird immer voller.

Zuerst schreiben meine Lehrer und die Lehrerin hinein.

Gegen andere will ich streng werden, wenn ich dahin gelangt sein werde, gegen mich streng zu sein. Solange ich mir etwas durchgehen lasse, habe ich als Richter kein gutes Gewissen.

Dietrich Eckhard

Von deinem Lehrer Otto Philipp, Königshain, im Sommer des Kriegsjahres 1941

(In gestochener Schönschrift, natürlich in deutscher Schrift und wie gedruckt.)

Frau Rolniczak, unsere Lehrerin, erzählte uns immer viel vom Führer und seinen großen Taten. Sie trägt immer ihr Parteiabzeichen an ihrer Bluse. Schön finde ich sie nicht, aber dafür sehr streng.

Der wahre Sozialismus aber ist die Lehre von der härtesten Pflichterfüllung.

Adolf Hitler

Deine Lehrerin Gertrud Rolniczak

Der deutschen Jugend gehört die Zukunft.

Zum Andenken an deinen Schulkamerad Gerh. Brosch

Viel leisten, wenig hervortreten, mehr sein als scheinen.

Dies schrieb dir zur freundl. Erinnerung deine Mitschülerin Ursula Scholze

Wer mutig sein Recht vertritt, wird am Ende auch recht behalten.

Dies schrieb dein Schulfreund W. K.

So wie die Täubchen leben in Fried und Einigkeit,
so wünsch ich dir dein Leben bis in die Ewigkeit

Dies schrieb dir deine Mitschülerin Elfriede Burckhard

Der Nationalsozialismus ist der Garant des Sieges.
Deutsch im Schaffen, deutsch im Sang,
deutsch im Herzen lebenslang.
Vergiß niemals in deinem Leben,
was Elternliebe dir gegeben.
Sei stolz auf deines Vaters Ehre,
bewahre deiner Mutter Lehre
und strebe auf der Elternbahn
zu deinem ewigen Ziel heran.

Zum Andenken an deine Schulkameradin Elisabeth Kitte

Kind, die Mutter ist dein Engel,
der dir treu zur Seite steht
und für dich aus Himmelshöhen
nichts als Glück und Heil erfleht.

Dies schrieb dir deine Schulfreundin Juanita Schubert

Der September kommt, wir müssen scheiden,
lieber Freund, das weißt du ja.

Freunde wollen wir stets bleiben,
sind wir uns fern oder nah.
Wenn du wirst im Album lesen,
denk, das ist dein Freund gewesen.
Deutsch zu sein heißt treu zu sein.

Dies schrieb dir dein guter Schulfreund Günter Eckelt

Sieg oder Niederlage, beides gilt es neu zu wagen.
So wie der Ton der Flöte, so hell, so sanft, so rein,
so wie die Morgenröte soll auch dein Leben sein.

Dies schrieb dir dein Freund Walter Kluge

Tue recht, fürchte Gott und scheue niemand.
Bete und arbeite.
Der Held zeigt wohl seine Narben,
aber nur ein Bettler seine Wunden.
Der Müßiggang ist das Kopfkissen des Teufels.
Deutschland dein Vaterland,
Königshain dein Schuleingang,
aber wo dein Grab mag sein,
das weiß nur der liebe Gott allein
Rede wenig, aber wahr,
vieles Reden bringt Gefahr.

Meine Freunde und Freundinnen, alle etwa zwölf Jahre alt, beneiden mich z. T., daß ich auf die Oberschule gehen darf.

Der Eingangsspruch in meinem Heimatbuch, das wir uns selbst vor zwei Jahren anlegen mußten, lautet:

Ich bin geboren, deutsch zu fühlen
bin ganz auf deutsches Denken eingestellt.
Erst kommt mein Volk, dann all die andern vielen,
erst meine Heimat, dann die Welt.

v. Selchow

Nur am ersten Tag meines neuen Lebenskreises in Reichenbach habe ich Heimweh. Die neue Schule gefällt mir gut, und das neue Lernen ist nicht schwer. Bestens vertrage ich mich auch mit meinem Budenmitbewohner. Wir machen viele Lausbubenstreiche. Da ich nun hier wohne, muß ich auch hier zum Dienst gehen. Am Mittwochnachmittag ist das nicht störend, aber am Samstag. Es ärgert mich sehr, vormittags Schule und nachmittags noch Dienst von 15 bis 17 Uhr. Dann erst kann ich nach Hause radeln. Aber hier ist mehr los. In Reichenbach gibt es die Möglichkeit, im Fanfarenzug mitzumachen, und so lerne ich das Fanfarenblasen. Mehr Spaß bereitet mir aber der Dienst in der Funker-HJ. Hier lernen Manfred und ich das Morsen. Wir legen sogar erfolgreich die erste Prüfung ab. 30 Morsezeichen in der Minute zu senden oder aufzunehmen, ist die Bedingung..

Mit Begeisterung verfolgen wir die Sondermeldungen, die über die schnellen Erfolge unserer Soldaten berichten. In drei Wochen Polen besiegt und in zwei Monaten Frankreich. Im Ersten Weltkrieg gelang das in vier Jahren nicht.

Auf einer Europakarte, die an der Wand meines Zimmers hängt, stecke ich die Frontlinien mit rotem Faden und Stecknadeln ab. Wie lautet doch der Text in einem unserer HJ-Lieder: „Denn heute gehört uns Deutschland und morgen die ganze Welt."

Wir Jungen sind echt stolz, Deutsche zu sein. Daß ich nur ein einfacher Hitlerjunge bin, stört mich nicht. Irgendwelche Führungspositionen strebe ich nicht an. Es gibt soviel anderes, was mir Freude macht. Mit Freunden zu spielen, Fußball, Schlagball, Handball oder Basteln nimmt viel Zeit in Anspruch.

3

Mit 15 ein Segelflieger

Der letzte Schultag meines dritten Oberschuljahres 1944 bringt eine große Überraschung. Die Oberstufe unserer Schule in Reichenbach/Ol. wird aufgelöst. Deutschland braucht jetzt noch mehr Soldaten. Unsere Lehrer werden eingezogen. Nach den lang ersehnten Sommerferien sollen wir nach Görlitz auf das „Rote Gymnasium“ gehen. Mit Manfred, meinem besten Freund, lebe ich nun schon drei Jahre zusammen in einer Bude, erst bei Frau Israel und jetzt bei Frau Grohmann in Sohland am Rothstein. Für mich bedeutet dies eine große Umstellung. Unser freies Leben in einer Pension ist nun zu Ende. Wir werden jetzt Fahrschüler sein. Unbewußt überfällt uns ein mulmiges Gefühl. Ist die Situation so ernst, daß Teile der Schule geschlossen werden müssen? Wir beiden 15jährigen freuen uns erst einmal, daß wir versetzt worden sind und jetzt große Ferien haben.

Die Versorgung der kriegsmüden Bevölkerung ist im Laufe der fünf Kriegsjahre immer bescheidener geworden. Wenn wir mit unseren Lebensmittelkarten wieder mal am Ende sind und „Schmalhans Küchenmeister“ ist, geht meine Großmutter ins Dorf auf Hamstertour. Sie und damit auch wir profitieren nach all den Jahren noch immer von der einstigen Beliebtheit meines Großvaters, dem Dorfarzt. Von dem einen Bauern bekommt sie etwas Butter, von dem anderen eine Seite Speck oder ein paar Eier und vom nächsten eine Wurst oder ein Stück Fleisch. Vom Müller Kiefer, der sie offensichtlich gerne mag, erhält sie, streng unter der Hand, ein paar Pfund Mehl und gelegentlich einen ganzen Liter Leinöl, das wir sehr gerne zu Pellkartoffeln und Quark mögen. Hamstern ist eigentlich verboten. Die Menschen aus der Stadt, die weniger zu essen haben als wir auf dem Dorf, kommen oft aufs Land, um etwas Eßbares zu ergattern – meist mit wenig Erfolg. Es sind zu viele.

Natürlich wird Oma an manchen Türen abgewiesen: „Mir ham selber nüscht.“

Passiert das öfter und immer bei denselben, so ärgert sie sich: „Und ich weiß es genau. Die haben erst vor kurzem schwarzgeschlachtet!“

Bauern sind sogenannte Selbstversorger. Das heißt, sie dürfen nach Vorschrift für den Eigenbedarf ab und zu eines ihrer Tiere schlachten. Sie bekommen aber dann keine Fleischmarken. Wenn Häusler, also nicht Landwirte, ein Schaf oder ein Schwein schlachten, muß selbstverständlich auch das gemeldet werden. Sie erhalten dann ebenfalls vorübergehend keine Fleischmarken. Alle Tiere, wie z. B. Schafe, Schweine, Kälber, Kühe usw., werden regelmäßig gezählt und registriert. Es ist mit viel Umstand verbunden, eine Schlachtgenehmigung – Schlachtschein – vom Bürgermeisteramt zu erhalten. Viele metzgern aber schwarz, was gefährlich ist. Wird man dabei erwischt, folgen geharnischte Strafen. Es ist auch nicht einfach. Geht es dabei um ein Schwein, so braucht man den Trichinenbeschauer. Bei uns im Dorf ist es Scholze Oswald. Ein netter und verschwiegener Mann. Natürlich kann man auch das Risiko eingehen und ohne diese Untersuchung das Fleisch verzehren. Der Vorteil ist, es gibt einen Mitwisser weniger. Diese Schwarzschlachtungen werden meist spätabends oder nachts heimlich ausgeführt, damit man ja nicht dabei ertappt wird. Aber gerade Schweine quieken oft laut, bevor sie das Zeitliche segnen. Mitarbeiter und Angestellte auf dem Bauernhof werden bei diesen verbotenen Schlachtungen dann meist vom Hof geschickt, um keine Zeugen zu haben.

Sehr selten essen wir im Restaurant in Görlitz. Aber auch da muß man dann mit der Lebensmittelkarte „bezahlen". Es werden Abschnitte der Karte für das oft sehr einfache Essen verlangt. Fast immer schimpft meine Mutter, daß man ihr für das bißchen Fleisch, das auch noch zäh war, viel zu viele Marken abgeschnitten hat. Mich stört, daß sie sich immer wieder bei den Bedienungen über das Dünnbier beschwert. Daß jetzt während des Krieges alle Tanz- und Vergnügungsveranstaltungen verboten sind, da unsere Soldaten im Felde sind, d. h. an der Front kämpfen, ist eigentlich für sie und für jeden anderen selbstverständlich, aber daß es nur schlecht schmeckendes Dünnbier gibt, will meine Mutter nicht verstehen.

Ich freue mich, daß ich nach monatelangem Warten endlich einen Bezugsschein für ein paar neue Schuhe bekommen habe. Ich brauche sie sehr nötig, da ich kein passendes Paar mehr besitze. Man benötigt in diesen Zeiten für alles einen Bezugsschein, den man nur auf dem zuständigen Bürgermeisteramt erhält.

Die Vorstellung, daß auch unsere Lehrer an der Front dringend gebraucht werden, läßt mich nicht zur Ruhe kommen. Was kann ich tun? Wie kann ich eigentlich helfen? Was ist meine Pflicht? Auf der Schulterklappe meiner HJ-Uniform trage ich stolz einen ein Zentimeter breiten roten Streifen, d. h. ich bin Kriegsfreiwilliger. Ich habe mich freiwillig zur Luftwaffe, Jagdflieger-Nachtjäger, gemeldet und muß dafür ein vielseitiges Formular ausfüllen. Die vielen, vielen Fragen zu beantworten, schafft mir keine Probleme, bis auf eine: Ist das Gebiß in Ordnung? Sind Zähne plombiert? Ja, ich habe einige Amalgamfüllungen in den Backenzähnen. Verdammt, hoffentlich steht dieser Defekt meinem großen Wunsch nicht im Wege. Ab sofort putze ich mehrmals täglich meine Zähne.

Kann ich jetzt faulenzen, wenn jeder gebraucht wird? Wie kann ich helfen? Schließlich habe ich einen rettenden Gedanken. In bester Vorbereitung für meinen

Einsatz als Jagdflieger werde ich Segelfluglehrgänge absolvieren. Man kann doch jetzt nicht abseits stehen.

Fast täglich hören wir, wie Hunderte angloamerikanischer Flugzeuge deutsche Städte bombardieren, unzählige Frauen und alte Menschen umbringen und mit ihren Brandbomben die Menschen furchtbar verbrennen.

Unersetzliche Kulturgüter vernichten sie. Stalins Rote Armee steht vor den Reichsgrenzen im Osten, und ihr bestialisches Verhalten wird nur zu oft dokumentiert. Abertausende von polnischen Offizieren und Intellektuellen wurden von der sowjetischen GPU durch Genick- oder Kopfschuß in Katyn liquidiert.

All das Furchtbare führt die Menschen in unserem Deutschland noch enger zusammen. Man will uns Deutsche vernichten. Nicht Soldaten kämpfen gegen Soldaten, sondern eine Welt von Gegnern will Deutschland zerschlagen. All das zwingt und bringt die um ihr Leben kämpfenden Deutschen zu der Einsicht, eine Notgemeinschaft zu errichten. Täglich finden wir in den Zeitungen mehr Todesanzeigen mit dem Eisernen Kreuz und den Worten: „Gefallen für Führer, Volk und Vaterland."

All das Schlimme läßt mich nicht los. So beschließe ich, mich auf meinen Einsatz als Jagdflieger vorzubereiten und die Möglichkeit wahrzunehmen, Segelfluglehrgänge zu absolvieren.

Zusammen mit meinen Freunden Hans und Manfred melde ich mich persönlich auf der Dienststelle des Bann 19 in Görlitz, Konsulstraße 48. In diesem Haus geht es hektisch zu. Beflissene Hitlerjungen und einige arrogant wirkende HJ-Führer eilen wichtigtuerisch durch die Gänge und Zimmer. Ich bringe mein Anliegen vor und habe nur eine Hoffnung: daß es klappt, daß man mir die Möglichkeit gibt. Ein mir nicht sympathischer HJ-Führer fragt mich nach meinen Motiven. Ohne zu überlegen, kann ich sie benennen. Ich habe ja viel darüber nachgedacht. Außerdem erzähle ich ihm, daß ich mit großem Eifer aus einem kleinen Buch sämtliche Kriegsflugzeugtypen von uns und unseren Feinden auswendig gelernt habe und sie als Silhouette sofort erkennen kann. Ich könne also jedes Feindflugzeug identifizieren.

Es scheint alles zu klappen. Da fängt er plötzlich mit Fragen über Hitlers Lebenslauf an und Daten aus dem Leben anderer führender Nationalsozialisten. Die meisten Fragen kann ich nicht beantworten. Was hat das mit der Fliegerei zu tun?

„Lern du erst mal was über unseren Führer und seine engsten Mitarbeiter, du Niete!" Und mit „Heil Hitler!" werde ich hinauskatapultiert.

Völlig unerwartet erhalte ich einige Tage später die Einberufung zum Segelflug-A-Lehrgang nach Droschkau bei Grünberg in Schlesien. Meine Freude ist riesengroß. Meine Mutter zieht die Stirn kraus und sagt: „Wenn das mal gutgeht!"

Wir fahren, es ist die zweite Augusthälfte 1944, in unserer Sommeruniform mit der Bahn nach Grünberg. Während ich ein Paket mit Kuchen von meiner immer für mich treu sorgenden Mutter mitbekomme, hat mein Freund Hans mit seiner großen bäuerlichen Verwandtschaft ein großes Paket mit Wurst und Schinken mitbekommen. Selbstverständlich teilen wir alles im Laufe der nächsten Tage.

Nach einer vergnüglichen Bahnfahrt durch unser schönes Schlesierland und einem Fußmarsch, unsere Affen auf dem Rücken, kommen wir in dem Segelfluglager an. Wir merken bald, daß hier ein rauher militärischer Ton herrscht. Die Verpflegung ist schlecht. Halb verfaulte Kartoffeln aus einer Miete vom letzten Jahr sind unser Hauptnahrungsmittel. Die Flugschüler, alles Jungen um die 15 Jahre, nehmen ihr Essen nicht mit ihren Ausbildern zusammen ein. Diese hört man oft in weiblicher Gesellschaft lustig schmausen.

„Die Kerle leben wie Gott in Frankreich", geht es als Parole von Stube zu Stube. Beim ersten Antreten zum Appell fährt uns ein leichter Schauer durch die Glieder. Wer sich undiszipliniert verhält, wer die Befehle nicht sofort und korrekt ausführt, wird sofort nach Hause geschickt.

„Und was sehe ich da, einige von euch haben ja Perücken auf dem Kopf! Wenn ich morgen noch einen sehe, der ein Haar länger als ein Streichholz trägt, kann er sofort seine Sachen packen!" brüllt uns ein Ausbilder mit Luftwaffenuniform an.

Zurückgekehrt in unsere spartanische Unterkunft, besorgen wir, Hans und ich, uns eine Schere, kämmen alle Haare nach vorne in die Stirn und schneiden sie mit wenigen Schnitten über den Augenbrauen ab.

Dann geht es zum Flugbetrieb. Das Gelände ist etwas hügelig und sandig. Geschult wird an der SG 38 (Schulgleiter). Man sitzt praktisch im Freien. Der Flugzeugrumpf besteht nur aus einigen hölzernen Verstrebungen. Ein Y-förmiges elastisches Gummiseil wird vorne eingehängt. Zweimal fünf oder sechs Jungen ziehen das etwa zehn bis zwölf Meter lange Seil aus. Hinten halten drei oder vier Jungen verbissen den hölzernen Flugapparat.

Der angeschnallte Flugschüler schreit: „Haltemannschaft!"

Die drei oder vier von hinten antworten: „Fertig!"

„Ausziehmannschaft!"

Antwort von vorne: „Fertig!"

„Ausziehen!"

Wenn man sieht, daß das Seil voll gespannt ist, schreit man: „Los!" Und das Flugzeug schnellt in die Höhe.

Bei den ersten Flügen ist man weniger als eine Minute in der Luft, doch es kommt einem viel, viel länger vor. Der Flugauftrag lautet schlicht und einfach: Geradeausflug. Wehe, man macht eine Kurve oder läßt eine Tragfläche hängen, d. h. das Flugzeug ist dann schräg in der Luft. Vor dem Start werden je nach Gewicht des Flugschülers eiserne Trimmgewichte eingehängt. Wird der Flugauftrag nicht ordentlich und korrekt ausgeführt, ist die mildeste Strafe 30, 50 oder 100 Kniebeugen mit vorgehaltenem Trimmgewicht. Trotz allem ist es für mich und die anderen ein Riesenspaß, fliegen zu dürfen. Wir sind auf unseren Mut und Erfolg und unser Können sehr stolz.

Alle Mißlichkeiten – die Strenge, das miese Essen, der oft rüde Ton der Ausbilder – nehmen wir gerne in Kauf. Hauptsache ist, wir können fliegen, obwohl wir auch viel schwitzen und uns sehr anstrengen müssen. Kaum ist das Flugzeug unten gelandet, müssen wir es auf ein fahrbares Gestell laden und den Berg wieder hochschieben. Es ist harte Arbeit. Irgendwelche Fluginstrumente gibt es nicht.

„Der gute Flugschüler hat sein Gefühl im Arsch!" Das wird uns als erstes beigebracht. Ob das Flugzeug gerade in der Luft ist, fühlt man in den Arschbacken.

Mir bereitet das Fliegen, wir haben fast immer gutes Wetter, unheimlich viel Spaß.

Da trifft mich ein Unglück. Ich bekomme einen Furunkel auf der linken Pobacke. Ausgerechnet jetzt an einer Stelle, wo mein wichtigstes Gefühl sitzen soll. Die unausbleiblichen Folgen stellen sich ein. Nach fast jedem Flug bekomme ich einen dicken Anschiß.

„Du bist vollkommen ungeeignet, das Flugzeug hängt immer schief in der Luft, du Uhrmacher!"

Unzählige Kniebeugen sind die Folge. Die Arme schmerzen, weil man die Trimmgewichte mit ausgestreckten Armen halten muß. Dazu die Schmerzen am Po. Aber ja nichts sagen, sonst werde ich bestimmt nach Hause geschickt, und es ist aus mit der Fliegerei.

Und dann passiert es. Ich fabriziere beinahe eine Bruchlandung. Mit der Landung bin ich praktisch fertig, aber der Flieger ist noch etwa ein bis zwei Meter in der Luft und fällt wie ein Stein zu Boden. Gleichzeitig ein stechender Schmerz an besagter Stelle. Mit eingezogenem Kopf melde ich mich bei meinem Ausbilder zurück. Ein Donnerwetter geht über mich nieder.

„Uhrmacher, Idiot, unfähiger Trottel, nach Hause schicke ich dich, nie wirst du fliegen lernen", usw. usw.

Ich stehe wie ein begossener Pudel in strammer Haltung vor ihm, Blut läuft mir hinten am Bein herunter, und ich sage kein Wort. Als er während seiner Schimpftirade Luft holt, drehe ich mich um und ziehe meine kurze Lederhose runter und strecke ihm meinen nackten Hintern entgegen. Durch die Bumslandung ist der Furunkel aufgeplatzt. Eiter und Blut laufen am Bein herunter. Ich will nicht nach Hause geschickt werden. Deshalb habe ich nichts gesagt und somit auch keinen Verband bekommen. Eigentlich erwarte ich einen Tritt in den Hintern, aber eine urplötzliche Wendung befällt mein Gegenüber. Erst lacht er, und dann sagt er: „Du bist doch ein verrückter Kerl, warum hast du nichts gesagt?“

Ich erkläre ihm jetzt in aller Ruhe, daß ich auf gar keinen Fall den Lehrgang abbrechen wollte, daß ich ziemlich starke Schmerzen hatte und nur deshalb so schlecht geflogen sei. Nie hätte ich gedacht, daß dieser schroffe Uniformierte so nett sein könne. Sofort werde ich verbunden, darf mich einen Tag ausruhen oder neben ihm stehen, wo er mir in netter Weise, wie ein väterlicher Freund, alles erklärt. Als es mir wieder besser geht, bekomme ich meine Flüge, die mir jetzt sehr gut gelingen. Die Segelprüfung A ist bestanden. Ich darf das Abzeichen, blau und rund mit einer silbernen Schwinge, tragen. Meine Begeisterung für die Fliegerei ist nun noch größer geworden.

Zu Hause angekommen, lese ich tief bis in die Nacht über die heldenhaften Flieger des Ersten Weltkriegs. Besonders gefällt mir die Fairneß der in der Luft kämpfenden Soldaten.

Vorbilder bauen sich in mir auf. Hoffentlich komme ich an die Westfront, wenn es soweit ist. Man hört zwar immer wieder, daß die Luftkämpfe gegen die Engländer und Amerikaner weit schwieriger sind als gegen die Russen. Die westlichen Flugzeuge sind besser und schneller. Doch lieber einen fairen Gegner, der schwieriger zu besiegen ist, als einen unberechenbaren, unfairen Feind.

Um weitere Lehrgänge machen zu dürfen, muß man Baustufen haben. Ich melde mich und erhalte sofort die Gelegenheit, in Liegnitz einen solchen Lehrgang zu absolvieren. Wir basteln, leimen, bespannen, reparieren und lernen viel über den Segelflug und das Flugzeug. Ganz im Gegensatz zu dem Fluglehrgang ist die Ausbildung hier alles andere als streng militärisch.

Ungewollt belausche ich ein Gespräch zwischen zwei Ausbildern. Ich bin entsetzt. Sie zweifeln daran, ob das alles noch Zweck hat.

„Der Krieg ist ja sowieso verloren. Kinder auszubilden, ist lächerlich und unverantwortlich.“

Das erinnert mich an Äußerungen von den wenigen Soldaten, die jetzt noch Heimaturlaub bekommen haben.

Wenn es im Wehrmachtsbericht hieß, im Rahmen einer Frontbegradigung gaben unsere tapferen Soldaten diese oder jene Stadt auf, lachten sie verärgert.

„Abhauen müssen wir, Rückzug auf der ganzen Linie und oft Chaos!"

Solche Reden werden oft hinter vorgehaltener Hand gehalten. Wehrkraftzersetzung kann härteste Strafen zur Folge haben. Schnell verdränge ich diese negativen Äußerungen. Was bleibt uns denn weiter übrig? Verlieren wir den Krieg, dann verlieren wir unser Leben oder werden zumindest unser weiteres Leben als Sklaven fristen. Und außerdem, der Krieg dauert nun schon fünf Jahre, und noch nie hat ein feindlicher Soldat deutschen Boden erobert. Über die „Wunderwaffe" hört man täglich gerüchteweise.

Außerdem, wie war es bei Friedrich dem Großen im Siebenjährigen Krieg? Auch für ihn hatte es aussichtslose Situationen gegeben, und schließlich war er doch erfolgreich. Miesmacher gibt es halt überall und immer.

Wieder zu Hause melde ich mich sofort wieder zum Segelfluglehrgang B. Ich habe großes Glück und komme schnell nach Jauernick bei Görlitz. Wir werden hier auch wieder auf der einfachen SG 38 geschult. Die Ausbilder hier sind weit weniger militärisch. Es gefällt mir hier sehr gut, die Kameradschaft ist großartig und das Essen etwas besser. Vor allem aber geht es höher hinaus. Wir fliegen höher und länger, und da passiert es. Mein guter Freund Hans, etwas klein geraten, aber sehr nett und ulkig, macht eine Bruchlandung. Es reißt ihm bei der Landung die Kufe weg, auf der das Flugzeug landet. Und was passiert jetzt? Wird er nach Hause geschickt? Wird er bestraft? Unsere Ausbilder nehmen es mit Humor.

„Du Hirsch! Schau beim Landen halt nicht auf die Arbeitsmaiden, sondern auf den Landeplatz. Du mußt nun bei der Reparatur mithelfen!"

Das war alles. Von der Angst befreit, bei einer Bruchlandung bestraft zu werden, werden meine ersten kleinen Flugmanöver immer wagemutiger, und die Fliegerei nimmt mich noch mehr gefangen.

Wir haben September 1944. In einem dramatischen Aufruf des Führers wird die Bildung des Volkssturms bekanntgegeben. Jeder Mann zwischen 16 und 60 Jahren hat sich zur Verteidigung des Vaterlandes bereitzuhalten und mit der Waffe in der Hand gegen die an den Grenzen Deutschlands stehenden Feinde zu kämpfen. Und ich bin erst 15 Jahre alt. Sofort melde ich mich zum Segelfluglehrgang C. Schule ist jetzt unwichtig. Es gibt wichtigeres zu tun. Ich habe Glück.

Anfang Oktober, es ist nachts schon empfindlich kalt, erhalte ich die Einberufung nach Drochkau bei Glogau im schönen Schlesierland. Meine Freude ist riesengroß, denn jetzt geht es wirklich hoch hinaus.

Während für die B-Prüfung noch mit Gummiseil geschult wurde, geht es jetzt an der Seilwinde auf 400 Meter, vielleicht sogar auf 500 Meter Höhe.

Wir haben einen relativ großen Schlafsaal. Die eisernen Feldbetten stehen in Reih und Glied. Sofort fällt mir der extrem militärische Ton auf. Sechs Uhr wecken. Nach 90 Sekunden hat man mit Turnhose und Hemd vor dem Bett strammzustehen, und das Bett muß absolut faltenfrei gebaut sein. Findet man ein auch noch so unauffälliges Fältchen, dann ist die kleinste Strafe ein verbaler Anschiß, und das Bett wird total zerwühlt. Es muß sofort neu gebaut werden. Sind mehrere Falten im Bettzeug, dann gibt es ein oder mehrere Tage Reinigung des „Scheißhauses" und bei noch mehr Falten im Bettuch einen Tag Flugverbot, für uns die schlimmste Strafe. Nach der Bettenabnahme Morgensport mit ausgiebigem Dauerlauf. Ich schlafe die ersten Nächte unruhig und in der Angst, am Morgen mein Bett nicht faltenfrei und ordentlich in den eineinhalb Minuten bauen zu können. Es gibt ein sehr karges Frühstück. Hungrig stehen wir auf und marschieren im Gleichschritt zum Flugfeld. Die Vorfreude ist riesig. Geschult wird in einem richtigen Segelflugzeug Grunau Baby II. Das hat einen richtig geschlossenen Rumpf. Man sitzt nicht mehr im Freien. Auch sind einige wenige Instrumente installiert, z. B. Flug- und Steiggeschwindigkeitsmesser. Von einer einfachen benzinbetriebenen Winde wird ein 1.000 Meter langes Drahtseil ausgelegt. Üblicherweise fliegt bei den ersten Hochstarts ein Fluglehrer mit. Das Grunau-Baby ist ein Zweisitzer. Da aber die Seilwinde bei zwei Personen mehr Benzin verbrauchen würde, müssen wir auch schon unsere ersten Hochstarts von Anfang an alleine durchführen.

Komisch, Angst habe ich wirklich keine. Wenn man „oben" ist, muß man ausklinken, d. h. an einem Knopf ziehen, und das Flugzeug löst sich vom Drahtseil, indem es einen Sprung nach oben macht. Nun fliege ich alleine mehrere hundert Meter über dem Rasenflugfeld. Es ist für mich ein unvergeßliches Glücksgefühl. Alles ist anders, als es sich der Laie vorstellt. Geräuschlos durch die Luft gleiten stimmt nicht. Der Fahrtwind rauscht kräftig und laut. Mein Flugauftrag lautet: „Große Platzrunde."

Die erforderlichen 90-Grad-Kurven fliege ich meiner Meinung nach großartig, obwohl es schon ein bißchen eigenartig ist, z. B. bei der Rechtskurve, den rechten Tragflügel so tief unter einem zu sehen und die linke Tragflügelspitze weit oben im Himmel. Alles geht prima glatt, auch die Landung. Ich melde mich stolz zurück und bin wirklich über den Anschiß enttäuscht.

„Kurven fliegst du wie Pißbögen. In Zukunft erwarte ich richtige enge und elegante Kurven!" Man muß also das Baby in der Kurve noch steiler stellen, also noch mehr Mut haben. Es wird schon nicht seitlich weg rutschen. Steuerknüppel etwas mehr nach vorn, dann fliegt die Mühle schneller, und man kann nicht abschmieren.

Heute treffen wir beim Marschieren zum Flugfeld eine Kompanie ganz junger Soldaten, die zu Schießübungen ausgerückt ist. Unsere Ausbilder sprechen miteinander, und der unsrige will den jungen Soldaten einen Flug demonstrieren.

„Wer ist mit dem ersten Flug an der Reihe?"

Mir schießt das Blut ins Gesicht. „Flugschüler Hardegen", melde ich mich.

Es ist bereits hell am frühen Morgen. Kleine Nebelschwaden verkriechen sich, bevor die Sonne am Horizont erscheint. Ich sitze im Grunau-Baby zum Start bereit. Unser Fluglehrer erklärt den jungen Soldaten, was jetzt vor sich geht. Schließlich wird durch Flaggenwinken die Winde angelassen, und das Grunau-Baby steigt steil wie ein Drachen an der Schnur hoch in den morgendlichen Himmel. Für mein Leben unvergeßlich, sehe ich die goldene Sonne am Horizont aufgehen. Ein unwiederbringliches Glücksgefühl überfällt mich. Beim Lösen vom Seil in der Höhe stoße ich ungewollt einen Lustjauchzer aus. Ungewollt fange ich an zu singen. Überglücklich fliege ich dem neuen Morgen entgegen. Wie kleinste Zwerge stehen die vielen jungen Soldaten unter mir und starren in den Himmel hinauf zu mir. Auch heute lautet mein Flugauftrag: „Große Platzrunde." Ohne an Strafe zu denken, fliege ich viel, viel weiter als vorgesehen, verliere wenig Höhe und sehe plötzlich das Landekreuz vor mir, obwohl ich noch viel zuviel Höhe habe.

Steuerknüppel nach vorn, und im Sturzflug geht es nach unten, ein herrliches Gefühl. Um das Landekreuz nicht zu weit zu überfliegen, fange ich das vibrierende Flugzeug erst kurz vor dem Boden ab. Ich habe aber eine so große Geschwindigkeit, daß ich erst weit, weit nach dem weißen Landekreuz zum Stehen komme. All das, was ich während dieses selbstgesteuerten Fluges an Glücksgefühl erlebe, ist so unendlich schön. Nie werde ich diesen Tag vergessen. Einige Flugschülerkameraden kommen und schieben mit mir das Flugzeug zurück. Mir ist vollkommen egal, was man jetzt mit mir macht.

Welche Überraschung. Mein Fluglehrer meinte nur: „Du bist ein irrer Kerl. Wir dachten, du rauschst ungespitzt in den Boden. Aber gut gemacht. Du hast keine Angst, und solche werden gute Flieger. Aber kauf dir eine gute Brille, damit du in aller Zukunft das Landekreuz besser siehst."

Ich bin glücklich.

Wenige Tage später, am Nachmittag, komme ich zu einem besonderen Flug. Ich fühle mich immer sicherer, und meine Begeisterung steigt ins Unermeßliche. Als ich oben meine Kreise fliege, sehe ich wie in der Ferne ein Fluggeschwader, das mich offensichtlich nicht beachtet, in gehörig weitem Abstand in Formation an mir vorbeifliegt und keine Kenntnis von mir nimmt. Ich wackle mit der Maschine etwas hin und her. Es sollte ein Gruß von mir sein. Als ich lande, merke ich Aufgeregtheit, Schimpfen und Schreien. Mein Fluglehrer überfällt mich mit einem unerwarteten Donnerwetter.

„Bist du denn total verrückt geworden?“ Ich starre ihn fassungslos an. „Ja hast du denn nicht die russischen Flugzeuge gesehen? Die hätten dich doch abknallen können!“

Ich habe natürlich angenommen, daß es deutsche Maschinen waren. Glück muß man halt haben.

In diesem fünften Kriegsjahr gibt es fast nichts mehr zu kaufen, aber mein C-Abzeichen – blau, rund und mit drei Schwingen – bekomme ich sofort. Ich bin auch sehr stolz darauf. Eines steht nun endgültig für mich fest: Wenn ich meine Erfahrungen als Jagdflieger gesammelt habe und so mitgeholfen habe, diesen unseligen Krieg erfolgreich zu beenden, werde ich als Pilot der Deutschen Lufthansa unzählige Menschen sicher in viele ferne Länder fliegen. Die Welt wird dann endlich, hoffentlich für immer, friedlich geworden sein.

4

Es wird dunkel über Deutschland

Das, was keiner von uns während des nun schon fünf Jahre anhaltenden Kriegs für möglich gehalten hat, ist jetzt doch eingetreten. Feindliche sowjetische Truppen haben deutschen Boden in Ostpreußen erobert. Gott sei Dank, sie sind wieder zurückgeschlagen. Aber unfaßbare Grausamkeiten haben stattgefunden. Unsere deutschen Landsleute, die nicht geflohen waren, wurden unvorstellbar mißhandelt und ermordet, Frauen vergewaltigt, an Scheunentore genagelt, erschlagen und verstümmelt.

In Nemmersdorf in Ostpreußen werden die Flüchtenden von Soldaten der Roten Armee überrannt. Bei der Rückeroberung bietet sich ein Bild des Schreckens. Alle 72 Frauen und Kinder sowie eine 74jährige wurden getötet und verstümmelt. Nur wenige waren durch Genickschuß niedergestreckt worden. Sämtliche Mädchen und Frauen waren vorher vergewaltigt worden, ebenso eine 87jährige.

In der Nacht hatte man Frauen an Scheunentore und auf Leiterwagen genagelt. Kindern im Windelalter und einer 84jährigen hatte man die Schädel zertrümmert.

Wir hören von diesen schrecklichen Ereignissen im Radio, lesen darüber in den Zeitungen und sehen es in den Wochenschauen.

Eine unvorstellbare Angst verbreitet sich unter den Menschen im Osten unseres Vaterlandes und treibt sie zu Millionen aus ihren Häusern. Nur das Allernötigste können sie mitnehmen. Auch Winter und Eiseskälte hält sie nicht davor zurück.

Mir läuft es kalt über den Rücken, und eine unheimliche Wut überfällt mich. Warum zerschlagen uns die Westmächte, wo die Deutschen doch Stalins Horden vor einem weiteren Vordringen nach Westen aufhalten wollen? Ist die sogenannte zivilisierte Welt noch zu retten? Wie hoch war doch meine Meinung vom Ideal des wohlerzogenen und gebildeten englischen Gentleman und dem höflich eleganten französischen Kavalier. Sie wurden uns in der Schule als Vorbilder vorgetragen. Und jetzt wollen sie uns vernichten. Warum eigentlich?

Wir Deutschen stehen mit dem Rücken zur Wand. Wenn es sein muß, werden wir halt sterben wie Leonidas mit seinen spartanischen Helden bei den Thermopylen.

Auf der Konferenz in Casablanca im Januar 1943 hatten Churchill und Roosevelt, die mit ihren militärischen Stäben dort tagten, beschlossen, der Anregung Churchills zu entsprechen und den Krieg gegen Deutschland und Japan bis zur „bedingungslosen Kapitulation“ dieser beiden Völker weiterzuführen. Italien war davon ausgenommen.

Hitler oder eine Nach-Hitler-Regierung kann also den Krieg nur von sich aus mit der bedingungslosen Kapitulation beenden.

Eine Antwort auf diese vernichtende Drohung unserer Feinde war die Rede Goebbels' im Berliner Sportpalast, wo er die Frage stellte: „Wollt ihr den totalen Krieg?"

Auch die zweite Frage in dieser Ansprache beantworteten die Zuhörer im Sportpalast begeistert mit dem Mut, der dem ängstlich Bedrängten entspringt, mit ja: „Glaubt ihr mit dem Führer und mit uns an den endgültigen, totalen Sieg des deutschen Volkes?"

Und auch jetzt glaube ich noch immer an unseren Führer, an die Wunderwaffen, an das Kriegsglück und an Deutschland.

Wegen der immer häufiger, schwerer und zerstörerischer werdenden Bombenangriffe auf die Reichshauptstadt Berlin werden Frauen und Kinder nach Möglichkeit evakuiert. Eine weitläufige Verwandte, Tante Mylo, kommt mit ihren Schwiegertöchtern nach Königshain. Die Männer der jungen Frauen sind Offiziere in der Marine und haben etwas mit den U-Boot-Bunkern in Frankreich am sogenannten Atlantikwall zu tun. Die drei Frauen sind überglücklich, wieder in Ruhe schlafen zu können, obwohl sie hier im Dorf unter den bescheidensten Verhältnissen leben müssen. Aber endlich von der Angst der ständigen Luftangriffe der Angloamerikaner befreit zu sein, läßt sie in kurzer Zeit wieder zu Ruhe, Ausgeglichenheit und bescheidener Lebensfreude kommen. Sie sind oft Gast in unserem Haus. Dabei belausche ich ungewollt ein Gespräch zwischen meiner Mutter und besagter Tante.

„Hast du nicht viel Angst um deine beiden Söhne?" fragt meine Mutter.

„Weißt du, Lotte, in diesem schrecklichen Krieg geht es um Sein oder Nichtsein unseres Volkes. Dafür müssen wir Opfer bringen. Natürlich wäre es furchtbar schlimm, wenn einer meiner beiden Söhne fallen würde. Aber damit müssen wir rechnen, und dazu müssen wir auch bereit sein."

Meine Mutter schüttelt energisch den Kopf.

„Also ich bin keineswegs bereit, mein einziges Kind diesem mörderischen Kampf zu opfern. Ach ja, wenn doch dieser furchtbare Krieg endlich ein Ende hätte."

Wie oft und immer wieder höre ich diesen sehnsuchtsvollen Wunsch, seit Jahren schon, nicht nur von meiner Mutter, sondern von so vielen aus meinem Dorf.

Ein kurzes Schweigen beendet die Unterhaltung.

Ich stehle mich davon und bin enttäuscht über die Antwort meiner Mutter. Natürlich muß jeder bereit sein, auch schwerste Opfer zu bringen.

Die für mich neue Schule in Görlitz ist nun Nebensache geworden. Wichtiger ist das Unternehmen Bartold. Unsere Klasse fährt mehrmals zum Bober und Queis, um Panzergräben auszuheben. Sollten wirklich sowjetische Panzer bis hierher kommen, sollen die Panzergräben helfen, sie aufzuhalten. Zweifel kommen in mir auf, die ich aber schnell wieder verwerfe.

Noch nie habe ich übrigens einen sowjetischen Panzer direkt gesehen. Meine Mutter hört verbotenerweise im Radio den Sender BBC London. Ich schleiche währenddessen abends und nachts um das Haus, um zu schauen, ob uns jemand beobachtet. Danach gibt sie mir nur einen kurzen Kommentar: „Ich glaube, wir verlieren den Krieg!"

Voller Sorge malt sie die Zukunft mehr und mehr in düsteren Farben. Ich jedoch bin weiterhin optimistisch. Ich kann mir einfach nicht vorstellen, daß wir den Krieg verlieren könnten. Irgendwie bin ich von meiner Mutter enttäuscht, spreche aber mit niemandem darüber, denn ich will sie nicht gefährden. Wer Feindsender hört, macht sich strafbar.

Ich begleite sie öfter, wenn sie im Rahmen des WHW (Winterhilfswerk) Lebensmittel und Kleider für Bedürftige sammeln geht. Obwohl auch wir nicht viel zu essen haben, würde sie nie und nimmer auch nur ein Stückchen für uns wegnehmen, auch wenn die Versuchung sehr groß ist.

Jede kleine Erfolgsmeldung und jeder kleine Hoffnungsschimmer werden begierig aufgenommen und geglaubt. Von unserer Tante aus Breslau, der Besitzerin des bekannten Hotels Vier Jahreszeiten, kommen einige Korbkoffer zu uns, gefüllt mit Pelzmänteln und wertvollen Kleidern. Warum eigentlich? Wir sollen sie freundlicherweise aufbewahren.

Die Wochenschauen, die auch mit interessanten und uns begeisternden Filmen bei uns im Dorf gezeigt werden, zeigen doch, daß alles nicht so trostlos ist und daß alles gut werden wird. Kriegsfilme wie „Stukas", „U-Boote westwärts" oder „Der große König Fridericus" wecken bei mir Begeisterung.

Trotzdem, das Weihnachtsfest 1944 verbringen wir in Sorge um unsere Zukunft. Durchhalteparolen überschwemmen uns.

Heute nacht hat mich meine Mutter geweckt. Es ist der 14. Februar 1945. Ein fernes Unwetter rumort unheimlich, und nach Westen hin ist der Himmel gespenstisch hell. Was mag sich dort in der Ferne wohl ereignen? Bald erfahren wir durch Rundfunk, Zeitung und Augenzeugenberichte, was passiert ist. Dresden, unser einzigartiges Elbflorenz, ist durch massive Bombenangriffe weitgehend zerstört worden. Abertausende von Flüchtlingen, vornehmlich Frauen, Kinder und ältere Menschen, hat man in unmenschlicher Brutalität getötet. Hunderttausende sollen es sein. Brandbomben wurden eingesetzt, die eine furchtbare Hitze erzeugen, damit auch die Menschen, die in Keller geflüchtet sind, verbrennen.

Auf flüchtende Frauen und kleine Kinder, die sich auf den Elbwiesen aufgehalten haben, haben englische Flieger Treibjagd gemacht und sie wie Hasen abgeschossen. Im bombardierten Stadtbereich, der dem Erdboden gleichgemacht wurde, gab es keine einzige militärische Anlage. Nun wissen wir endgültig, was unser Schicksal ist, wenn wir den Krieg verlieren und unseren Feinden ausgeliefert sind.

Wenige Tage später erreicht mich der Einberufungsbefehl zum HJ-Volkssturm. Der gesamte Jahrgang 1929, 15- bis 16jährige aus Schlesien, wird zusammengefaßt und zur militärischen Ausbildung in das Sudetenland gebracht.

Wir in unserer schönen Oberlausitz haben von dem schrecklichen Bombenkrieg noch nichts direkt erlebt. Hier sind noch keine Bomben gefallen. Schlesien wird das Schlafzimmer des Reichs genannt. Deshalb hat man auch viele junge Frauen mit Kindern und Jugendliche dorthin gebracht. In unserem Dorf sind viele einquartiert worden.

5

15 Jahre und schon Soldat

September 1944. Hitler erläßt den Befehl, alle Männer zwischen 16 und 60 Jahren zur Verteidigung der Heimat einzuberufen.

Und ich bin erst 15 Jahre. Ich ärgere mich darüber. Unsere Heimat ist in Gefahr. Jeder wird dort gebraucht, ob 15 oder 16 Jahre, spielt ja nun wirklich keine Rolle. Wieder fahren wir mehrere Male mit der Schule an Bober und Queis, um Panzergräben auszuheben.

„Unternehmen Bartold".

Täglich hört man durch Flüsterpropaganda von neuen Wunderwaffen, die das Kriegsglück, oder jetzt besser gesagt, das Kriegsunglück wenden werden. Die Hoffnung ist des Glaubens liebstes Kind. Außerdem hat die jetzt bedrohliche Situation natürlich auch was Gutes.

Schule ist unwichtig geworden, größere Taten werden von uns verlangt.

Es gibt für wenige Groschen kleine Hefte zu kaufen. Soldatenberichte, Fronterlebnisse, die vom Heldentum, von Fairneß, Sieg, Kameradschaft und auch vom Tod für das Vaterland berichten. Auch daraus gesellen sich neue Vorbilder zu den Idealen, die wir aus dem Geschichtsunterricht erfahren haben.

„Der Heldentod ist das größte Opfer, das ein Deutscher für sein Volk, für Deutschland geben kann."

„Es geht um die Rettung des Abendlandes, seiner Kultur und der Zivilisation überhaupt."

„Der Dank des Vaterlandes ist dir gewiß."

Gewaltige Worte, die mich als 15jährigen tief beeindrucken.

Fragen an Väter und ältere Brüder können nicht gestellt werden, denn die sind im Felde, kämpfen für uns, setzen ihr Leben ein, täglich und stündlich, um uns vor Feinden, die uns vernichten wollen, zu schützen.

Je länger der Krieg dauert, desto weniger gibt es Urlaub für die Soldaten, und die Friedenssehnsucht, nicht nur der Königshainer, ist unendlich groß.

„Wann endlich! Aber wie?"

Wenn es noch eines Beweises bedarf, daß man auch die Zivilbevölkerung ausmerzen will, so sind es die schrecklichen Bombardierungen so vieler deutscher Städte, wo Hunderttausende brutal getötet werden.

Natürlich wissen die angloamerikanischen Flieger, daß sich dort Hunderttausende von Flüchtlingen aus dem Osten aufhalten. Genau aber wissen es die Verantwortlichen, die die Befehle dazu geben. Die Soldaten sind an der Front. Geflüchtet sind Frauen und Kinder und die alten Menschen. Alle, die bisher gezweifelt und gehofft haben, daß man menschlich mit uns umgehen würde, falls wir den nun schon fünf Jahre alten Krieg doch verlieren, erfahren jetzt, was auf uns zukommt. Wir stehen mit dem Rücken zur Wand. Ein Feigling, der jetzt nicht bereit ist, mitzukämpfen gegen die, die uns vernichten wollen, die uns im günstigsten Falle zu Sklaven degradieren würden.

Dresden und all die schrecklichen Bombardements der vielen anderen Städte sind der nur zu deutliche Beweis, daß das, was Propagandaminister Goebbels und sein Ministerium sagen, wahr sein muß. Auch werden die Berichte über die bestialischen Grausamkeiten der Roten Armee an der Ostfront immer häufiger. Sie versetzen die gesamte Bevölkerung im Osten, wie auch in unserem ganzen Vaterland, in Angst und Schrecken. Wer hofft da nicht auf Wunder, wer hofft nicht auf den Führer, dessen Armeen so große Siege errungen haben.

Die Konferenzen der Führer unserer Feinde in Teheran und Jalta bestätigen zusätzlich, was man aus Deutschland machen würde, falls es den Krieg verliert.

Zerteilen wollen sie unser schönes Land, zum reinen Agrarstaat wollen sie Deutschland machen. All das, was wir jetzt erleben, läßt auch in mir den Gedanken aufkommen, daß wir uns bis zum Letzten wehren müssen.

In unser Dorf sind inzwischen viele junge Frauen mit kleinen und auch größeren Kindern aus dem Ruhrgebiet und dem Rheinland gekommen. Auch sie erzählen Furchtbares von dem nicht abreißenden Bombenterror, von den Bombennächten, von den vielen verkohlten Leichen, die die neuen schrecklichen Brandbomben zur Folge hatten. Die Innenstädte, dort also, wo die Zivilbevölkerung lebt, wo sich keine Kriegsindustrie befindet, werden systematisch zu Trümmerfeldern. Die deutschen Kulturgüter sollen für immer und ewig zerstört werden.

All diese jungen Frauen haben Furchtbares erlebt und sind verängstigt. Sie freuen sich sehr darüber, bei uns im Dorf freundlich aufgenommen zu werden und endlich wieder ruhig schlafen zu können. Schlesien gilt noch immer als das Schlafzimmer der Nation, weil wir bisher von Bombenangriffen verschont blieben.

Der rheinische Humor der Frauen, ihre Offenheit, trotz der schweren Zeit, gefällt mir sehr gut.

Die jungen Mädchen von dort sind zugänglicher. Eine hat es mir bald besonders angetan. Leider wohnt sie im Niederdorf, und der Weg zu ihr ist umständlich. Es sollen ja auch nicht gleich alle wissen, daß wir uns mögen.

„Willst du mich mal zu Hause besuchen?“ frage ich Eva, die nur wenige Monate jünger ist.

„Gerne komme ich!“ antwortet sie lustig in ihrem für mich humorvoll klingenden Dialekt.

Meiner Mutter erzähle ich, daß ich meinen Freund Manfred, Sohn des Lehrers in der Schule im Niederdorf, besuchen gehe. Er baut in einem der zwei Klassenzimmer in den Ferien mit großer Begeisterung Segelflugmodelle. „Jungvolk“, „Baby“ und sogar den „Großen Winkler“. Da das auch mein Freizeitspaß ist, paßt diese Ausrede sehr gut. Es ist kalt. Trotzdem treffe ich mich oft mit Eva. Wir gehen spazieren und stapfen durch den Schnee. Wir bewerfen uns mit Schneebällen und halten schließlich Händchen.

„Morgen nachmittag paßt es sehr gut. Willst du nicht zu uns kommen? Ich hole dich ab!“ sage ich fragend.

„Vielleicht, wenn es klappt, bin ich um zwei Uhr an der Schmiede!“

Mir schlägt das Herz höher. Morgen wird meine Mutter länger in Görlitz bleiben. Sie ist dort dienstverpflichtet und wickelt Kondensatoren, was sie mir aber unter dem Siegel der Verschwiegenheit erzählt hat.

Es ist strengstens verboten für die vielen Frauen, die in der Rüstungsindustrie mitarbeiten müssen, auch nur das geringste über ihre Arbeit zu erzählen. Doch morgen wollen sie nach der notwendigen, aber eintönigen Arbeit Geburtstag einer netten Mitarbeiterin feiern.

Schon lange vor der verabredeten Zeit kreuze ich mit meinem wackligen Fahrrad vor der Schmiede auf. Riesige Freude überfällt mich, als ich Eva mit ihrem roten Kopftuch die ansteigende Dorfstraße schnell zu mir laufen sehe.

„Setz dich auf den Gepäckträger!“

Strampelnd fahren wir durch das Dorf. Jetzt sollen es ruhig alle wissen, daß wir uns verstehen. Warum auch nicht? Den verschneiten Berg hoch zu unserem rotbedachten Haus schubsen wir uns gegenseitig in den Schnee, und wenn sich dabei unsere Augen treffen, verweilen sie vielleicht einen kleinen Bruchteil einer Sekunde länger. Wir betreten naß und voller Schnee unser warmes Haus. So ganz nebenbei erzähle ich ihr, daß wir alleine sind.

„Meine Mutter kommt erst abends mit dem letzten Zug zurück.“

„Soso“, antwortet sie mit einem schelmischen Blick. „Ich habe solchen Hunger! Hast du nichts zu essen, ein Stück trockenes Brot wenigstens?“ bittet sie.

Sie schaut mich mit ihren großen offenen Augen an, und ihr lockiges Haar umrahmt ihr hübsches Gesicht. Ihre lustige Stupsnase ist etwas zu klein geraten, dafür sind ihre Wangen um so röter. Für mich sieht sie wie ein lustiger Engel aus. Ihre graue Kleidung ist ärmlich, und der Kontrast zwischen ihr und dem, was sie umhüllt, ist riesengroß.

Jugendliche bekommen auf ihre Lebensmittelkarten mehr Butter als Erwachsene. Meine fürsorgliche Mutter hat bestimmt, daß ich meine Wochenration voll für mich alleine bekomme. Zum Kochen nimmt sie von ihrer kleinen Ration und von dem, was Oma, die Arztwitwe, bei ihrer Hamstertour immer wieder von den Bauern unseres Dorfes bekommt. Obwohl ich meine Butter genau in sieben Teile für die Woche markiert habe, schmiere ich ihr drei dicke Butterbrote. Dabei geht die halbe Wochenration drauf. Gierig und lustig lachend schmatzt sie vergnügt.

Wir gehen ins dunkle Herrenzimmer, wo das schwarz gebeizte massive Eichenholz-Klavier steht. Etwas improvisierend spiele ich einige kurze Anfänge von Filmschlagern, mehr laut als schön. Meine Künste auf diesem Instrument sind nur gering, aber Lautstärke und Pedal kompensieren. Eva staunt, lacht, und es gefällt ihr offensichtlich.

Da mein Repertoire aber beschränkt ist, schlage ich vor, lieber Schallplatten zu hören. Wir setzen uns jeder in eine der abgerundeten Ecken der braunen kurzen Ledercouch. Mit meinen Augen taste ich ihren schönen Körper ab. Ich frage sie nach ihren Erlebnissen in den Bombennächten. Weinend erzählt sie mir, wie nahe Verwandte von ihr, alte Leute und Großeltern im Keller verschüttet wurden und umgekommen sind.

Sie tut mir unendlich leid, und mein Zorn gegen unsere Feinde, die uns vernichten wollen, die schon Abertausende von Frauen. Alte und Kinder umgebracht haben, flammt wieder auf. Mitleid überfällt mich, und ich setze mich eng an sie.

„Sei nicht traurig!“

Unsere Hände berühren sich, und plötzlich umarmt sie mich fest und küßt mich. Fest pressen sich unsere Lippen aufeinander. Ein wirres Glücksgefühl überfällt mich, und mit meiner Zunge öffne ich ihren heißen Mund. Wir versinken glücklich ineinander. Zart nimmt sie meine Hand und führt mich durch die offene Bluse an ihre junge Brust. Wir spielen glücklich miteinander, streicheln und berühren uns. Tief atmend liegen wir beide nebeneinander, sehen uns verliebt in die Augen und lachen.

„Hast du eigentlich eine Freundin im Dorf?“

„Nein“, antworte ich wahrheitsgemäß.

Mit meiner ersten Freundin Ursula habe ich Schneeburgen gebaut. Weil ich sie mochte, habe ich mit ihr auf der Dorfstraße den Kinderwagen mit ihrem kleinen Bruder geschoben. Meine Freunde haben mich maßlos gehänselt.

Und dann war da noch Anneliese. Ich mochte sie zu gerne. Sie war bei den Jungmädchen und ich beim Jungvolk.

Bei den gemeinsamen Sing- und Theaterabenden habe ich sie verliebt angesehen. Sie mochte mich aber, so glaube ich, nicht. Nie haben wir uns berührt oder gar geküßt.

„So bin ich das erste Mädchen, das du geküßt hast? Richtig geküßt."

Mit rotem Kopf sage ich etwas leise beschämt und verhalten: „Ja!"

Irgendwie will ich ihr imponieren, weiß aber nicht, ob es besser ist, zu lügen und unwahr zu prahlen oder die eben ausgesprochene Wahrheit zu sagen.

„Du bist schon anders als die Jungen in der Stadt!"

Sie umarmt mich erneut, legt sich mit offener Bluse auf mich, und wir küssen uns ohne Ende. Ihre jungen festen Brüste verwirren mich vollkommen. Plötzlich aber springt sie auf und verschließt ihre alte Bluse.

„Ich mag dich, du bist anständig!"

Volltrunken vom Glück einer ersten körperlichen Liebesberührung lege ich eine neue Schallplatte auf. Draußen schneit es lustige Flocken, und die Dämmerung legt sich leise über unser stilles Dorf. Zwei junge 15jährige haben Glück und Liebe, erste Liebe gefunden.

„Wolfgang, ich muß aber jetzt nach Hause, meine Mutter weiß nicht, wo ich bin!"

Sehr schweren Herzens stimme ich zu. Ich will nicht unfair sein und will auf gar keinen Fall, daß Eva Ärger bekommt. Noch einmal umarmen wir uns an der Tür, küssen uns so, wie ich es heute zum ersten Mal erlebt habe – ein sicherlich unvergessener Tag.

Auf der frisch verschneiten Dorfstraße fahre ich sie mit dem rostigen Damenfahrrad wieder nach Hause. Wir lachen, rutschen aus und fallen hin. Keiner spürt einen Schmerz.

In einer dunklen, kalten Ecke vor ihrem Haus küssen wir uns noch ein letztes Mal.

Schon verschwindet sie hinter der Haustür, aus der fahles Licht bricht. Unendlich glücklich, verträumt, laut vor mich hinsingend fahre ich nach Hause, während die Schneeflocken um mich herumtanzen.

In den kommenden kurzen und kalten Wochen treffen wir uns immer, wenn es irgend geht. Doch der Abschied kommt sehr schnell. Wenige Tage nach dem schrecklichen Ereignis der unmenschlichen Zerstörung Dresdens erhalte ich auf einer Postkarte meinen Einberufungsbefehl zum HJ-Volkssturm. Es fällt mir schwer, Eva davon zu berichten.

„Könnten wir beide doch an irgendeinen Ort dieser Erde reisen und dort zusammensein! Ich träume sogar nachts davon. Dieser verdammte Krieg! Sollen sie doch uns unser junges Leben leben lassen."

Auf der anderen Seite bekomme ich fast ein schlechtes Gewissen, wenn mich solche Gedanken überfallen. Millionen Soldaten sind gefallen, verwundet, verstümmelt für den Rest ihres Lebens, um uns, um Deutschland zu schützen. Es wäre ja mehr als Feigheit und Egoismus, sich jetzt davonzustehlen, jetzt, wo die Not immer größer wird.

Es ist ein grauer, naßkalter Februartag. In meiner Winteruniform, bepackt mit meinem Affen, den eine dicke aufgerollte Decke umrahmt, nehme ich Abschied von Mutter und Oma. Beide weinen und versuchen vergeblich ihre Tränen zu unterdrücken. Oma ist gestern extra noch einmal hamstern gegangen. Zwei Würste, eine Seite Speck und sogar ein Stück Schinken und eine kleine Büchse Gänseschmalz hat sie ergattert. Alles bekomme ich.

„Sicher wirst du bald wieder dasein", belügt meine Mutter sich selbst und uns. Wir umarmen uns, und ohne mich noch einmal umzusehen, gehe ich von zu Hause weg. Jetzt muß ich helfen, das Vaterland zu verteidigen, und dieser Gedanke macht mir den kurzen Abschied leichter. Ich bin stolz und muß immer wieder an das denken, was wir in der Schule erfahren hatten.

Als die Engländer um die Jahrhundertwende gegen die weit unterlegenen Buren in Südafrika gekämpft hatten, waren auch die 15- und 16jährigen mit gefordert, und auch sie kämpften tapfer.

Der Affe, der schwer auf meinen knochigen Schultern drückt, ist lästig. Aber trotzdem schreite ich stolz erhobenen Hauptes durch das Dorf. Sie sollen es ruhig sehen, daß ich in den Krieg ziehe, auch wenn ich erst 15 Jahre alt bin.

Während wir uns sonst heimlich getroffen hatten, stehe ich jetzt stramm und stolz vor dem Haus. Evas Mutter öffnet mir die Tür. Wehmütig und mit einem eigenartigen Lächeln fragt sie erstaunt: „Wo willst du denn hin?"

Selbstbewußt und ihr trotzig in die Augen blickend erwidere ich: „Ich bin einberufen worden und muß mich heute noch melden. Ich würde so gerne Eva noch mal sehen!"

Sie steht eine Weile stumm vor mir, und ihr Kopfschütteln scheine ich falsch zu interpretieren, denn sie ruft in das kleine Haus hinein: „Eva, komm schnell!"

Mit rot verweinten Augen, frisch gekämmtem Haar, warm mit alten Kleidern angezogen und viel zu großen Schuhen steht sie vor mir. Ich muß schlucken, um nicht auch weinen zu müssen.

„Kommst du noch ein Stückchen mit?"

Auch der jungen und schönen Mutter stehen große Tränen in den Augen, und mit etwas belegter Stimme sage ich, ihr die Hand reichend: „Auf Wiedersehen, bin bald wieder da!“

Wir beide trotten einsilbig nebeneinander her. Eva weint immer wieder, und ich weiß nicht, ob ich sie trösten soll. Warum müssen Mädchen immer so schnell weinen? Ich verkneife es mir ja auch.

Schließlich erreichen wir auf dem schneematschigen Weg, der uns nach Reichenbach führt, den verschneiten Wald. In einer kleinen Lichtung, wo Rehe und Hasen ihre Fährten eingestempelt haben, wische ich von einem umgefallenen Baumstamm den feuchten Schnee ab.

„Laß uns hier hinsetzen!“

Wir kuscheln uns aneinander. Es fröstelt uns, und unsere Umarmung ist innig, aber ungeschickt. Zu gerne würde ich ihre jungen Brüste berühren, aber meine Hand ist kalt. Trotzdem tastet sich meine Hand durch ihre Kleidung.

„Du bist aber kalt!“

Ich ziehe meine ungelenke Hand zurück und umarme meine geliebte Eva fester.

„Weißt du eigentlich, daß du meine kleine Soldatenbraut bist? Soldatenbräute müssen immer treu bleiben und warten!“

Wir küssen uns immer wieder innig, und die Zeit verrinnt. Ob wir uns wohl wiedersehen werden? Wann wird es sein? Jeder denkt an diese Frage, und keiner spricht sie aus.

„Ich muß jetzt gehen.“

Schneeregen fällt. Nebelfetzen durchwirken den Wald. Schließlich ein letzter Kuß, eine letzte Umarmung, Tränen, Wehmut und Abschied. Abschied für immer? Nein, das darf es nicht sein. Eine abgeschnittene Locke ihres dunkelblonden Haares, in einem einfachen Stück Papier eingewickelt, steckt Eva in eine der Brusttaschen meiner Uniform. Sie springt auf und rennt davon. Sie verschwindet zwischen den verschneiten Bäumen. Wie angewurzelt verharre ich. Als ich sie nicht mehr sehen kann, weine ich bitterlich. Jetzt sieht es ja niemand. Schließlich löse ich mich von dem unwirtlichen Ort unserer Trennung. Wilde Gedanken verwirren mir den Kopf. Nie soll ein feindlicher Soldat sie bedrängen. Alles muß ich tun, um sie zu beschützen. Heldenhaft will ich kämpfen und lieber im Kampf fallen, als besiegt zu werden.

In Schlesien wird der gesamte Jahrgang 1929 einberufen. Wir werden in Fliegeruniformen mit HJ-Binden am linken Arm eingekleidet. Im Güterzug werden wir dann schließlich nach Königsgrätz gebracht. Ist das nicht ein gutes Zeichen, uns in dieser Stadt zusammenzuführen? Schließlich hatten die Preußen am 3. Juli 1866 dort eine Entscheidungsschlacht unter Moltke gewonnen.

Auf einem großen Platz müssen wir antreten, und unser schneidiger Bannführer, geschmückt mit roter Kordel, hält eine feurige Rede. Wir könnten stolz darauf sein, daß unser Jahrgang, der Jahrgang 1929, in der Sommeroffensive 1945 das Rückgrat der deutschen Wehrmacht sein wird. Dafür werden wir in den folgenden Wochen militärisch ausgebildet werden. Ab jetzt glaube auch ich, daß wir den Krieg verlieren könnten. Aber was sollen wir tun?

Zunächst werden wir nach Berufsgruppen aufgeteilt. Die Lehrlinge sollen vornehmlich in die Gegend von Pilsen gebracht werden. Dort sind die bekannten Skoda-Werke, die seit 1939 den Reichswerken Hermann Göring angegliedert worden waren. Hier soll ein zweites Ruhrgebiet entstehen. Wir Jungs sollen in unserem Beruf weiter geschult werden und tüchtig arbeiten, und daneben würden wir eine intensive militärische Ausbildung erhalten. Das alles meint unser begeisterter Bannführer.

Wir marschieren zunächst in ein idyllisch gelegenes Dorf. Ich werde mit unserer Gruppe in einer Scheune mit Heu und Stroh aus dem letzten Jahr untergebracht. Wir 30 oder 40 Jungen haben in diesen Tagen ein romantisches Landsknechtsleben und albern außerdem sehr viel. Unser kleiner Führer ist harmlos und kümmert sich kaum um uns. Aber der Hunger plagt uns. In unserem Begleitgepäck sind auch einige Kleinkalibergewehre. Mir gelingt es, so ein Ding mit Munition heimlich zu stibitzen, und mit zwei Freunden gehen wir auf Jagd.

Es ist ein warmer Vorfrühlingstag, die Sonne scheint hell, und eine Wolke mahnt die anderen zur Eile. Aber was sollen wir schießen? Schließlich sehen wir in der Nähe eines etwas abgelegenen Bauernhauses Hühner auf einer Wiese. Wir verstekken uns hinter einem Gebüsch, und ich erlege mit einem Schuß ein weißes Huhn. Einer meiner begleitenden Freunde springt auf und holt die Beute. Am nahegelegenen Waldesrand nehmen wir das erlegte Tier aus, rupfen es, machen ein kleines Feuer und braten es am Spieß. Zuvor legen wir unsere Hände zusammen und schwören, daß keiner etwas verrät.

Wir wissen, so etwas ist nicht nur Diebstahl, sondern auch so etwas wie Plündern. Darauf steht die Todesstrafe. Aber Hunger tut weh.

Die romantischen Tage sind kurz. Wir Oberschüler werden nach Nachod bei Bilowes südlich des Glatzer Kessels gebracht. Hier hatten die Tschechen so etwas wie einen Verteidigungswall ausgebaut. Bunkersysteme mit Laufgräben. Ein Pendant im kleinen zu unserem Westwall gegen Frankreich oder zur Maginotlinie der Franzosen gegen uns.

Hier also sollen wir Schulunterricht haben und militärisch ausgebildet werden. Wir haben großes Glück. Da es keine Lehrer gibt, fällt die Schule ins Wasser.

Einige ehemals verwundete Frontoffiziere sind unsere Ausbilder. Sie sind sehr nett, überhaupt nicht streng und bringen uns lediglich das Schießen mit dem Gewehr, Maschinengewehr und vor allem mit der Panzerfaust bei. Auf diesem „Kriegsgelände“ macht uns das natürlich viel Spaß. Ich bin stolz darauf, ein guter Schütze zu sein. War das nicht auch mein erster Anerkennungserfolg beim Jungvolk gewesen? Ich trage mein Schießabzeichen stets an meiner Uniform.

Beim Panzerfaustschießen müssen wir besonders darauf achten, daß das Ende dieser Waffe aus dem Schützengraben herausragt, weil uns sonst der Feuerstrahl verbrennen könnte. Die Zieleinrichtung ist denkbar einfach. Auf dem Rohr wird ein schmales Stahlblech mit drei Löchern hochgeklappt. Jedes Loch ist für eine Entfernung gedacht, 50, 100 und 150 Meter. Bei Maschinengewehrschießübungen dürfen nur kurze Feuerstöße abgegeben werden, da wir nicht viel Munition zur Verfügung haben. Diese Schießerei bereitet uns Jungs natürlich viel Spaß.

In zwei Wochen habe ich meinen 16. Geburtstag. Ich bespreche mit meinen engsten Freunden, ob wir da nicht etwas Besonderes anstellen könnten. Da werde ich gerufen. Ich soll sofort in die Baracke unseres Ausbilders kommen. Zu meiner großen Überraschung und Freude darf ich als Kurier nach Königsgrätz fahren.

„Wir haben einen besonderen Auftrag für dich. Hier ist ein äußerst wichtiger Brief, den du persönlich in Königsgrätz auf einer Dienststelle abzugeben hast. Auf keinen Fall darf er verlorengehen. Ganz besonders mußt du darauf achten, daß er nicht in die Hände der Tschechen fällt. Auf der Fahrt darfst du mit niemandem Kontakt aufnehmen oder sprechen. Zu deinem persönlichen Schutz und zum Schutz des Briefes bekommst du diesen 9-mm-Trommelrevolver. Nur wenn du angegriffen wirst, darfst du damit schießen! Verstanden?“

Ich bin über diesen unerwarteten Auftrag sehr überrascht. Daß man ausgerechnet mich mit so einer wichtigen Sache beauftragt, empfinde ich als besondere Auszeichnung. Seltsam finde ich allerdings, daß man mir dieses Schießeisen mitgibt. Wieso soll mir einer was tun? Keiner weiß doch, daß ich einen wichtigen geheimen Brief transportiere. Aber natürlich freue ich mich sehr, einen solch großen Revolver in meinem persönlichen Besitz zu haben.

Während der ratternden Eisenbahnfahrt fällt mir Verschiedenes besonders auf. Ich bin offensichtlich der einzige Uniformierte in diesem Zug. Über meiner HJ-Uniform trage ich einen blaugrauen Fliegermantel mit einer HJ-Binde am Ärmel. An meinem Koppel hängt in der großen Pistolentasche mein Revolver. Da ich sehr schmalhüftig bin, rutscht mir das schwere Ding über die halbe Pobacke. – Der einfache Zug ist gut besetzt. Ich bin erstaunt, so viele junge Männer in den Abteilen zu sehen. So etwas gibt es im Reichsgebiet seit Jahren nicht. Aus dem Straßenbild in unseren Dörfern und Städten sind junge Männer in Zivil vollkommen verschwunden. Sie sind auf allen Kriegsschauplätzen, aber keiner ist mehr in der Heimat.

Manche der männlichen Mitfahrer stieren mich mit großen Augen an, andere werfen mir böse Blicke zu, wieder andere ignorieren mich. Junge Mädchen lachen mich an, den Blick ihrer Mütter kann ich nicht deuten. Egal, ich lächle alle freundlich an und nicke nur sympathisch erscheinenden Mitfahrenden zu. Angst habe ich keine. Wer soll mir schon etwas tun? Ich will ja auch niemandem etwas Böses zufügen. Eigentlich würde ich gerne mit jemandem sprechen. Aber sicherlich würde ich die Tschechen sowieso nicht verstehen, und außerdem ist es mir ja verboten worden.

Auf der angewiesenen Dienststelle gebe ich schließlich meinen Brief ab. Hier sind die Uniformierten, Hitlerjungen und Soldaten, außergewöhnlich freundlich. Ich bekomme auch was zu essen. Am nächsten Tag kehre ich wohlbehalten wieder zu meiner Einheit zurück.

„Befehl ordnungsgemäß ausgeführt!“

Inzwischen ist es Ende März geworden. Ich bin überrascht und erstaunt. Wir 15- und 16jährigen Jungens sind aufgefordert worden, uns zur Musterung einzufinden. Etwa 100 Jugendliche werden ziemlich genau untersucht und befragt. Nur zwei davon werden für tauglich befunden, der Luftwaffe, fliegendes Personal, zugeordnet zu werden. Alle anderen werden der Wehrmacht zugeteilt, die meisten zur Infanterie, also zu den Stoppelhopsern.

Mein Freund und ich freuen uns und sind ein wenig stolz darauf, zu den Fliegern zu dürfen. Wir müssen ja sehr gesund sein, aber sicherlich haben die absolvierten Segelfluglehrgänge eine Rolle gespielt. Etwas komisch finden wir die Situation schon. Unsere Ausbilder hatten erst neulich erzählt, daß deutsche Flugzeuge nicht mehr starten können, da es kein Flugbenzin mehr gibt.

„Keiner ist mehr in der Luft!“

Auf dem Weg zurück treffen wir ein Rudel von offensichtlich hochdekorierten Offizieren. Aufgeregt gestikulierend unterhalten sie sich. Ein Freund raunt mir ins Ohr: „Der mit den roten Streifen und Aufschlägen ist Schörner!“

Mit großen Augen betrachte ich zum ersten Mal aus nächster Nähe einen leibhaftigen General. Er ist offensichtlich verärgert, schaut finster und vorwurfsvoll und ist aufgeregt. Für uns Jungens hat er kein einziges aufmunterndes Wort und würdigt uns keines Blickes. Ich bin enttäuscht. Eigentlich habe ich mir einen deutschen General ganz anders vorgestellt.

6

Der 8. Mai 1945 und das Chaos Heimkehr von der Flucht

Gestern war unser Flüchtlingstreck in Rumburg angekommen. Es war ein warmer wetterschöner aber mörderischer Tag gewesen. Mit all den anderen waren wir drei, Mutter, Oma und ich, auf der Flucht, auf der Flucht vor der Roten Armee, die mit einer grausamen Gewaltorgie Deutschland und auch unsere Heimat erobert.

Vor zweieinhalb Monaten war ich mit all den schlesischen Jungen eingezogen worden.

Als wir am 1. Mai erfahren hatten, daß der Führer tot sei, sagten unsere Ausbilder, daß sie sich nach dem Westen durchschlagen werden.

„Wer es mit uns versuchen will, zu den Amerikanern zu kommen, der kann mit uns abhauen. Wir wollen über die Elbe."

Ich war diesem für mich etwas feigen, aber verständlichen Angebot nicht gefolgt. In der Waffenkammer hatte ich mir Munition für meinen 9-mm-Trommelrevolver besorgt, dazu einen Karabiner und drei Handgranaten. Dann machte ich mich alleine auf den Weg nach Hause, obwohl die Sowjets schon weiter nördlich über Görlitz hinaus nach Westen vorgestoßen waren. Den Geschützdonner und den Schlachtenlärm hatten wir schon viele Tage vorher gehört, und immer war mir dabei etwas mulmig geworden. Die großen Panzer, der so bedrohlich gewaltige Geschützdonner und meine kleine Pistole, die Panzerfaust, ein einfaches, etwa 1,20 Meter langes Rohr mit primitiver Zieleinrichtung und einer Sprengkapsel, mit der man Panzer aus etwa 50 bis 150 Meter Entfernung „knacken" kann. Was kann ich damit schon ausrichten? Aber das Maschinengewehr schoß wenigstens sehr schnell.

Unser Dorf war geisterhaft leer. Es war evakuiert worden. Alle waren auf der Flucht. Gespenstisch. Wo waren die Soldaten, die unser Dorf verteidigen? Im Gasthof meines Freundes Hans, Gasthof zum Hochstein, hörte ich Stimmen. Ein paar alte Männer und – ein unfaßbares Wunder – meine Mutter saßen am Stammtisch. Freudig wurde ich begrüßt, und meine Mutter umarmte mich weinend. Sie war mit der Großmutter und einem kleinen Handwagen mit dem Allernötigsten schon auf der Flucht.

Es war sehr mühsam für die beiden Frauen gewesen, den vollbepackten kleinen Wagen selbst bergauf und bergab zu ziehen. Angst vor Tieffliegern, Angst davor, daß die Russen sie einholen könnten. Auch unser altes klappriges Damenfahrrad hatten sie mitgenommen. Mit diesem war meine Mutter noch einmal zurück in unser Dorf geradelt. Warum, wußte sie eigentlich auch nicht. Und so treffen wir in der gleichen Stunde, aus zwei vollkommen verschiedenen Richtungen kommend, in unserem Dorf wieder zusammen.

Von der Ferne hörten wir immer wieder den bedrohlichen Geschützdonner.

Die alten Männer bestürmten mich sofort: „Die Waffen mußt du wegwerfen! Wenn dich so die Russen erwischen, legen sie dich gleich um!"

Eigentlich wollte ich ja mithelfen, unser Dorf zu verteidigen, aber es war keiner mehr da. Mutter und ich beschlossen sofort zum Treck zurückzukehren. Wenn es nicht gerade bergauf ging, setzte sie sich auf den Gepäckträger, und ich strampelte fleißig und schwitzend. Meine aufgeregte Mutter erzählt mir, daß am 18. Februar morgens das gesamte Dorf von den Parteileuten aufgefordert worden war, sofort zu fliehen. In wenigen Stunden war der Treck zusammengetreten und bewegte sich über Arnsdorf in Richtung Westen. Etwa zehn Prozent der 1.600 Gemeindemitglieder waren geblieben und folgten der Anordnung nicht. Sie wurden deshalb nicht belästigt oder bestraft. Unsere Militärs hätten das aber gar nicht so gerne gesehen, denn falls Kampfhandlungen stattfinden würden, wären Zivilisten im Wege. Man müßte dann Rücksicht auf sie nehmen, und das würde stören.

In den folgenden Wochen seien viele Soldaten nach Königshain gekommen, besonders vom 40. Panzerregiment. Die Zentrale sei unten im Schloß gewesen, wo gleichzeitig ein Lazarett eingerichtet worden war. Viele, besonders junge Soldaten, seien dort in den letzten Kriegstagen noch verstorben.

Der große Treck sei bis nach Döbeln bei Leipzig gezogen und nach vier Wochen wieder zurückgekehrt. Treck und Rote Armee näherten sich somit eigenartigerweise. Frauen und Kinder waren durch Tieffliegerbeschuß getötet worden.

Die im Dorf während dieser Zeit Zurückgebliebenen mußten sich um die zurückgelassenen Tiere kümmern, zusammen mit den Fremdarbeitern und Polenmädchen, die natürlich nicht mit auf die Flucht gingen.

Ein oder zwei Fleischereien bzw. Bäckereien waren ebenfalls noch in Betrieb, und es wurde fleißig geschlachtet und gebacken.

In erster Linie wurden die Soldaten im Dorf und die dagebliebenen Zivilisten versorgt. Außerdem unterstützte man auch die Soldaten an der Front, die ja nicht weit nördlich entfernt waren.

Und jetzt sind wir zum zweiten Mal auf der Flucht. Diesmal Richtung Tschechei! Gestern also, am 7. Mai, waren wir drei mit dem überladenen Handleiterwägelchen am Nachmittag in Rumburg angekommen und waren dankbar, in einem völlig überfüllten Gasthof Quartier bekommen zu haben. Wir dürfen unseren Leiterwagen im

Hof abstellen und uns irgendwo im Haus auf den Fußboden legen. Meine Mutter darf jetzt mit anderen Flüchtlingsfrauen zusammen eine Suppe aus dem mitgebrachten Mehl kochen. Etwas Salz bekommt sie großzügigerweise von der Wirtin. Dankbar schlurfen wir mit Heißhunger aus geborgten Tellern die klumpige Speise.

Ich nehme das alte Fahrrad und erkläre meinen beiden Frauen, daß ich mal näher zurück an die Front fahren möchte, um zu sehen, was eigentlich los sei und wo und wie weit die Russen schon sind.

Den ganzen Tag über hören wir aus der Nähe und mal aus der Ferne den grollenden Geschützdonner.

Auf kurviger Straße fahre ich mit meinem klapprigen Fahrrad über eine kleine Anhöhe zur Frontlinie. Eine nicht enden wollende Flüchtlingskolonne kommt mir entgegen.

Wölfchen, wie meine Großmutter mich immer noch respektlos nennt, radelt an die Front!

Verwundert nehme ich zur Kenntnis, daß immer mehr flüchtende Soldaten mit dem Fahrrad und mit dem Lkw zwischen den Flüchtlingen sind. Sie werfen ihre Waffen weg und springen von den Fahrzeugen. Sie gehen in die Häuser und kommen als Zivilisten wieder heraus.

Auf der Anhöhe angekommen, sehe ich in der Ferne viele schießende Panzer und donnernde Geschütze, brennende Häuser, umherirrende Kühe, Schafe und Schweine. Es grollt, kracht und knallt, dazwischen Schreie. Ein Chaos, ja ein Inferno, und mir läuft es kalt den Rücken herunter. In wenigen Stunden werden sie auch hier sein. Angst überfällt mich, und einen Moment glaube ich nur an einen Ausweg: Ich habe ja noch meinen 9-mm-Trommelrevolver. Sollten wir drei uns nicht selbst erschießen?

Da rempelt mich plötzlich ein älterer Landser an.

„Mensch, Junge, was machst du denn hier? Hau ab, die Russen sind gleich hier, und schmeiß vor allem deinen Revolver weg!“ Und schon ist er fort, läuft zum nächsten Haus und kommt schnell im Ziviljackett heraus und rennt so schnell er kann. Mit Tränen in den Augen, gepackt von Wut und Angst, fahre ich zurück. Ich weiß, etwas Furchtbares, noch nie Dagewesenes passiert in den nächsten Stunden. Und ich weiß nicht, was ich tun soll. Die Angst um meine Mutter und Großmutter ist größer als die um mich. Als ich wieder zurück bin und die Umstehenden anschaue, sage ich: „Es ist aus, endgültig aus, und morgen spätestens sind die Russen hier!“

Meine Mutter bittet mich inständig, doch endlich den Revolver wegzuwerfen. Da sie ununterbrochen davon spricht, schmeiße ich heimlich am Abend die Munition und den Revolver in die Versetzgrube des Gasthofs. Nun fühle ich mich vollkommen macht- und hilflos, und der Kriegslärm kommt immer näher.

Diese Nacht des neugeborenen Tages, des 8. Mai 1945, beendet ein Kapitel unseres Lebens. Die neu aufgeschlagene Seite des folgenden verheißt Schlimmes, Grausames und Unberechenbares. Das fühlen wir alle instinktiv.

Vielleicht wird es ja nur ein kurzes Schlußkapitel werden?

Wir stehen ein oder zwei Stunden vor dem kleinen Gasthof. Immer wieder flakkern Geschützdonner und metallisch klingender Schießlärm auf. Wir diskutieren über unsere Situation und überlegen, was jetzt auf uns zukommen könnte.

Die sternklare Nacht liegt über dem Kleinstädtchen Rumburg nahe der ehemaligen Reichsgrenze. Der kleine liebliche Ort im hügeligen Oberlausitzer Bergland, keine 50 Kilometer südwestlich von Görlitz, scheint sich bisher vor dem Kriegslärm versteckt zu haben.

Es ist null Uhr an diesem denkwürdigen 8. Mai 1945.

Ich sitze, gerade mal 16 Jahre alt geworden, auf einem Bierfaß im düsteren Keller in einer kleinen Gastwirtschaft.

Meine Mutter ist nochmals nach oben gegangen zu all den anderen Flüchtlingsfrauen, die um ein kleines Radio herumstehen. Der Empfang ist sehr schlecht. Aber alle wollen sie wissen, ob es stimmt. Undeutlich hören sie BBC. Churchill soll eine Rede halten und das so lang ersehnte Kriegsende, den Waffenstillstand, verkünden. Nur bruchstückhaft kann man etwas verstehen, aber es scheint zu stimmen. Der über fünfeinhalb Jahre andauernde furchtbare Krieg soll zu Ende sein. Aufgeregt und mit Tränen in den Augen kommt meine Mutter in den Keller, weckt die erschöpft Schlafenden mit den Worten: „Der Krieg ist aus, der Krieg ist aus!“

Das kleine Gasthaus ist mit Flüchtlingen überfüllt. Nach und nach treten immer mehr ratlose Menschen und Frauen vor das Haus in eine warme Maiennacht und sehen hilflos und fragend zu den funkelnden Sternen empor.

Da plötzlich hört man wieder ganz in der Nähe Geschützdonner, Maschinengewehrsalven und einzelne Schüsse.

Jetzt entzündet sich eine lebhafte Diskussion.

„Alles Lügenmärchen“, sagen die einen. „Da schießen noch versprengte SS-Einheiten, die sich nicht ergeben wollen“, meinen die anderen. Quälende Ungewißheit bedrückt auch mich, vor allem die Frage: Wie geht es nun weiter? Geht es überhaupt weiter? Keiner weiß zu diesem Zeitpunkt eine Antwort. Schließlich treibt uns aber die lähmende Müdigkeit in den dunklen, nur kümmerlich erleuchteten kleinen Keller zurück. Ich sitze wieder auf dem alten Bierfaß in einer Ecke. Mutter und

Großmutter legen sich auf eine Decke auf den steinernen Kellerfußboden zu den anderen Übermüdeten. Ich schlafe auf meinem Bierfaß sitzend ein.

Plötzlich werde ich wach. Das Licht des neuen Tages, der mit so vielen offenen Fragen beginnt, bricht durch die kleinen schmutzigen Fenster. Auf der gepflasterten Straße vor dem Haus hört man den unerbittlichen Schritt von marschierenden Soldaten. Erneute Angst befällt die Frauen, Kinder und die alten Menschen, die in diesem Loch Schutz suchen. Was tun? Meine Mutter war schon immer in besonderen Situationen recht forsch.

„Ich gehe nach oben, wir müssen wissen, was passiert!"

Vorsichtig geht sie die kleine Treppe nach oben, die Tür klappert und quietscht. Alle sehen gespannt auf die geöffnete Tür. Nach wenigen, aber sehr langen Minuten kommt sie herunter.

„Das sind russische Marschkolonnen. Kommt euch das anschauen!"

Wir drei und noch zwei ältere Männer treten auf die kleine Treppe, die von der Straße zum Eingang des Hauses führt.

Zum ersten Mal sehe ich bewaffnete, in Kolonnen marschierende sowjetische Soldaten. Ich bin überrascht. Müde und in ihren verdreckten und zerschlissenen gelbbraunen Uniformen trotten sie mehr dahin, als daß sie marschieren. Eigenartigerweise erscheinen sie mir auffallend klein. Das also sind die unmenschlichen bolschewistischen Horden, über die man so viele Grausamkeiten erzählt hat. Meine erste Reaktion ist ein Anflug von Mitleid.

„Die sind ja gar nicht so schlimm!"

„Na, Gott sei Dank", antwortet mir meine neugierig umherblickende Mutter.

Wie diszipliniert hatte ich doch, nicht nur in den Wochenschauen, unsere sauberen Soldaten gesehen. Und die hier? Desinteressiert, abgekämpft, unordentlich und verschmutzt wälzen sich die braunen Kolonnen durch die Straßen. Einige laufen nebenher, andere fahren mit Fahrrädern. Wie konnten die uns eigentlich besiegen? Viele Fragen schießen mir durch den Kopf.

Da, plötzlich kommt einer der Soldaten mit dem Fahrrad auf unsere Gruppe zugefahren, steigt ab, geht schnell die wenigen Stufen der Treppe hinauf und stellt sich vor meine Mutter.

„Uri, Uri", schreit er sie ziemlich heftig an. Im ersten Moment weiß keiner, was er will. Soll ich dem Kerl an die Gurgel springen? Er faßt sie derb an den Armen an.

„Uri, Uri." Er versucht, ihr die goldene Armbanduhr abzureißen, und meine überraschte Mutter hilft ihm, das Armband zu öffnen, und hält ihm die wunderschöne alte Armbanduhr schüchtern hin. Er reißt sie an sich, springt auf sein Fahrrad und verschwindet.

Obwohl alles sehr schnell geht, beobachten die vorbeimarschierenden Soldaten und ein Offizier diesen für uns unerwarteten Vorgang. Ein Soldat stiehlt einer Frau eine goldene Armbanduhr. Sein vorgesetzter Offizier und andere Soldaten sehen schmunzelnd zu und lassen es offensichtlich auch noch mit ihrer Zustimmung geschehen.

Schnell sind wir wieder im dunklen Keller. Eines wird uns sofort klar: Die neue Zeit wird uns gesetzlos den sowjetischen Eroberern ausliefern.

Wir, meine 40jährige Mutter, meine über 60jährige Großmutter und ich, hocken uns in eine Kellerecke und beraten, was wir jetzt tun sollen. Bis gestern war meine Mutter noch die Führende und Tonangebende in unserer jetzt kleinen Familie gewesen. Jetzt aber fühle ich mich in die Beschützerrolle für die beiden Frauen gedrängt.

„Die Russen sind hier, die Russen sind zu Hause. Wir müssen sofort nach Hause, dort werden wir die neue Situation besser meistern können", sage ich bestimmend.

Nach einigem Hin und Her stimmen mir die beiden zu.

Aber ich möchte die völlig neue Situation in diesem Städtchen erst einmal prüfen und nach einem unauffälligen Fluchtweg suchen, auf dem wir mit unserem wackligen Leiterwagen die Heimreise noch heute antreten können. Instinktiv ziehe ich mich besonders kindlich an. Meine Mutter hatte meine kurze alte Lieblingslederhose mit Latz mit auf die Flucht genommen.

Während ich mich aus dem Haus schleiche, gehen die Frauen in die Küche und versuchen, da wir trotz aller Aufregung natürlich Hunger haben, nochmals Mehlsuppe zu kochen. Doch welch neue unerwartete Lage. Gestern waren wir noch eine verschworene Notgemeinschaft. Kein tschechischer Laut war zu hören. Heute: „Was wollt ihr eigentlich hier? Seht, daß ihr weiterkommt" – viele tschechische Worte und Sätze, die wir nicht verstehen. Einige Einheimische und Tschechischsprechende solidarisieren sich gegen uns deutsche Flüchtlinge. Das erleichtert uns den Entschluß zu versuchen, sehr schnell und trotz einer großen Unbekannten nach Hause zu kommen. Wie wird es uns auf den vom Feind beherrschten Straßen gehen?

Bei meinem Erkundungsgang gehe ich scheinbar desinteressiert, wie ein Kind hüpfend, durch die Straßen, vorbei an den immer neuen Kolonnen von sowjetischen Soldaten. Ich bin erstaunt. Keiner tut mir was, keiner schlägt mich, keiner erschießt mich, ja, sie nehmen kaum Notiz von mir. Eigentlich hatte ich mir das alles ganz anders und viel dramatischer vorgestellt.

Ein Schreck fährt mir durch die Glieder, als ich plötzlich Schreie in einem Haus höre. Pistolenschüsse! Mehrere sowjetische Soldaten führen einen Zivilisten ab. Warum denn? Was geschieht mit mir? Gott sei Dank gar nichts.

Da ich glaube, einen passenden unauffälligen kleinen Feldweg gefunden zu haben, laufe ich schnell zurück. Meine Mutter ist erleichtert. Sie erzählt mir all das Unerfreuliche, das sich so völlig unerwartet in unserer Notherberge ereignet hat.

Aufgeregt stehen immer wieder kleine Gruppen von Flüchtlingen fragend zusammen. Man versucht, die neue Situation zu begreifen, um Schlußfolgerungen für das, was nun zu tun ist, zu ziehen. In der Ferne hört man noch immer Schießereien, doch sie werden seltener. Wer schießt eigentlich noch auf wen?

In unserer Straße ist es am Nachmittag gespenstisch ruhig geworden. Nur vereinzelt sieht man sowjetische Soldaten. Kaum einer der Zivilisten traut sich auf die Straße. Die Ungeduld wächst ständig. Schließlich gelingt es uns dreien fast unbemerkt, so glauben wir wenigstens, mit dem Handwagen und dem Fahrrad abzuziehen. Der unheimlichen Stimmung zum Trotz scheint wärmend die untergehende Maisonne auf die blühende Landschaft. Unbemerkt kommen wir aus dem Städtchen, obwohl unser Wägelchen jetzt auch noch quietscht, was ich bisher nicht bemerkt hatte. Flüsternd und uns scheu umschauend versuchen wir möglichst schnell den nächsten Wald zu erreichen. Vielleicht findet man uns hier nicht so schnell. Langsam, unendlich langsam kommen wir auf dem holprigen Feldweg vorwärts. Hunger und Durst plagen uns. Aus einem kleinen Bach schöpfen wir gierig Wasser. Immer wieder bleiben wir stehen, um zu schauen und zu horchen. Am späten Abend sehen wir auf einer kleinen Lichtung drei Rehe friedlich äsen, neugierig schauen sie auf, wer da wohl kommt.

Wir unterhalten uns, ob es nicht besser wäre, nur nachts weiterzufahren. Von den ungewohnten Anstrengungen des Tages, den Strapazen der letzten Tage und Wochen müßten wir eigentlich furchtbar müde sein. Aber Angst ist ein zuverlässiger Muntermacher.

Unser schlechter Feldweg führt an einem kleinen Dorf vorbei. In nur zwei Häusern erkenne ich Licht. Meine beiden Frauen bitte ich zu warten. Ich schleiche in die Nähe eines der Häuser. Lärm, Musik und Lachen! Ein sowjetisches Auto steht davor. Russische und deutsche Wortfetzen kann ich verstehen. Man amüsiert sich offensichtlich. Sollte es wirklich deutsche Frauen geben, die sich am ersten Tag einem russischen Soldaten hingeben? Da ich sonst niemanden gesehen habe, beschließen wir weiterzufahren.

Die sternenklare warme Nacht hilft uns. Schließlich erreichen wir einen schützenden Wald. Da wir unendlich müde sind und Mitternacht längst vorbei sein muß, suchen wir ein Stück trockenen Waldboden. Tastend werden einige kleine Äste beiseite geschoben. Eng beieinanderliegend decken wir uns mit der einzigen Decke zu, die wir haben. Die Schuhe sind unsere Kopfkissen.

Ein neuer Zeitabschnitt in unserem Leben hat begonnen.

Unheilvolle Ahnungen lassen mich nicht einschlafen.

Die sowjetische Soldateska beherrscht uns ab heute. Eigentlich sind sie ja nicht so schlimm, wie ich es mir vorgestellt hatte. Ich lebe ja noch, aber rechtlos sind wir, das ist sicher.

Waren denn all die Opfer, die unsere Soldaten für uns gebracht hatten, um das zu verhindern, nun doch umsonst?

Schließlich verschwimmen die Gedanken, und ich schlafe endlich ein.

Nach unruhiger Nacht erwachen wir sehr früh, und weiter geht es unserem Heimatdorf entgegen. Was wird der neue Tag uns bringen?

Wir ändern gefühlsmäßig unsere Taktik und gehen von den schwieriger zu befahrenden Feldwegen auf die größere Hauptstraße, die nach Löbau führt.

Obwohl der unerwartete erste Raub, die goldene Uhr meiner Mutter, unter den Augen von einer vorbeimarschierenden sowjetischen Marschkolonne passiert war, glaube ich doch, daß Schlimmeres eher auf den weniger befahrenen Nebenstraßen passieren kann. Es sind heute nur wenige Flüchtlinge unterwegs. Um so größer ist die Zahl der unendlichen Marschkolonnen. Die russischen Soldaten sind zwar müde und von Strapazen gezeichnet, aber man sieht ihnen an, daß auch sie sich freuen, daß der Krieg und damit die große Gefahr für jeden einzelnen von ihnen vorüber ist. Nur Vereinzelte sind übermütig und voller Begeisterung über ihren Sieg.

Dazu gehört eine Handvoll junger Uniformierter, die eine Brücke in Löbau bewachen. Als wir mit unserem quietschenden Leiterwägelchen die Brücke passieren, erschrecke ich. Zwei von ihnen bedeuten mir, daß ich zu ihnen kommen soll.

Was passiert nun? Nehmen sie mich gefangen? Erschießen sie mich jetzt?

Verängstigt blicken mir meine beiden Frauen nach. Plötzlich stehen fünf junge Soldaten mit Pistolen und dem typischen sowjetischen Schnellfeuergewehr um mich herum. Sie lachen, gestikulieren, und einer greift nach dem Latz meiner kurzen Lederhose. Ich weiß weder, was sie wollen, noch was das alles soll, und natürlich verstehe ich kein einziges Wort. Einer von ihnen, sein Käppi hängt fast quer auf dem Kopf, gibt mir zu verstehen, daß ich den großen Latz meiner Lederhose öffnen soll. Unsicher blicke ich mich um und befolge zögernd diese merkwürdige Aufforderung. Als der lederne Hosenlatz nach unten klappt, lachen sie so herzlich, daß ich schließlich in ihr Lachen einfalle. Mehrmals muß ich den typischen Lederhosenverschluß öffnen und schließen. Schließlich gibt mir einer ein Stück Brot und sagt: „Daway!“

Schnell renne ich zurück zu unserem Leiterwagen, und weiter geht die Fahrt Königshain entgegen.

Mir wird langsam klar, daß sie eine so lustige Hose noch nie gesehen hatten.

Die kleine Stadt Löbau am Löbauer Wasser erscheint gespenstisch leer. Vereinzelt hängen aus Wohnungen oder Häusern weiße oder rote Fahnen. Es sind offensichtlich Bettlaken und ehemalige Hakenkreuzfahnen, aus denen man den weißen Kreis mit dem schwarzen Kreuz herausgetrennt hat. Das sichere Indiz dafür ist, daß in der Mitte des roten Tuchs, dort wo früher die Farben des Hakenkreuzes aufgenäht waren, ein dunkler Fleck ist. Mit Kopfschütteln und Verachtung betrachte ich diese Symbole der Unterwerfung. Der Ausdruck, die Fahne nach dem Wind hängen, trifft also für nicht wenige durchaus zu.

Ohne größere Zwischenfälle erreichen wir schließlich Sohland am Rothstein. Wir bekommen Nachtquartier bei unserer alten Wirtin, wo ich mit meinem Freund Manfred zwei Jahre gewohnt hatte. Völlig verstört nehmen uns Frau Kohlmann und ihre Tochter auf. Mit ihnen scheint irgend etwas passiert zu sein, doch sie sprechen kein Wort darüber. Wir sind zu taktvoll, danach zu fragen. Sie weinen immer wieder, haben sich mit Ruß und Lehm das Gesicht verschmiert, die Haare strubbelig gemacht und alte zerrissene Kleider angezogen. Beinahe hätte ich sie nicht wiedererkannt.

Alle Frauen schlafen in dieser Nacht auf dem kleinen Heuboden in einem stallähnlichen Nebenhäuschen.

Auch der neue Tag beginnt mit Angst und Sorgen. Das Beste in diesen Tagen ist das schöne und warme Maiwetter. Sehr früh und ohne etwas zu essen brechen wir mit unserem wackligen und quietschenden Handwagen auf. Wir wundern uns, daß wir nicht noch einmal bestohlen worden sind. Unser Entschluß, auf den Hauptstraßen nach Hause zu kommen, scheint richtig zu sein. Wir trotten an unserer alten Schule vorbei. Auch hier in Reichenbach hängen vereinzelt diese komischen weißen und roten Fahnen mit dem dunkelroten Kreis. Ich muß immer wieder darüber den Kopf schütteln.

Doch je mehr wir uns unserem Heimatdorf und unserem geliebten Zuhause nähern, um so größer wird die Frage und die Sorge darüber, ob unser Haus noch steht. Ist es zerschossen? Ist es abgebrannt? Ist es besetzt von den Russen? Oder ist es ausgeplündert?

Heute ist es besonders warm, und schwitzend schieben wir unser kleines Gefährt mit unserer letzten Habe den Berg hinauf. Die kleine Straße zu unserem Dorf ist menschenleer. Obwohl wir hier zu Hause sind, mutet uns alles gespenstisch und fremd an. Nur noch wenige hundert Meter führt die schmale Straße durch den Wald. Hier habe ich meine Waffen weggeworfen, und hier hatte ich Abschied von meiner kleinen Eva genommen.

Auf dieser Straße war ich hundertmal und mehr zwischen Schule und Zuhause hin und her gependelt, mit dem Fahrrad, zu Fuß und manchmal sogar auf Skiern. Nachdem wir uns auf dieser merkwürdigen Heimreise immer wieder ängstlich gefragt haben, wie wird es zu Hause aussehen, schweigen wir jetzt, sehen uns immer wieder an.

Jeder weiß, was der andere denkt.

Endlich haben wir den kleinen Berg überwunden. Wir treten aus dem Wald. Unser Königshain liegt wie immer friedlich und unzerstört vor uns, und das rote Dach unseres Hauses lacht uns nach einigen weiteren hundert Metern freundlich entgegen. Wir drei liegen uns in den Armen und weinen vor Glück.

Unser Dorf wirkt wie ausgestorben. Die Häuser sind leer. Kein Mensch ist auf den Straßen. Mühsam nähern wir uns unserem Haus. Unsere schwarzweiße Katze liegt erschossen, aufgedunsen, stinkend und von Fliegen übersät vor unserem Grundstück. Unser Garten gleicht dem Garten Eden. Alles ist grün und blüht.

An unserem Haus ist nichts zerstört, aber es sieht chaotisch aus. Natürlich hatte meine Mutter, als sie auf die Flucht ging, das Haus nicht abgeschlossen. Daß die eigenen Leute nicht plündern würden, davon konnte man ausgehen. Es war also selbstverständlich nicht von denen geplündert worden, die nicht mit auf die Flucht gingen. Die wenigen, die nach Bombenangriffen in den Städten in den z. T. zerstörten Häusern versucht hatten, sich zu bereichern, und dann erwischt worden waren, wurden sofort standrechtlich erschossen. Man sollte auch die Türen oder die Schränke nicht abschließen, denn wenn die feindlichen Eroberer vor verschlossenen Toren gestanden hatten, zerstörten sie die Türen, und die Schränke wurden aufgebrochen. Bei uns war also alles offen geblieben. Nun ist alles herausgerissen. Alle Schubfächer sind ausgeschüttet. Geschirr und Porzellan liegen zersplittert am Boden. Möbel, Stühle und Sessel sind umgestürzt. Unsere alte ehrwürdige schwarze Standuhr liegt schräg auf einem umgekippten Sessel. Ihre goldglänzenden Gewichte und Ketten hängen aus ihrem gläsernen Kasten heraus wie Eingeweide aus einem aufgeschlitzten Bauch.

Man kann kaum einen Fuß auf den Fußboden setzen, ohne auf etwas zu treten. Im Herrenzimmer, das immer besonders ordentlich aufgeräumt war, sind unzählige Bücher und Akten verstreut, zerrissen und zerfetzt.

Die ersten Tage nach dem Kriegsende sind voller Ungewißheit, Angst, Hoffnungslosigkeit, Rechtlosigkeit und Bedrohung. Wie wird unser Leben weitergehen? Haben wir eigentlich eine Zukunft?

Nichts, aber auch gar nichts gibt es zu kaufen. Kein Geschäft, kein Bäcker oder Fleischer verkauft etwas, alles ist geschlossen. Immer wieder fahren die fremden Soldaten lärmend durch unser Dorf. Sie plündern. Nicht nur unsere 70jährige Nachbarin, eine der wenigen, die nicht geflüchtet ist, wird von betrunkenen Rotarmisten vergewaltigt. Ich verstehe immer weniger, warum die westliche Welt uns bekämpft hat, obwohl wir Deutsche diesen furchtbaren unzivilisierten, die Menschheit terrorisierenden Bolschewismus zerschlagen wollten.

Wir haben in den letzten Tagen das Haus zum großen Teil aufgeräumt und geputzt. Auch heute ist wieder schönes Wetter, und das einzige, was lacht, das sind die leuchtende Sonne und die blühenden Blumen. Letzte Nacht wurde in unserem Dorf wieder geplündert und vergewaltigt. In unserem Garten bessere ich die schöne Wiese wieder aus. Einige schwere Militärfahrzeuge haben tiefe Spuren im Rasen hinterlassen.

Plötzlich sehe ich einen breitschultrigen, auffallend großen sowjetischen Soldaten auf unser Haus zukommen. Er schiebt sein Fahrrad zu uns den Berg hoch. Ich renne ins Haus und sage Bescheid. Die beiden Frauen verschwinden im Wald. Er wirft das klapprige Herrenfahrrad vor die Haustür, zieht seine Pistole und schießt mehrmals um sich. Vorsichtig trete ich diesem ungekämmten schwarzhaarigen Riesen entgegen. Er schaut mich grimmig an, knurrt und murrt mir unverständliche Worte entgegen und fängt an, unser Haus zu durchsuchen. Unsere wichtigste Habe, die Mutter und Oma wochenlang mühsam auf dem kleinen hölzernen Leiterwagen während der Flucht durch die Gegend bergauf und bergab gezogen haben, haben wir unter den Betten versteckt.

In einem größeren braunen Koffer, in Rucksäcken und in Taschen ist das Notwendigste und Wichtigste. Hier sind auch einige Wertsachen untergebracht.

Wie viele Sorgen hatten wir gehabt und wieviel Glück, daß wir fast alles wieder nach Hause bringen konnten.

Vorsichtig und mit klopfendem Herzen schleiche ich hinter dem Soldaten her. Ich merke, daß ihm das nicht paßt. Fast wie von magischer Hand geführt, steuert er schnurstracks auf das Schlafzimmer oben zu. Ich springe hinter ihm her und versuche ungeschickt, ihn abzulenken. Er schnauzt mich an und will mich schlagen. Aber ich kann ihm entwischen. Es poltert. Plötzlich höre ich diesen Kerl laut lachen. Wieder gehe ich langsam und vorsichtig auf ihn zu, schaue durch die Tür und sehe, daß er alles, was wir mühsam gerettet und versteckt hatten, gefunden hat. Mir ist jetzt alles egal. Ich trete vor ihn hin, bitte und bettle ihn inständig, uns doch nicht zu bestehlen. Er nimmt kaum davon Notiz, öffnet die Gepäckstücke, wühlt kurz darin herum und trägt sie mit sich. Ich springe ihm mehrmals in den Weg. Er tritt mehrmals nach mir mit seinen dreckigen Stiefeln. Auf der kurzen Treppe trifft er mich schwer in den Bauch. Ich stürze die Stufen hinunter.

Der körperliche Schmerz ist nicht das Schlimmste. Die Ohnmacht gegenüber diesem widerlichen Gangster und Dieb ist weit schlimmer. Er geht ein zweites Mal nach oben und holt den Rest aus dem Versteck: wichtige Papiere und Dokumente, einen großen Teil des Familienschmucks, die besten Kleidungsstücke, einzelne kleine Fotoalben und weitere Dinge, die uns besonders ans Herz gewachsen sind. Vor der Tür belädt er sein Fahrrad. Ich bitte ihn noch einmal mit Tränen in den Augen, uns doch unser Gut zurückzugeben. Er nimmt seine Pistole am Lauf und will mich mit dem klobigen Knauf schlagen. Ich kann noch schnell den Kopf wegziehen. Er trifft mich an der Schulter. Langsam trottet er davon. Ich folge ihm. Er sieht mich, schießt mehrere Male nach mir, trifft mich aber nicht. Ich springe hinter unseren kleinen Kirschbaum. Ohnmächtige Wut und heiliger Zorn, glühender Haß überfallen mich. Warum habe ich bloß meinen Revolver nicht behalten? Niederschießen würde ich diesen räudigen Hund. Ich beobachte genau, wo er hingeht, und bin erstaunt, daß er mit diesem vielen Gepäck in das Bauernhaus unseres nächsten Nachbarn Reinhard Scholze eintritt. Noch einmal eine letzte Hoffnung, daß ich ihm vielleicht doch noch alles abnehmen kann. Da er längere Zeit nicht aus dem Haus kommt, er hat das Rad mit all dem Gepäck mit hineingenommen, fasse ich noch einmal Mut und renne, so schnell mich die Beine tragen können, hinterher. Mit wenig Hoffnung, aber um so größerer Angst betrete ich die bäuerliche Wohnstube, wo der brutale dreiste Dieb sitzt und ißt. Seine Pistole liegt neben dem Teller auf dem Tisch. Unsere Nachbarin hat ihm etwas zu essen gegeben, was er sicher auch mit seinem Schießeisen gefordert hat. Als ich eintrete, sieht er mich finster an. Noch einmal bitte und bettle ich unterwürfig um unsere Sachen. Er ißt weiter und nimmt wieder seine Pistole. Er bedroht mich. Ich schreie und heule vor Wut und springe, so schnell es mir möglich ist, aus dem Haus. Sicherlich werde ich diesen Tag mein Leben lang nicht vergessen. Mehr und mehr ärgere ich mich über mich selbst. Unwürdig bettelnd, mich selbst erniedrigend habe ich mich unterwürfig diesem Primitivling gegenüber benommen. Ich schäme mich vor mir selbst. Aber ich schwöre mir: Nie mehr, bestimmt nie mehr will ich mich so unterwürfig und bettelnd verhalten. Haß und Rache werden in mir wach.

Langsam kehren meine Selbstachtung und mein Stolz wieder. Ich weiß nun bestimmt, daß wir unter diesen brutalen neuen Herrschern rechtlos sind und keiner uns helfen wird.

Jeden Abend gehen wir mit Sorge und Angst zu Bett. Werden diese Nacht wieder sowjetische Soldaten unser Dorf überfallen? Es ist immer wieder dieselbe furchtbare Situation. Ein Militärlastwagen fährt durch das Dorf. Eine Handvoll grölender Soldaten springt heraus, umstellt ein Haus und plündert, d. h. sie wühlen alles vom Dach bis zum Keller durch. Sie nehmen alles mit, was ihnen gefällt. Stellt sich jemand dagegen oder bittet darum, es behalten zu dürfen, wird er zusammengeschlagen – meist mit dem Gewehrkolben. Sie schießen wild um sich. Erbarmen kennen sie nicht. Finden sie Frauen, werden sie oft vergewaltigt.

Es ist schon fast dunkel geworden. Der Maiabend ist warm. Plötzlich klopft es an der Tür. Ich habe kein Auto und keine Schritte gehört. Meiner Mutter und Großmutter flüstere ich sofort zu, durch die Balkontür das Haus zu verlassen. Immer wenn sich Russen unserem einsam gelegenen Haus nähern, fliehen die beiden Frauen in den angrenzenden Wald, und ich bleibe alleine zurück. So auch jetzt. Ich trete vorsichtig vor die Tür. Der Klopfende scheint sich entfernt zu haben. Doch plötzlich klopft es wieder, und diesmal ans Fenster. Ich schleiche an das geschlossene Fenster und versuche, den Unbekannten zu erkennen. Es ist aber dunkel, und ich habe Angst, daß er, sobald er meinen Kopf sehen könnte, schießen würde. Einen Knüppel, den ich bei solchen Gelegenheiten stets bei mir habe, umklammere ich fest. Er steht immer bereit neben der Haustür. Vorsichtig öffne ich schließlich das Fenster, doch ich höre nur das unheimliche Rufen eines Käuzchens. Ein Schauer läuft mir über den Rücken.

Plötzlich flüstert eine bekannte Stimme: „Lotte, bist du es?"

Ich zünde mit einem kostbaren Streichholz, denn so etwas gibt es nicht mehr zu kaufen, eine Kerze an und erkenne einen bärtigen, verschmutzten Mann.

„Ich bin Erich K.! Bist du alleine?"

Ich bitte ihn herein. Er ist verängstigt, schaut mißtrauisch suchend in die finsteren Ecken unseres Wohnzimmers und in das angrenzende Herrenzimmer. Ich bin zutiefst betroffen. Erich K. ist ein alter Freund der Familie. Er war begeisterter Volksschullehrer in meiner zweiklassigen Dorfschule und begeisterter Nationalsozialist. Er hatte geschwärmt von der neuen Zeit. Ein noch nie dagewesenes Zeitalter sei nun angebrochen, und jeder von uns könne sich glücklich schätzen, in einer solchen Zeit leben zu dürfen.

„Das zertretene Deutschland ist wieder auferstanden. Wir sind wieder etwas.

Egoismus und persönliche Bereicherung sind gewichen: Du bist nichts, dein Volk ist alles! Feige zu sein, ist das Schlimmste. Mutig und kämpferisch für unser Volk und für Deutschland sich einzusetzen, ist eine der höchsten Tugenden", das waren seine markanten Sätze.

Aber der Mann, der uns allen eine große Zukunft vorausgesagt hatte, steht nun zerstört und gebrochen vor mir. Doch Gesinnungen vereinen Menschen, Meinungen trennen sie oft.

Meine Mutter, die sich offensichtlich unter einem Baum versteckt und gelauscht hatte, kommt und umarmt ihn, und beide weinen. Ich wende mich ab und suche meine Großmutter, um ihr Entwarnung zu geben.

Ich suche nach einer Antwort. Warum weinen diese Erwachsenen? Ist es die Wiedersehensfreude? Ist es die Freude darüber, daß alte Freunde überhaupt noch leben? Oder ist es Traurigkeit, daß alles kaputt und zusammengebrochen ist, was ihre Ideale einst ausmachte? Oder ist es gar Angst vor der ungewissen Zukunft? Welche Welten! Einst und jetzt.

Meine Mutter bittet mich in die Küche zu kommen. Ich muß die Fensterläden schließen. Erst einmal muß sich unser Gast waschen. Frische Kleider bekommt er von meinem Stiefvater, der ja noch in sowjetischer Gefangenschaft ist. Unter Tränen ißt er eine dünne Suppe und trockenes, klautschiges Brot. Er ißt gierig, denn seit Tagen hat er nichts Richtiges mehr gegessen, aber wir haben selbst auch nicht viel.

In unserem Haus ist eine kleine Bodenkammer. In dieser haben meine beiden Frauen viele Gegenstände vor der Flucht versteckt und dann mit Brettern zugenagelt. Jetzt brechen wir die Bretter auf, richten notdürftig das dort noch stehende Bett her. Erich K. werden wir hier für einige Tage verstecken. Nur wenn es dunkel ist, darf er das Haus verlassen und im Garten spazierengehen. Als alter Parteigenosse und begeisterter Nationalsozialist sollte er nicht gesehen werden. Würden Spitzel ihn an die Russen verraten, würde er auf Nimmerwiedersehen abgeholt werden.

Unser weniges Essen teilen wir gerne mit ihm. Zu den Sorgen und der Angst, daß meine Mutter und Großmutter vergewaltigt werden könnten, daß das wenige, das uns geblieben ist, durch Plünderung noch geklaut würde, kommt jetzt noch die Sorge, daß Erich entdeckt und abgeholt werden könnte. Das alles ist für mich ein großer psychischer Streß.

Heute ist wieder ein schöner Frühlingstag. Es blüht und grünt. Erich will uns verlassen. Er will seine Familie suchen und uns nicht weiter gefährden. Wir alle bedrängen ihn, doch noch zu bleiben. Wir versuchen ihn von der Gefährlichkeit seines Vorhabens zu überzeugen. Doch er läßt sich nicht umstimmen. Er wolle über die Neiße nach Lauban, wo er seine Familie vermutet. Die Neiße jetzt zu überqueren ist absolut lebensgefährlich. Die Polen lassen die Deutschen, die in ihre Heimat zurück wollen, nicht rüber. Bei illegalen Versuchen werden die Deutschen unter Umständen wie die Hasen abgeschossen.

Unser Grundstück und Haus liegen nur etwa acht bis zehn Kilometer westlich der Neiße, die von nun an deutscher Schicksalsfluß sein wird. Wir sehen Erich Ke. winkend und wehmütig nach. Meine Mutter weint. Er wird nie mehr gesehen. Er ist nie angekommen, und keiner weiß, wie und wo er zu Tode gekommen ist.

Einige Tage später entdecke ich bei einem Spaziergang durch Wald und Feld etwas für mich Unglaubliches. Auf einer brachliegenden Wiese, ganz nah am Waldesrand, sehe ich in einer kleinen Mulde mehrere z. T. neue SA-Uniformen, SA-Mützen, Schulterriemen, Koppelschlösser und Braunhemden, ja sogar zwei SA-Dolche. Kopfschüttelnd stehe ich davor. Am liebsten würde ich mir einiges davon mit nach Hause nehmen, zumindest die Dolche. Ich bin erschüttert, daß die offensichtlichen Eigentümer und Sieg-Heil-Schreier sich jetzt feige ihrer Symbole entledigen. Streifen sie damit auch ihre Gesinnung ab und ziehen sich ein neues Hemd an?

Unwillkürlich fällt mir dabei auch unser Nachbar Sch. ein. Er war Mitte der dreißiger Jahre nach Königshain gezogen. Unsere Familie und die meisten Königshainer, die ihn kennen, mögen ihn nicht. Freunde hat er keine. Er war arrogant, lief viel in SA-Uniform herum und tat sich sehr wichtig. Er paßte so gar nicht in unser Dorf, nicht nur wegen seiner Uniform. Sein unfreundliches und gestelztes Wesen ließ ihn immer als Fremdkörper in unserer Dorfgemeinschaft erscheinen. Meine Mutter machte einen großen Bogen um ihn und ließ kein gutes Haar an ihm. Ja, sie betitelte ihn sogar als blöden Primitivling. Ich hatte als kleiner Junge eher Angst vor ihm, denn er war mir unheimlich.

7

Rhododendronblüte und versuchte Vergewaltigung

Ein herrlicher Maientag. Die wärmende Sonne hat sich schon früh aus den Federn erhoben und läßt die erwachende Natur in ihrem Licht erglänzen. Die saftig grüne Wiese blüht tausendfach. Unser rot gedecktes Haus lacht. Ganz besonders schön erstrahlt der prächtige Rhododendronstrauch in seinem lila Kleid vor unserer grünen Haustür. Vor lauter Blüten kann man kaum die glänzenden Blätter erkennen. Rhododendren mögen wir drei ganz besonders gern.

Im letzten Kriegsjahr haben wir noch ein großes rundes Rhododendron- und Azaleenbeet angelegt – keinen Apfelbaum gepflanzt, wie es Martin Luther sagt: „Und wüßte ich, daß morgen die Welt unterginge, so würde ich noch heute ein Apfelbäumchen pflanzen."

Die Vögel singen, der Kuckuck wird nicht müde zu rufen, gelegentlich kreischt ein Eichelhäher, Tauben gurren verliebt.

Unser Frühstück ist karg. Es gibt nichts zu kaufen, und die versteckten Vorräte gehen zu Ende. Es gibt Mehlsuppe. Obwohl ich an und für sich sehr gerne Suppen esse, schmeckt sie mir, trotz des oft großen Hungers, nie. Das weißliche Geschlabber mit klebrigen Klumpen empfinde ich als widerlich.

Seit dem 9. Mai 1945, als ich zum ersten Mal erlebt habe, daß sowjetische Soldaten deutsche Frauen vergewaltigten, fühle ich mich als einzig männliches Mitglied der klein gewordenen Familie verantwortlich für meine Mutter und meine Großmutter. Als mir bekannt wurde, daß Stalin selbst aufgerufen hat, deutsche Frauen und Mädchen zu vergewaltigen und Deutsche zu töten, keimten in mir nicht nur eine unbändige Wut, sondern auch furchtbare Angst um die beiden Frauen.

Seitdem wir von der Flucht zurück sind, gehe ich immer wieder nach oben und schaue aus dem Schlafzimmerfenster über unser Dorf ins Tal, wenn Motorengeräusche eines Fahrzeugs oder Pferdegetrappel zu hören sind. Kein Deutscher in unserem Dorf hat noch Pferde, geschweige denn ein Auto oder Motorrad. All das wurde sofort konfisziert bzw. von den Sowjets geklaut. Erspähe ich irgendwo einen uniformierten sowjetischen Soldaten, schicke ich Mutti und Oma in den an unser Haus grenzenden großen Wald, wo sie ihre Verstecke haben.

Die warme Maisonne spiegelt sich im Wasser des Teichs, in dem sich vor der Flucht noch Fische tummelten. Bei der Eroberung unseres Dorfes haben die Russen mit Handgranaten den friedlichen Teich „leer gefischt".

Jetzt beobachte ich gespannt eine Ringelnatter mit ihren gelben Bäckchen, wie sie sich elegant am wilden Ufer entlangschlängelt. Sollte ich sie wieder töten oder sie leben lassen? In Gedanken versunken verfolge ich das glatte Tier mit meinen fragenden Blicken. Abrupt werde ich aus meiner Idylle gerissen. Zwei uniformierte Reiter jagen im Galopp auf unser Haus zu. Ich renne ins Haus.

„Schnell in den Wald, zwei Russen kommen!“

Meine Mutter, die in der kleinen Küche irgend etwas Eßbares zubereitet hat, stöhnt: „Muß das sein?“

„Schnell, schnell!“

Beide verschwinden im Wald. Die beiden Uniformierten binden ihre rassigen, sicherlich deutschen Pferde an einen blühenden Kastanienbaum, der am Ufer unseres Teichs steht. Gespannt und mit ängstlichen Augen beobachte ich sie. Sie kommen, sich offenbar lustig unterhaltend, auf unser Haus zu. Interessiert schauen sie sich die bunten Blumen und die blühenden Bäume an. Wer so die herrliche Natur betrachtet, kann doch eigentlich kein böser Mensch sein?

Mit zögernden Schritten und schnell schlagendem Herzen gehe ich den beiden ängstlich entgegen, versuche aber, meine lähmende Angst nicht zu zeigen. An den Uniformen erkenne ich, daß es ein Offizier mit seinem Burschen ist. Auf der kleinen dreistufigen Gartentreppe stehen wir uns gegenüber. Unsere Augen treffen sich, und mit aller Kraft weiche ich seinem fragenden Blick nicht aus. Durch seine großen blauen Augen versuche ich in seine Seele zu schauen. Er, in Uniform und mit großer Pistole am Koppel, steht drei Stufen tiefer als ich, und sein Bursche steht hinter ihm. Blitzschnell fahren mir Gedanken durch den Kopf: ‚Wird er jetzt den Revolver ziehen und dich niederknallen? Wird er dir diese Hände zum Gruß hinstrecken? Wird er dich treten und zur Seite stoßen? Zwei kräftige Soldaten gegen einen 16jährigen. Habe ich eine Chance? Warum bin ich unbewaffnet?‘

Die knisternde Spannung entlädt sich in Sekundenschnelle. Der vermeintlich feindliche Fremde lächelt, kommt mir zwei Stufen entgegen und klopft mir wie ein alter Freund auf die Schultern. Die eiserne Klammer der Angst, die sich um mich gelegt hatte, löst sich. Ich bemühe mich, etwas ungeschickt, die höflich-freundschaftliche Geste zu erwidern, indem ich ihm meine rechte Hand entgegenstrecke. Er nimmt sie mit festem Händedruck. Noch ist kein Wort gesprochen. Die unerwartete Konfrontation läßt mich schnell überlegen. Mit einer einladenden Handbewegung bitte ich beide, doch näher in unser Haus zu kommen. Er blickt zu seinem Burschen, der interessiert diese eigenartige Begegnung verfolgt. Mit einer eindeutigen Kopfbewegung deutet der Offizier ihm an, daß auch er uns folgen solle.

Wenige Meter vor der offenstehenden Haustür steht in voller Blütenpracht der große Rhododendronstrauch. Und jetzt passiert etwas Unglaubliches. Es ist, wie man so schön sagt, ein Schlüsselerlebnis meines Lebens. Der große, mächtige fremde Offizier kniet vor dem mit Blüten übersäten Rhododendronstrauch nieder und küßt mehrere Blüten.

Wie paradiesisch schön könnte doch diese Welt sein, wenn sich die Völker nicht bekriegen würden, sondern die sogenannten „Positiven" der ganzen Welt sich vereinen könnten, um das Teuflische niederzuhalten, und es gemeinsam bekämpfen würden. Eine idealistische Forderung und Überlegung eines jungen Menschen und leider auch in der Realität eine illusionäre Vorstellung. Oder auch nicht?

Der Offizier schaut nach der weit offenstehenden Haustür, und ich bitte ihn in unser Haus. Offensichtlich hat meine Mutter aus ihrem verborgenen Waldversteck diese einmalige Situation beobachtet. Die beiden verängstigten Frauen kommen zögernd bekopftucht aus dem Wald und treten zu uns. Vier alte, extra zerschlissene Kopftücher liegen immer bereit, zwei davon mit Ruß beschmiert. Jede Frau versucht sich in diesen schlimmen Zeiten so häßlich wie möglich zu machen. Eine oft leider unbrauchbare Verhaltensweise. Nicht jeder Vergewaltiger schreckt davor zurück.

Wir drei bleiben in der Haustür stehen. Als meine Mutter mit großen fragenden Augen zu uns tritt, wird sie bemerkenswert freundlich und mit angedeutetem Handkuß von dem lächelnden Offizier begrüßt, ebenso Oma.

Bisher ist diese unvergeßliche Begegnung fast wortlos verlaufen. Als die beiden Uniformierten in unseren großen braunen Ledersesseln Platz genommen haben, staunen wir erneut. Der fremde Gast spricht sehr gebrochen, aber immerhin etwas Deutsch. Wenn sich je explosionsartig in meinem Gehirn Gedanken überschlagen haben, so in diesem Moment. ‚Dieser Fremde fühlt wie ich. Freut er sich noch mehr als ich an der Schönheit dieser herrlichen Natur? Und das soll ein bolschewistischer Untermensch sein aus der weniger wertvollen slawischen Rasse, wie man uns lehrte? Und auf solche Menschen haben unsere Soldaten geschossen, sie mit Flammenwerfern zu verbrennen und durch Granaten zu zerfetzen versucht. Ja, aber hat nicht auch er vielleicht Soldaten unserer Heimat umgebracht? Schauspielert er nur, oder ist er ein Mensch wie du und ich?' In solchen Extremsituationen ist unser menschliches Gehirn wohl zu Höchstleistungen fähig, und in Bruchteilen von Sekunden laufen Gedankengänge ab, wozu sonst Tage benötigt werden.

Er erhebt sich lächelnd, und ich glaube, Tränen in seinen Augen zu bemerken, da sie gläsern glänzend funkeln. Am liebsten würde ich ihm in die Arme fallen und mit ihm zusammen weinen, weinen vor Freude, daß es doch Menschen gibt, die Feinde sein sollen und Freunde sein möchten.

Deutlich wird mir bewußt, es gibt nicht den Russen, den Kommunisten und sicher auch nicht den Deutschen. In allen Völkern, in allen ethnischen Gruppen und allen Rassen findet man Positive, solche, die sich um das Gute bemühen, Aufrechte, die das Schöne dieser Erde erkennen und für das Gute streiten wollen, und überall gibt es negative Parasiten, gierige Gangster und tierische Verbrecher.

Er fordert bestimmend seinen Burschen auf, ihm die Soldatenfeldflasche zu reichen. Wir sollen alle trinken, Schnaps.

Unsicher schaue ich mir meine beiden zu beschützenden Frauen an. Erfolgen nicht gerade Vergewaltigungen oft im Suff? Meine Mutter, die sich das Kopftuch abgenommen hat und versucht, ihre grauen Haare zu ordnen, errät meine Gedanken, schüttelt den Kopf und sagt: „Ja, gerne!“

Die Gläser sind noch alle in tiefen Erdlöchern im naheliegenden Wald versteckt, und so wird die graue Flasche, überzogen mit abgewetztem Filz, herumgereicht. Offensichtlich ist es Wodka.

Wir merken, daß man mit uns ins Gespräch kommen will, und da wir drei freudig überrascht sind, geben wir uns auch große Mühe. Beide Männer bewundern das schöne Haus. Als sie unser schwarzes Klavier sehen, aus massivem Eichenholz, dem Mobiliar des Herrenzimmers entsprechend, bittet er mich sehr freundlich zu spielen. Ich improvisiere und spiele einige bekannte Schlager, da mein Können doch sehr bescheiden ist.

„Gut! Gut!“ Und mit fragender Geste sagt er: „Tschaikowsky, Chopin, Beethoven, Mozart, Bach?“

Ich muß ihm zu verstehen geben, daß ich noch ein Anfänger bin. Er erzählt mühsam, offensichtlich aus seiner Heimat, mit wehmütigen Augen.

„Jetzt Krieg aus, jetzt vielleicht alles gut!“

Wobei er das „Vielleicht“ merkwürdig betont. Ich zeige ihm das ganze Haus und mein Zimmer, in dem mehrere zerknitterte Lampions mit Hakenkreuzen herumliegen. Ich erschrecke, denn daran hatte ich nicht gedacht. Wie wird er jetzt reagieren? Wird er jetzt wütend und wild? Er nimmt einen dieser papierenen Leuchter und sagt, auf ein Hakenkreuz deutend: „Viele kaputt in Rußland!“

Ich zucke mit den Achseln. Mehr interessieren ihn meine Schulbücher. Er blättert im Erdkundebuch. Ihn interessieren ganz besonders die Karten. Immer wieder sieht er sich nach mir um, lächelt mir zu und berührt freundschaftlich meine Schulter. Vieles, unendlich vieles bleibt unausgesprochen. Wortfragmente untermauern unser beider Gedanken. Nach dem interessanten Rundgang durch das ganze Haus setzen wir uns um den großen Wohnzimmertisch. Die noch zum Teil gefüllte Feldflasche kreist mehrere Male und wird bis zum letzten Tropfen geleert. Jeder von uns möchte dem anderen soviel sagen, aber die Unterhaltung ist wegen der Sprachschwierigkeiten schwerfällig und muß durch Mimik und Gestik unterstützt werden. Wir alle hoffen auf friedlichere Zeiten, und jeder von uns freut sich über den anderen und darüber, einen wahren Menschen nach seinen Vorstellungen gefunden zu haben.

Schließlich verabschieden sich beide Soldaten bemerkenswert höflich, steigen auf ihre Pferde und galoppieren elegant davon. Unser großes Grundstück verlassend, winken sie noch freundlich zurück.

Inzwischen sind zwei Tage vergangen. Wir drei haben nur ein Thema: Es gibt auch gute Russen, es gibt auch gebildete Russen, nicht alle Russen hassen uns, nicht alle Russen plündern, vergewaltigen und schikanieren.

Müssen wir unser einstiges Feindbild korrigieren?

In diesem Mai 1945 ist ein Tag wetterschöner als der andere. Heute begrüßt uns der laue Abend besonders blütenduftend.

Da, plötzlich nähert sich das Geräusch eines Lkws. Ich springe ans Fenster. Unser Dorf liegt friedlich im Schoße des Frühlingsabends. Das häßliche Fahrzeug hält an einem Bauernhof. Schüsse knallen, man hört Schreie, und die Angst hat uns wieder fest im Griff. War die so friedliche Begegnung nur ein Traum? Eine andere Realität fängt uns wieder ein.

Ein neuer Tag begrüßt uns mit hellem Sonnenschein. Ich arbeite im Garten. Einige Hühner sind uns geblieben. Sie sind jetzt eine wertvolle Bereicherung. Wir freuen uns auf ein köstliches Mittagessen mit Eierkuchen. Es gibt nur ein Problem: Wir haben kein Salz mehr, und auch das gibt es nicht zu kaufen. Nie hätte ich gedacht, daß Salz so wichtig sein könnte. Erst jetzt wird mir deutlich, was uns im Geschichtsunterricht nie ganz vorstellbar war, wenn man von der Bedeutung der Salzgewinnung, von Salzstraßen und vom Salzhandel im Mittelalter gesprochen hatte. Alles schmeckt fade ohne die weißen Kristalle.

Es duftet schon herrlich aus der kleinen Küche, als plötzlich Pferdegetrappel ertönt. Sollte der freundliche Fremde nochmals kommen?

„Kommt, nehmt die Kopftücher und geht in euer Versteck!“

„Nein, vielleicht ist's wieder der Offizier, und außerdem will ich jetzt noch die Eierkuchen zu Ende backen!“

Ein einzelner Reiter mit einem wild schnaubenden Roß kommt direkt auf unser Haus zugeritten. Meine Mutter schaut aus der Küche.

„Es ist ja sowieso nur einer!“ meint sie und geht zurück in die Küche und bäckt weiter.

Der Fremdling in der braunen Uniform bindet mühsam sein Pferd an den blühenden Kirschbaum und kommt mit leicht schwankendem Gang zum Haus. Ich trete ihm entgegen. Er hat ein finsteres Gesicht, einen stieren Blick und eine Schnapsfahne. Ich ahne nichts Gutes. Plötzlich bleibt er stehen und schaut sich um. Er stammelt einige russische, mir unverständliche Worte und betritt das Haus. Er geht in die Küche, wo meine Mutter weiterhin beim Backen ist. Ein oder zwei goldgelbe Eierkuchen sind schon fertig. Das menschliche Ungeheuer faßt meine Mutter tolpatschig an der Schulter und zieht sie am Arm. Sie gibt ihm zu verstehen, daß er sich auch einen Eierkuchen nehmen kann. Naiv glaubt sie, er will etwas zu essen. Er deutet aber nach draußen. Ich blicke sie an.

„Vielleicht will er irgendwelche Kräuter auf das Gebackene“, meint sie und geht mit ihm aus der Tür. Wie eine Katze schleiche ich diesem ungleichen Paar hinterher. Links geht es zum Gemüsegarten und rechts in den Wald. Mit wenigen schnellen Schritten geht meine Mutter vorweg und will zum Gemüsegarten. Da zieht der mächtige Fremdling sie auch schon am Arm und versucht, sie in den Wald zu zerren. Meine Mutter schreit auf: „Hilfe, Hilfe!“

Die Situation ist sehr eindeutig. Sie will sich von seinem festen Griff befreien. Der Breitschultrige greift lüstern zu, zerreißt ihr über der Brust das Kleid. Meine Mutter schreit herzzerreißend immer lauter um Hilfe.

Und nun läuft alles in Sekundenschnelle und ohne Überlegung ab. Als schmaler, aufgeschossener 16jähriger Jüngling springe ich den übermächtigen Goliath und Teufel an, umklammere mit beiden Händen fest und fester seinen Hals. Er tritt nach mir mit seinen schmutzigen Stiefeln, und er läuft zunehmend blau an. Mutter schreit noch lauter. Schließlich läßt er sie los, und sie rennt mit offener Brust und wehenden Kleidern hilferufend in Richtung Dorf. Noch immer umklammern meine Hände seinen Hals. Als mir klar wird, daß sie sich befreit hat, versuche ich schnell zu flüchten. Er erwischt mich am Rücken. Er zerreißt mein Hemd. Er verdreht mir den Arm. Ich spüre keinen Schmerz. Abgründiger Haß, ohnmächtige Wut und entsetzliche Angst brennen sich unvergeßlich in mein Bewußtsein ein. Er zieht seine Pistole, ich ducke mich. Das verzerrte Gesicht des gräßlichen Riesen mit seinen blutunterlaufenen Augen sehe ich über mir. Mit letzter Kraft schlage ich seinen Arm beiseite. Ein bellender Schuß zieht an mir vorbei. Ich bäume mich mit letzter Kraft auf, kann mich befreien und laufe im Zickzack, jetzt auch „Hilfe!“ schreiend, meiner Mutter hinterher.

Hinter einem Baum verstecke ich mich und halte an. Der unmenschliche Menschenkoloß geht schwankenden Schrittes, russisch fluchend, hinweg und schießt noch mehrmals um sich. Nach einigen Versuchen sitzt er dann auf seinem unruhig gewordenen Pferd und reitet langsam davon. Als der widerliche Fremdling auf seinem Pferd in der Ferne nur noch als ein schwarzer Punkt zu erkennen ist, er meidet das Dorf und galoppiert über die friedlichen Felder, liegen wir uns beide, meine Mutter mit zerfetztem Kleid und ich mit zerrissenem Hemd, in den Armen und weinen. Langsam gehen wir zurück, wo uns Oma ebenfalls weinend in die Arme schließt.

Am späten Nachmittag dieses schrecklichen und widerwärtigen Tages, den ich sicher bis an mein Lebensende nie aus dem Gedächtnis stoßen kann, ziehen schwarze Gewitterwolken auf. Die Sonne brennt für diese frühe Jahreszeit ungewöhnlich heiß. Gewitter im Mai, diese Unwetter kommen meistens aus dem Westen. Heute aber ziehen dunkle Wolkenfetzen und später drohende Wolkenhaufen wieder einmal von Osten her. Es ist für uns immer wieder ein gewaltiges Naturschauspiel, das wir oft vom Schlafzimmerfenster aus beobachten.

Von hier können wir weit über das Land schauen. Das Gewitter zieht heute besonders krachend und blitzend über uns hinweg. Die furchtbare Spannung, die sich oft erst mit den ersten Regentropfen löst, bleibt heute unberührt heftig. Es blitzt und donnert in schneller Folge ununterbrochen. Als die ersten großen Regentropfen, wie Blei prasselnd, auf das Dach fallen, hält es mich nicht mehr. Ich stürme hinaus, werfe mein verschwitztes und zerrissenes Hemd weg und laufe gegen alle Vernunft auf das freie Feld.

Der Himmel hat seine Schleusen geöffnet, als hätte die Hölle ihre Pforten weit aufgeschlossen.

Als wollte ich das Schicksal herausfordern, stehe ich, die Fäuste ballend, auf dem freien Feld. Ich schwöre einen heiligen Eid, daß ich alles tun werde, um mitzuhelfen, diese brutale Soldateska von deutscher Erde zu vertreiben. Es darf kein Rotarmist auf deutschem Boden bleiben, und koste es mein Leben.

8

Die Kuh

Der mörderische Krieg ist nun schon über drei Wochen beendet, und unsere erlösende Hoffnung ist, daß ein neuer Krieg möglichst bald folgen sollte. Der jetzige Frieden ist für uns und unser Dorf schlimmer, ja viel grausamer, als es der Krieg war. Mitmenschen werden abgeholt, ohne daß jemand weiß warum. Was passiert mit ihnen? Werden sie erschossen? Aufgehängt? Oder ab nach Sibirien? Alles, was im geheimen verläuft, nährt das Gerücht. Junge Mädchen, Mütter, Greisinnen werden vergewaltigt. Mütter opfern sich, um ihre Töchter zu schützen. Grausame vielfache Vergewaltigungen führen nicht selten auf bestialische Weise zum Tod.

Fast täglich kommen gegen Abend in diesen schrecklichen Frühlings- und Sommermonaten Lkws ins Dorf.

Sowjetische Soldaten plündern rücksichtslos. Bewaffnet gehen sie in die schutzlosen Häuser, wühlen alles durch, nehmen, was ihnen gefällt, und vergewaltigen. Es ist unbeschreiblich.

Die Situation bedenkend, gehe ich traurig durch unseren Garten. Kirsch-, Apfel-, Birnen- und Pflaumenbäume blühen und duften, Bienen summen, und bunte Schmetterlinge flattern lustig.

Weiße Wolken wandern am blauen Himmel. Die Natur gibt sich, als sähe sie all das menschliche Leid nicht. Will sie vielleicht zeigen, wie schön das Leben auf diesem Planeten sein könnte, wenn es das Böse im Menschen nicht gäbe?

In Gedanken versunken setze ich mich am Teich nieder, der mit Seerosen, teils schon blühend, bedeckt ist.

Fast erschrocken werde ich in die grausame Wirklichkeit gerissen. Mein guter Freund Rudi steht plötzlich vor mir.

„Hast du schon gehört?"

„Was?"

„Die Polen haben im Mitteldorf alle Kühe zusammengetrieben. Jedem Bauern haben sie eine Kuh gelassen, und wir müssen zum Füttern und Putzen zweimal täglich hingehen. Die Mädchen müssen buttern und melken!"

Ich schaue ihn fragend an.

„Und wenn ich nicht mitmache, was dann?"

„Dann wirst du bestraft, eingesperrt, oder man zündet euer Haus an."

Voller Wut schüttle ich den Kopf. Ohnmächtig der Willkür ausgesetzt zu sein, initiiert ein elementares Vernichtungsgefühl, dem man sich kritiklos beugen kann oder dem man sich kraftvoll widersetzt.

Rudi ist ein netter und anständiger Kerl. Ich mag ihn sehr gerne. Seine Offenheit bei seiner zurückhaltenden Bescheidenheit gefällt mir. Sein Vater arbeitet auf dem „Bruch", d. h. im Steinbruch. Unser Dorf hat einige Granitsteinbrüche. Die Schwerstarbeit dieser harten Männer, die bei jeder Witterung grauen Stein brechen, wird von manchem als Sklavenarbeit bezeichnet, nicht ganz zu Unrecht.

Unser schönes vier bis fünf Kilometer langes Straßendorf mit etwa 1.800 Seelen ist, grob gesagt, in zwei soziale Schichten geteilt. Erstens sind da die Brucharbeiter, meistens sehr bescheiden lebende Männer, und zweitens die reicheren Bauern. Bei ihnen arbeiten die fleißigen Frauen der im Bruch arbeitenden Männer noch als Mägde oder Hilfskräfte. Aber diese doch großen sozialen Unterschiede sind mir bisher nie bewußt geworden.

Rudi, ein cleveres Kerlchen, besucht in Görlitz die Mittelschule und hofft, dadurch dieser Fronarbeit zu entfliehen.

Mir fällt lediglich manchmal auf, daß er eine gewisse Empfindlichkeit zeigt. Leiden auch Kinder aus den Familien der Brucharbeiter an Sozialkomplexen? Unserer Freundschaft tut dies aber keinen Abbruch. Der Satz: „Arbeit adelt!" hat mir schon immer etwas bedeutet.

Wir wechseln in angeregtem Gespräch noch viele mehr oder weniger gewichtige Argumente. Schließlich trotte ich sehr unlustig mit ihm ins Mitteldorf, um mir meine zukünftige Arbeit als Kuhfütterer und Putzer anzusehen. Hätte ich bloß nicht meine Pistole an jenem denkwürdigen 8. Mai in die Jauchegrube in Rumburg geworfen!

Allen, die sich unwürdig benehmen, würde ich am liebsten in die Beine schießen: den Plünderern, den Vergewaltigern und den anderen Unmenschen. Wir schlendern durch die satten Wiesen. Immer wieder wird mir der große Kontrast deutlich, hier die herrliche Natur, der wundervolle Mai, die Vielfalt der Farben und die Düfte der unzähligen bunten Blumen und auf der anderen Seite die alles zerstören wollende Kreatur Mensch, die irgendwelchen teuflischen Trieben nachgeht und das Paradiesische dieser Erde nicht erkennt oder erkennen will, obwohl sie mit großartigen Sinnen und phantastischen Sinnesorganen ausgestattet ist.

In zwei großen Bauernhöfen, etwa in der Dorfmitte, südlich des Baches, der durch unser Dorf trollt, auf einer kleinen Anhöhe hat man die Kühe des ganzen Dorfes zusammengetrieben. Eng zusammengepfercht stehen sie in den Ställen und Scheunen. Einige nicht unfreundliche polnische Fremdarbeiter, die sich jetzt als die neuen Herren aufspielen, geben uns zu verstehen, daß die Jungen die Kühe zu füttern und zu putzen hätten. Die Mädchen sollten melken und buttern. Jedem Bauern hat man wenigstens eine Kuh gelassen.

Während der letzten Kriegsjahre gab es im Dorf vor allem polnische Fremdarbeiter und -arbeiterinnen, Ukrainer und Ukrainerinnen. Aber es gab auch französische Kriegsgefangene, die ebenfalls auf den Bauernhöfen arbeiten mußten. Sie wurden in den Familien meist freundlich aufgenommen. Man arbeitete und aß auch zusammen, obwohl es die Anordnung gegeben hatte, daß Fremdarbeiter in einem Extraraum zu essen hätten.

Viele Bauern hielten sich aber nicht an diese Anordnung, obwohl übereifrige und kleinkarierte Parteileute gelegentlich kontrollierten. Sehr wenige Bauern, vor allem aber der Dorfpolizist und der Feuerwehrhauptmann, behandelten die polnischen und ukrainischen Fremdarbeiter und -arbeiterinnen zum Ärger und Entsetzen der übrigen Dorfbevölkerung schikanös und schlugen sie auch. Nun aber sind sie die Herren. Sie rächen sich, und einige ihrer Peiniger verschwinden auf Nimmerwiedersehen.

Die eine Kuh, die jeder Bauer behalten darf, werte ich als Beweis der früheren anständigen Behandlung.

Das einzig Positive an dieser chaotischen Situation ist die Tatsache, daß wir seit Februar keine Schule haben. Allerdings würden wir sogar gerne wieder in die Schule gehen, wenn das Schreckliche doch wenigstens vorbei wäre.

Es ist Anfang Juni geworden, und man munkelt, daß die Polen abziehen. Josef, dem ich ein Hemd und einen Schlips meines Vaters geschenkt hatte, ich habe diese Sachen heimlich aus dem Schrank meines Stiefvaters geklaut, bitte ich um eine Ziege, da wir nichts mehr zu essen haben.

Er antwortet: „Ziege keine, aber Kuh, wenn du bringst Schnaps!“

„Gut!“

Ich gehe nach Hause.

Ehe meine Mutter und meine Großmutter mit ihrem kleinen Handleiterwagen geflohen waren, hatten sie im Wald hinter unserem Haus in mehreren tiefen Erdlöchern alle Wertsachen vergraben. Die Erdlöcher wurden zusätzlich mit alten Ästen und Laub abgedeckt.

In diese großen Höhlen waren die Teppiche, das Silber, das Meißner Porzellan, Bilder, Mäntel, Pelze und noch so manch andere Kostbarkeiten gewandert. Die beiden Frauen hatten es so perfekt gemacht, daß nie etwas entdeckt wurde. Die Lebensmittel, die jetzt besonders kostbar waren, z. B. die Einmachgläser mit eingekochter Wurst und Kompott, wurden unter den Kohlen im dunklen Keller versteckt. Bis auf wenige Ausnahmen war alles noch vorhanden.

Immer wieder schärft mir meine Mutter ein, ja keine Dummheiten zu machen. Trotzdem frage ich sie fordernd: „Hast du auch Schnaps vergraben?"

„Nein, aber wieso?"

„Ich brauche sofort irgendwelchen Schnaps!"

„Ich habe keinen, und wenn ich welchen hätte, würde ich ihn dir nicht für deine Dummheiten geben!"

Da der Erfolg meines gewagten Vorhabens außerordentlich fragwürdig ist, sage ich ihr nicht, worum es geht. Ich wühle im Keller und in allen möglichen und unmöglichen Verstecken herum. Dort finde ich zwar keinen Schnaps, aber die dickbauchige grüne Spiritusflasche, die noch zu drei Vierteln gefüllt ist.

„Dies ist aber unser letzter Spiritus. Wir brauchen ihn dringend, bitte laß ihn mir, wer weiß, wann und ob wir nochmals Spiritus bekommen."

Unfreundlich und ihr nicht antwortend gehe ich mit den Worten: „Es muß sein."

Die Flasche in einem grauen Tuch versteckt, laufe ich zu meinem Freund Rudi. Ich erkläre ihm, daß ich dringend seine Hilfe brauche.

„Ich will diesen Spiritus, vergällter Alkohol, gegen eine Kuh tauschen. Bitte hilf mir!"

Es ist ein herrlicher Junitag. Weiße Kumuluswolken begleiten uns am Himmel. Plötzlich hören wir ein Auto. Wir springen hinter einen verfallenen Schuppen. Ein russischer Militär-Lkw mit grölenden und besoffenen Soldaten fährt an uns vorüber, ohne uns zu bemerken. Wir kommen an einem der beiden Höfe an. Nur mühsam gelingt es uns, Josef zu finden.

„Josef, ich habe keinen Schnaps, aber das hier ist Alkohol-Spiritus, schmeckt aber nicht gut!"

Leicht betrunken und mit hängenden Oberlidern und geröteten Augen öffnet er den Schnappverschluß und riecht.

„Egal, gut!"

„Hier die Flasche, und du gibst mir die Kuh!"

„Ja", antwortet er mir. „Wenn es dunkel ist. Andere Polen dürfen nicht wissen, wartet."

Es ist früher Nachmittag, und um diese schöne Jahreszeit kommt die Nacht erst spät.

Wir legen uns nicht weitab in ein im lauen Wind wogendes grünes Kornfeld, das zwar gesät wurde, aber keiner weiß, ob es auch je geerntet wird. Wir beschließen, heute abend beide nicht zum Füttern der Kühe zu gehen. Kurz laufe ich in eine der großen Scheunen, dort wo die schwarzweißen Tiere dichtgedrängt stehen, und frage eines der melkenden Mädchen, welche Kuh denn besonders viel Milch gibt, und verschwinde wieder.

Wir beiden Jungen, 15 und 16 Jahre alt, legen uns ins Kornfeld und warten, warten auf die Nacht, die noch weit hinter den Bergen liegt. Wir haben Zeit, viel Zeit, und sprechen in aller Offenheit über unsere besondere Situation, in die uns die Geschichte ungewollt gerissen hat. Jeder Heranwachsende wird auf Lebenssituationen durch das Elternhaus vorbereitet. Die, in der wir jetzt stehen, ist so außergewöhnlich, daß es nicht einfach ist, sich zurechtzufinden. Was ist jetzt unsere Pflicht? Was sind unsere Aufgaben? Wie haben wir uns zu verhalten? Wir werden uns einig, daß wir jetzt die Beschützeraufgaben und das Sorgen für die Frauen, Kinder, Greise und unsere Nachbarschaft übernehmen müssen.

Die Väter oder älteren Brüder sind gefallen oder in Gefangenschaft geraten. Eine fremde Soldateska wütet in unserer Heimat, und alle haben Angst vor unberechenbaren Übergriffen. Wir müssen Hoffnung geben, müssen zeigen, daß es doch noch helfende Mitmenschen gibt.

Wir werden uns einig, nichts zu tun, was Anlaß zu Repressalien gäbe. Groß ist wieder unsere Hoffnung auf die ehemals feindlichen Westmächte.

Sie können sich doch unmöglich mit diesem unmenschlichen System auf Dauer verbinden. Obwohl sie uns den Krieg erklärt haben, obwohl sie es verhindert haben, daß die Deutschen den Stalinismus und Bolschewismus zerschlagen konnten, obwohl sie unsere Städte zerbombt haben und mit ihren furchtbaren Brand-, Splitter- und tonnenschweren Sprengbomben maßloses Leid durch das unnötige und grausame Töten von Frauen, Kindern, Greisen und Kranken gebracht haben, hoffen wir auf ihre Hilfe.

Eine wahrlich paradoxe Situation. Die Hilfe durch die Westmächte ist aber der einzige denkbare Weg, uns von unseren Befreiern zu befreien. War nicht der Inbegriff des Engländers der Gentleman oder des Franzosen der Kavalier? Gibt es nicht Oxford und Cambridge als Stätten der Bildung und Kultur, und gibt es nicht die Kulturstädte Paris und London? Hatte man uns nicht von ritterlich kämpfenden englischen und französischen Soldaten erzählt? Hatten nicht die Engländer ein Imperium aufgebaut und einem Viertel der Erdoberfläche die sogenannte Zivilisation gebracht?

So sprechen und denken wir, wie man es uns in der Schule gelehrt und erzählt hat. Wir erwarten von ihnen mehr Menschlichkeit und Gerechtigkeit als von dem stalinistischen Terrorregime, das wir nun am eigenen Leibe als Augenzeugen erleben.

Aber was können wir jetzt tun? Unsere Erfahrungen in diesen ersten schrecklichen Nachkriegswochen zeigen uns folgendes: Treten die sowjetischen Soldaten in größeren Formationen auf, sind sie ungefährlich. Streunen sie aber einzeln und in kleineren Gruppen durch das Land, sind sie unberechenbar, plündern, rauben und vergewaltigen.

Wir beide beschließen, herumliegende Waffen, die von den deutschen Soldaten in den letzten Kriegstagen weggeworfen wurden, zu sammeln. Sollte der erwartete neue Krieg Wirklichkeit werden, so wollen wir uns, unser Dorf und unsere Leute schützen.

Nach Stunden senkt sich die laue Frühlingsnacht über das Tal unseres einst so friedlichen Dorfes. Das singende und zunehmend in Gegröle ausartende Feiern der Polen wird lauter und disharmonischer. Hunde bellen. Wir beide liegen noch immer, grüne Getreidehalme kauend, im Feld und sehen mehr und mehr Sterne am Himmel aufziehen. Auch der Mond steigt aus dem dunklen Wald.

Von Josef ist nichts zu sehen und zu hören.

„Du, Rudi, bleib hier, ich schau mal nach was los ist!“

Vorsichtig schleiche ich auf allen vieren zum erleuchteten Bauernhaus. Einen anschlagenden Hund kann ich beschwichtigen. Irgendwie scheint er mich zu kennen.

Schließlich schaue ich durch ein offenstehendes Fenster. Nur jetzt nicht bemerkt werden! Das Bild einer primitiven Orgie bietet sich mir. Mehrere halbnackte Frauen liegen mit betrunkenen Männern zusammen. Einige liegen mit dreckigen, bekotzten Kleidern schnarchend am Boden.

Stühle sind umgestoßen. Ein widerlicher Gestank schlägt mir entgegen. Mir wird klar: Von Josef ist nichts mehr zu erwarten, und wir haben umsonst gewartet. Unbemerkt schleiche ich zurück.

„Rudi, die sind alle besoffen, hier ist nichts mehr zu erwarten!“

Es entwickelt sich eine Diskussion zwischen uns beiden in dieser eigenartigen Juninacht. Schließlich kommen wir zu dem logischen Schluß: Wir haben unseren Obolus entrichtet, dreiviertel Liter Spiritus, und nun nehmen wir uns das Versprochene.

Wir schleichen auf allen vieren kriechend an die große Scheune. Hunde bellen, bemerken uns aber nicht. Plötzlich kommen zwei polnisch sprechende Männer auf uns zu. Offensichtlich haben sie doch eine Art Wache postiert. Mir wird etwas unheimlich zumute, und wir pressen unsere Körper fest auf die Erde der taufeuchten Wiese. Langsam entfernen sich die Schritte. Als wir nichts mehr hören, springen wir an das große Scheunentor, öffnen es vorsichtig und stolpern zwischen den Kühen hindurch.

Der Mond erhellt inzwischen die Nacht. An einem rauhen Balken, an dem eine große schwarzweiß gefleckte Kuh liegt, erkenne ich die, die mir als besonders viel Milch gebende genannt wurde. Sie liegt behäbig da und käut wider. Wir stoßen sie und hoffen, daß sie aufsteht. Sie rührt sich nicht, wedelt mit dem Schwanz und fängt laut zu muhen an.

Uns schlägt das Herz schneller. Verdammt noch mal, ist denn dieser Koloß nicht zu bewegen? Immer wieder schauen wir zum großen Scheunentor, das wir einen Spalt offengelassen haben. Schließlich erhebt sie sich, behäbig und laut muhend.

Ich ziehe den Strick fester um ihren Hals und lege einen zweiten um ihr Gehörn. Nur mühsam gelingt es uns, das in seiner nächtlichen Ruhe gestörte Tier aus der Scheune herauszuziehen.

Die anderen Kühe fangen ebenfalls an, sich durch lautes Muhen bemerkbar zu machen. Wir setzen jetzt alles auf eine Karte. Entweder es ist jemand in unserer Nähe und bemerkt uns, dann versuchen wir unerkannt das Weite zu suchen, oder wir haben Glück. Der Lärm der Tiere wird immer lauter. Nur störrisch folgt uns unser dicker Vierbeiner. Wir blicken weder links noch rechts und traben mit ihr zum schützenden Wald, wo wir eigentlich gar nicht hin wollten, da er in der entgegengesetzten Richtung liegt. Immer wieder versucht das starke Tier, seinen eigenen Weg zu gehen. Alleine wäre es unmöglich, aber mit vereinten Kräften erreichen wir endlich unbemerkt den rettenden dunklen Wald. Das Unruhigsein der anderen Tiere in der Scheune ebbt langsam ab, und wir fühlen uns in Sicherheit. Doch der Weg ist noch lang, und es vergehen ein oder zwei Stunden, ehe wir mit der unerwarteten Beute bei uns zu Hause ankommen.

Mein liebes Mütterlein, für diese Welt zu gut, zeichnet sich dadurch aus, daß sie sich immer Sorgen macht. Gott sei Dank meist unbegründet.

Als sie jetzt mitten in der Nacht erkennt, daß wir mit einer großen Kuh ankommen, schüttelt sie nur noch ihren seit dem 40. Lebensjahr fast weißhaarigen Kopf.

Meine couragierte Großmutter hingegen erkennt sofort dieses unerwartete Präsent und meint: „Unsere Speisekarte wird ab jetzt reichhaltiger sein!"

Auf dem hinter uns liegenden Weg habe ich mir überlegt, wo wir unseren Milch-, Sahne- und Butterspender unterbringen werden. Unser wackliger Holzschuppen besteht aus drei Räumen. Der erste ist offen, und in ihm wird das notwendige Feuerholz gespeichert. Zum zweiten Raum führen drei wacklige Steinstufen. Hier liegen Stroh und Gartenwerkzeuge, und der dritte Raum ist Hühnerstall und Taubenverschlag.

Das massige Tier kilometerweit durch die Frühlingsnacht zu führen, war anstrengend und hatte von uns beiden wirklich viel Kräfte gefordert. Das Schwierigste aber war am Anfang die Entführung aus der Scheune.

Jetzt gilt es, das Tier drei Stufen hinauf in den Schuppen zu bringen. Das verflixte Vieh will partout nicht in das finstere Loch. Mütterlein und Oma müssen schieben helfen, während Rudi und ich ziehen. Schließlich ist auch dies geschafft. Rudi und ich umarmen uns. Mit einem letzten Handschlag verabschieden wir uns. Ich schlafe sehr zufrieden ein.

In Gedanken stelle ich fest, daß ich als Beschützer und sorgendes Familienoberhaupt für uns und unsere Nachbarschaft etwas Gutes getan habe. Auch glaube ich nun, mit meinem Freund einen Weg gefunden zu haben, der es uns ermöglicht, in dieser schweren Zeit Mitmenschen in unserem Dorf zu helfen.

Wir werden zeigen, daß sich nicht alle einschüchtern lassen.

Am nächsten Morgen ist große Aufregung im Dorf. Irgend jemand von den Polen hat bemerkt, daß eine Kuh fehlt. Einige der ehemaligen polnischen Fremdarbeiter suchen in benachbarten Ställen, finden das verlorengegangene Tier aber nicht. Sie sind im Aufbruch. Ein größerer Treck mit all den Kühen, Wagen, den wenigen übriggebliebenen Pferden und viel gestohlener Habe setzt sich in Richtung Osten in Bewegung. Wir sind froh, daß nun wenigstens die Polen abgezogen sind.

In den darauffolgenden Wochen gibt es für uns und unsere hilfsbedürftigen Nachbarn große Freude.

Wir hatten eine großartige Milchkuh ergattert, und viele der unerwarteten Schwierigkeiten werden schnell gemeistert.

Zuerst einmal muß meine Mutter melken lernen. Das ist keine Schwierigkeit, da unsere Nachbarin Friedel, eine außerordentlich tüchtige Bauersfrau, sowie ihr sogenannter „Knecht“ Pohl sich selbstverständlich sofort bereit erklärten, ihr das beizubringen.

Ein weiteres Problemchen ist, wie man die Sahne zur Buttergewinnung separieren kann. Im Schlafzimmer werden viele Gefäße mit großer Öffnung aufgestellt, z. B. alte Waschschüsseln und große Töpfe und Schalen.

Oma schöpft, nachdem die Milch lange genug, aber eben auch nicht zu lange gestanden hat, mit einem Eßlöffel vorsichtig von der Oberfläche der Milch die abgesetzte Sahne ab und füllt sie in das Butterfaß.

Und dann gibt es noch ein drittes Problem, das gelöst werden muß: Wir brauchen ein Butterfaß.

Der Vater meines guten Freundes Walter Hamann ist Böttcher.

In wenigen Tagen haben wir ein wunderschönes neues Butterfaß, vielleicht 60 Zentimeter hoch, konisch nach oben verlaufend, mit einem Durchmesser von etwa 15 Zentimeter und dazu einen durchlöcherten Holzstampfer.

Meine Hauptaufgabe ist es nun, die Kuh zu versorgen. Ich schließe bald Freundschaft mit dem geduldigen und wirklich schönen Tier mit seinem treuen Blick.

Tagsüber bringe ich Liese, ihr neuer Name, zur Weide auf unsere große Wiese. Doch da passiert es. Ich führe sie aus unserem kleinen Stall und lege ihr einen großen Strick um den Hals.

Doch Liese hat unglaubliche Kraft. Sie galoppiert davon, bevor ich sie an einen Baum anbinden kann. Mich schleift sie hinter sich her. Ich lasse nicht los.

Nach erbittertem Kampf kann ich sie endlich bändigen. Erfolg: Hose und Hemd zerrissen, beide Ellbogen und Knie zeigen größere blutende und schmutzverschmierte Schürfwunden.

Wir genießen mit unseren Nachbarn den unerwarteten Reichtum.

Verteilungsschwierigkeiten kennen wir nicht. Doch das Unglück kommt bald. Es kommt in Form unseres ersten Nachkriegsbürgermeisters, „Bumbortel" genannt. Er war es, der während der dreißiger Jahre im Zuchthaus gesessen hatte. Man sprach, natürlich hinter vorgehaltener Hand, daß er sich an einem jungen Mädchen vergangen habe.

Die ersten Aushänge für die schwarzen Bretter unseres Dorfes schreibt er offensichtlich selber. Dabei fällt schon eigenartig auf, daß nach seiner Schreibweise *wir* mit ie geschrieben wird. Vor einigen Tagen traf ich ihn auf unserer Dorfstraße. Mit wichtigtuerischer Miene bedeutete er mir, daß er unsere Kuh beschlagnahmen werde. In einem sehr laut geführten Gespräch sagte ich diesem kahlköpfigen und etwas klein geratenen Altkommunisten, daß er dazu nicht die geringste Berechtigung habe und daß er sich bei uns ja nicht mehr blicken lassen solle. Damit hoffte ich, daß die Angelegenheit erledigt sei.

Heute gegen Abend gehe ich nach Thiemendorf zu unserem Freund Lothar Mühle. Und wieder treffe ich Bürgermeister Bumbortel mit seinem Freund. Er ist ein Bauer unseres Dorfes, dem man den Spitznamen „Meineidbauer" gegeben hat. Es soll um eine Vaterschaftssache gegangen sein, aber ich weiß nichts Genaues. Die beiden sind aber jetzt gut befreundet. Wir sprechen kein Wort miteinander.

Zu all dem Übel dieser Zeit ist noch ein weiteres hinzugekommen. Mutti hat eine

Beinvenenthrombose. Sie muß das Bett hüten, das Bein hochlegen und mit kalten Tüchern kühlen. Ein Glück, daß Oma aushelfen kann.

Sehr spät kehre ich frohen Mutes in dieser Nacht nach Hause zurück. Es war ein sehr schöner Abend, den ich mit Lothar verbrachte. Schon als ich die Haustür öffne, schreit meine Mutter: „Komm schnell hoch, es ist etwas passiert!"

Ich springe die kleinen Treppen hinauf, denn ihr Schlafzimmer ist oben.

„Stell dir vor, Wolfgang, Bumbortel war mit dem Meineidbauern da und hat die Kuh mitgenommen. Du warst kaum weg, da kamen sie. Ich fragte sie, was sie wollen, und sagte ihnen, daß ich nicht aufstehen kann. Das wäre nicht nötig, meinte er. Er möchte nur die Kuh beschlagnahmen, und das Geld dafür lege er unter den Fußabtreter vor der Tür."

In mir kocht es vor Wut. Unter der abgetretenen Fußmatte liegen drei 50-Mark-Scheine, für die man sich aber sowieso nichts kaufen kann, da es ja nichts gibt. Am liebsten würde ich sofort zum Meineidbauern rennen und mir meine Kuh wiederholen. Morgen werde ich zum Bürgermeister gehen.

Der neue Tag beginnt mit der freudigen Feststellung, daß das geschwollene Bein meiner Mutter wesentlich besser aussieht und sie keine Schmerzen mehr hat.

Mein Weg zum Bürgermeisteramt dagegen ist umsonst. Er ist heute nicht da. Auf dem Nachhauseweg unterhalte ich mich mit Freunden. Die alte Freundin meiner Mutter, Meta Scholze, sieht mich und bittet mich in ihre Gaststätte. Sie gibt mir liebevoll zwei dicke mit Schweineschmalz bestrichene Brote. Ich habe großen Hunger und verschlinge schnell diese seltene Kostbarkeit.

Inzwischen ist der Tag schon älter geworden. Die Dämmerung hält Einkehr, und wieder Motorengeräusch eines Lkw. Johlende und grölende sowjetische Soldaten und Schüsse.

Vorsichtig schleiche ich in die Nähe des Bauernhofs, wo die offensichtlich betrunkenen Soldaten plündern.

Ich traue meinen Augen nicht. Sie plündern beim Meineidbauern. Mit aller Gewalt ziehen drei Russen meine Liesel auf einen Lkw, schießen um sich, singen und fahren davon. Wenn ich nie schadenfroh war, jetzt bin ich es.

Unsere Liesel ist zwar weg, ein sehr herber Verlust. Aber die beiden Diebe haben nur einen Tag Freude an ihr gehabt.

Das Wechselbad der Gefühle gegenüber der Roten Armee verwirrt mich immer wieder. Gestern wurde eine ältere Frau zu Grabe getragen. Vor der Kommandantur, die sich in dem Postgebäude im Niederdorf befindet und um die jeder einen großen Bogen macht, ließ der Kommandant etwa ein Dutzend seiner Soldaten raustreten.

Sie mußten sich in Reihen aufstellen und beim Vorbeizug des kleinen Leichenzugs vor den sterblichen Überresten der Verstorbenen salutieren.

Man hört auch, daß die Russen diejenigen durchaus anständig behandeln, die für sie arbeiten müssen, wie z. B. unser Dorfschneider, der früher auch für mich sehr schöne Anzuge angefertigt und so manche Änderung immer sehr zur Zufriedenheit meiner Mutter ausgeführt hatte.

In seinem Haus ereignete sich etwas, das auch mich eigenartig berührt. Ein junger russischer Offizier läßt sich auf dem Harmonium zwei deutsche Choräle vorspielen. Dabei fängt er an, still vor sich hin zu weinen. Schließlich sagt er in gebrochenem Deutsch: „In meinem Dorf in Rußland, alle meine Familien sind tot, durch Krieg!"

9

An der Neiße im Herbst 1945

Obwohl soviel Furchtbares passiert, folgt die üppige Natur ungestört und unabänderlich ihrem wechselhaften Jahreslauf. Heute habe ich Zeit. Es beginnt bereits Herbst zu werden. Die belaubten Bäume zeigen bunte Farben. Manch junges Bäumchen, durch den häßlichen Krieg geknickt, verdorrt, manch alter Baum zeigt entstellende Blessuren. Wildes Gras bedeckt die durch schwere Panzer und zerstörende Kriegsfahrzeuge aufgerissene Erde. Könnte sie schreien, ihre Stimme wäre heiser geworden, aber noch immer würde sie stöhnen und weinen.

Die Neiße, an der ich in einem Gebüsch versteckt auf einer leichten Anhöhe stehe, schlängelt sich unbeteiligt durch die frühherbstliche Landschaft.

Mitten in unserem geschundenen Vaterland soll sie jetzt unerbittliche Grenze sein. Ein zerbrochener, zerschossener grüngrauer und teils verrosteter Lkw und einige verbeulte Stahlhelme liegen in dem sonst so friedlichen Flußbett, das hier vielleicht 30 Meter breit sein dürfte. Aber dieser kleine Fluß trennt nun Welten. Drüben einst Heimatland, jetzt Totenland, hier Heimatland unterdrückt, okkupiert, getreten und vergewaltigt. Ich erinnere mich an das, was man uns einst in der Schule vermittelt hatte:

Unser schönes Schlesien war im 12. Jahrhundert von Deutschen besiedelt und urbar gemacht worden. Es war ein blühendes, fruchtbares Land, das landwirtschaftliche Überschüsse produziert hatte, und es war vor allem Heimat für fast fünf Millionen Deutsche geworden.

Ich muß vorsichtig sein, denn findet mich eine sowjetische Patrouille so nahe an der Grenze, kann mir Schlimmes passieren. Sie sollen schon öfters jemanden erschossen oder verschleppt haben, auf Nimmerwiedersehen.

All die furchtbaren Grausamkeiten, die Flüchtende erzählt haben, werden wieder einmal wach, und bittere Tränen steigen mir in die Augen.

Ein schreckliches Bild steht vor mir: Eine erschöpfte, bildhübsche und blutjunge Mutter liegt mit gebrochenen Augen tot auf der noch kalten und feuchten Erde im Straßengraben. Vor Tieffliegern Schutz suchend, hatte sie sich mit ihrem schreienden Säugling dort hineingeworfen. Noch immer hielt sie ihr Kind halb in den Armen, mit entblößter Brust, da sie ihr Kind stillen wollte. Wo gibt es denjenigen Menschen, der sagt, auch sie habe sich schuldig gemacht? Jeder Deutsche hat Kollektivschuld auf sich geladen, behaupten aber jetzt unsere einstigen Kriegsgegner.

Obwohl immer wieder von Flüchtenden von jenseits der Neiße berichtet wird, wehre ich mich zu glauben, daß deutsche Frauen, deutsche Mädchen, deutsche Greisinnen zu Hunderttausenden von Rotarmisten vergewaltigt worden sind.

Unschuldige Säuglinge wurden und werden erschlagen, oder sie verhungerten jämmerlich. Unsere schlesischen Landsleute drüben, die dort geblieben sind, werden täglich gedemütigt, geschlagen und beraubt. Aus ihren eigenen Häusern und Wohnungen werden sie vertrieben, viele müssen verhungern, weil sie keinerlei Lebensmittelrationen bekommen.

Unwillkürlich erinnere ich mich an die Schulstunde, wo wir über Dantes Inferno sprachen. Aber vor allen Dingen martert mich die Überlegung, die jetzt offiziell überall zu hören ist, daß die Guten uns Böse besiegt haben.

Wir, die Deutschen, sollen die Inkarnation des Bösen sein. Die, die uns besiegt haben, sollen das Gute und das Edle verkörpern. In den letzten Jahren hatte man uns täglich beigebracht und damit auch unseren Widerstand gefestigt, daß uns, wenn wir uns nicht wehren und wir es nicht fertigbringen, uns zu verteidigen, unsägliches Leid, Sklaverei und Untergang beschieden sein werden.

Hatten nicht Millionen von Deutschen und mit uns verbündete Soldaten ungeheure Strapazen auf sich genommen, und hatten nicht Millionen ihr Leben dafür hingegeben, daß wir vor diesem Schicksal bewahrt werden? Wir erleben jetzt, daß täglich unsere Mütter und unsere Mitmenschen bedroht werden und wir machtlos zusehen müssen. Haben wir nicht eine moralische Verpflichtung, irgend etwas zu tun? Haben wir nicht unseren Mitbürgern zu zeigen, daß es noch andere gibt, die Mut haben und die sich auch im Untergang noch wehren wollen? Ist es nicht möglich, ihnen irgendwie zu zeigen, daß wir noch nicht zerbrochen sind? Irgendwie bedrückt mich ein furchtbar schlechtes Gewissen. Es hat doch ähnliche Situationen in der Geschichte gegeben. Ich denke wieder an unseren Dorfschulzen Daniel Flechs, der 1813 gegen die Franzosen aufgestanden ist und es leider mit seinem Leben bezahlen mußte.

Ich erschrecke, irgend etwas bewegt sich hinter einem Busch. Ich werfe mich platt auf den Boden. Nur nicht erwischen lassen! Genau beobachte ich, wie unter dem herbstlichen Gebüsch, zu meiner Erleichterung, nur ein dürrer, klappriger und humpelnder Hund vorsichtig hervortritt. Sein zerzaustes bräunliches Fell zeigt, daß auch er schon lange herumgeirrt ist und vielleicht streunend jetzt seinen Herrn und Hof sucht. Plötzlich stellt er die Ohren auf und hinkt, so schnell es ihm möglich ist, wieder in das bunte Wäldchen eintauchend davon. Ich höre brummendes Motorengeräusch. Es wird langsam stärker und von lachendem und johlendem Gesang unterbrochen. Es ist offensichtlich ein Patrouillenfahrzeug der Russen, und mein Herz schlägt unwillkürlich schneller. Nur nicht sich sehen lassen, und nach den mir beim Jungvolk beigebrachten Regeln: „Wie verhalte ich mich im Gelände?“ erinnere ich mich: „Sicht geht vor Deckung.“ Und so postiere ich mich so, daß ich das Fahrzeug gut sehen kann und man mich trotzdem nicht entdecken wird. Hoffentlich!

Meine Befürchtungen legen sich schnell. Diese fünf jungen, in ihren braunen Uniformen als Angehörige der Roten Armee zu erkennenden sowjetischen Soldaten scheinen voll von Lebensfreude zu sein. Immer wieder schießen sie in die Luft oder auch einfach in die Gegend und lachen, singen und johlen. Ich sehe, wie sie offensichtlich eine in der untergehenden Sonne glitzernde Flasche herumreichen. Wodka, es wird sicherlich Wodka sein.

Ein eigenartiger Gedanke überfällt mich: Sollte ich nicht einfach aufstehen und ihnen zurufen, auf sie zulaufen und mit ihnen freundlich reden? Laßt uns doch friedlich miteinander leben, laßt uns gemeinsam Freude erleben, macht doch diesem Terrorregime endlich ein Ende, gebt auch uns unser Lebensrecht wieder! Aber ich erinnere mich, sicherlich nicht zufällig, wie unser Lehrer uns den Begriff Utopie erklärt hat, und ich weiß, warum mir in dieser Situation gerade dieses Wort ins Gedächtnis tritt. Wenn sie dich hier antreffen, werden sie dich gleich erschießen. Selbst wenn der einfache russische Soldat vielleicht sogar gern menschlich mit mir umgehen wollte, würden seine vorgesetzten Offiziere das nie zulassen. Sie würden vielleicht sogar bestraft, wenn sie mit mir, einem Deutschen, fraternisieren würden.

Aber wenn das alles so ist, so ist es doch feige und unwürdig, ja unmoralisch, so zu tun, als wäre alles in bester Ordnung, als gäbe es nichts zu verändern.

Edel sei der Mensch,
Hilfreich und gut!
Denn das allein
Unterscheidet ihn
Von allen Wesen,
Die wir kennen.

Diesen Spruch aus Goethes Gedicht „Das Göttliche“ hatte uns unser Lehrer mit Nachdruck beigebracht. Meine Mutter hatte es noch deutlich unterstrichen und den Lehrer gelobt, wie gut er doch für unsere Erziehung und unser Leben sei.

Doch was kann ich in dieser Situation, in die wir jetzt alle geraten sind, mit so einem Spruch anfangen? Eine Gebrauchsanweisung für solche Extremsituationen hatte man vergessen, uns mitzugeben.

Tugendhaft sollen wir uns bemühen zu leben, das lehrten und lehren uns die Erwachsenen beharrlich.

Ehrlichkeit, Fleiß, Bescheidenheit, Selbstbeherrschung, Leistungswille, Mut, Hilfsbereitschaft, Kameradschaftlichkeit, Gemeinschaftssinn.

Welche dieser so hoch gelobten Tugenden helfen mir jetzt? Was kann ich hier und heute mit ihnen anfangen? Nichts!

Bekämpfen soll man stets das Böse, aber wie? Und vor allem, wer ist letztlich nach diesem verlorenen Krieg und in dieser schweren Nachkriegszeit für das Schlimme und Böse verantwortlich zu machen? Die uns anerzogene Werteskala ist ins Wanken geraten. Oder ist sie gar zerbrochen?

Wir – meine Freunde und ich – müssen uns etwas einfallen lassen. Es gibt genügend andere Beispiele, von denen wir im Geschichtsunterricht gehört haben, was man in solch besonderer Situation tun kann: Andreas Hofer, Lützows Freikorps oder Wilhelm Tell usw.

Noch vieles bewegt mich. Ich brauche Freunde, gute Freunde, die auch so denken wie ich. Ich brauche Freunde, die so handeln möchten wie ich, und ich brauche tapfere Freunde, die Risiken und Gefahren nicht scheuen, sondern mutig sind. Und waren es nicht gerade die Partisanen auf dem Balkan und vor allem auch in Rußland, die unseren Soldaten das Leben so unendlich schwer gemacht hatten? Sind wir jetzt nicht in derselben Situation wie damals die Russen und die Jugoslawen, die tapfer ihrem Volk und ihrem Vaterland in der Zeit der Not als Partisanen beistanden?

Unsere schöne Neiße, deren friedliches Flußbett mir heute traurig erscheint, als wäre es mit Tränen gefüllt, spiegelt die herbstlichen und wärmenden Sonnenstrahlen wieder. Wird es nochmals ein lebenswertes Leben für uns geben?

Ich liege noch immer auf dem modrig riechenden Waldboden, kaue an einem halbverdorrten Grashalm und sehe mit wehmütigem Herzen über den langsam dahinfließenden Fluß hinüber in unser jetzt so geschundenes Schlesierland. Meine tristen Gedanken wandern noch einmal Monate zurück.

Gab es doch in den letzten furchtbaren Kriegsmonaten die unendlichen Flüchtlingstrecks. Millionen von deutschen Frauen mit ihren unschuldigen Kindern und alten, z. T. gebrechlichen Verwandten hatten nur ein Ziel: nach Westen, um nicht den Rotarmisten in die Hände zu fallen.

All die grausamen Ankündigungen, was passieren würde, wenn die Rote Armee deutschen Boden erobert, hatten sich leider nur zu deutlich bewahrheitet.

Mitte Januar hatte die infernalische Großoffensive der sowjetischen Armeen über die Weichsel begonnen. Breslau, die wunderschöne Hauptstadt Schlesiens, und auch das ehrwürdige Königsberg waren eingeschlossene Festungen.

In den Winter- und Frühlingsmonaten, anfangs vor Kälte klirrend, und dann noch im wärmenden Frühling waren all die vielen Straßen von Ost nach West vollgestopft mit Menschen, Tieren, Pferdewagen, Autos und Soldaten. Viele zogen mühselig ihre kleine übriggebliebene Habe auf einem kleinen, wackligen Handwagen hinter sich her oder schoben sie in Kinderwagen. Einzelne hatten es leichter, weil sie vielleicht noch ein Fahrrad besaßen. Beneidet wurden die, die weit mehr Habe auf einem Pferdefuhrwerk nach Westen transportieren konnten. Es war eine Völkerwanderung von Millionen. Abertausende waren dabei umgekommen, erfroren, erschossen oder vor Erschöpfung einfach tot umgefallen.

Eine schizophrene Situation. Man flüchtet vor einem Feind, um möglichst schnell in den Einflußbereich des anderen Feindes zu gelangen.

Hätte es sich doch wirklich bloß um übertriebene Kriegspropaganda gehandelt! Aber es ist grausame Wahrheit geworden, daß der, der dem sowjetischen Soldaten in die Hände fällt, damit rechnen muß, auch als Zivilist mißhandelt zu werden.

Aber das Allerschlimmste ist für mich als 16jährigen Jungen all das, was man erlebt und von so vielen Augenzeugen hört: die bestialischen Vergewaltigungen von Frauen, jungen Mädchen und Greisinnen. Allein daß Soldaten eines Volkes, eines politischen Systems hunderttausendfach Vergewaltigungen mit Wissen und Duldung ihrer Vorgesetzten begehen können, ist für mich Grund genug, diese wilden Okkupanten als das personifizierte Böse und Unmenschliche anzusehen. Und gegen so jemanden muß man sich stellen, und sei es noch so aussichtslos.

Mütter opferten sich, um ihre jungen Töchter vor Vergewaltigungen zu schützen, leider oft vergeblich. Meist sind es mehrere sogenannte Soldaten, die eine Frau nacheinander schänden. Die anderen sehen zu und amüsieren sich. Nicht selten kommt es vor, daß die Angehörigen gezwungen werden, widerliche Schändungen mit anzusehen. Wirft sich jemand aus Verzweiflung dazwischen, wird er kurzerhand niedergeschossen. Vermutet man, daß eine Frau geschlechtskrank ist, wird sie ebenfalls durch einen oder mehrere Schüsse ermordet. Selbstverständlich macht man auch vor Ordensfrauen nicht Halt. Nein, so was ist für diese Bestien noch etwas Besonderes.

Auch vor Schwangeren und Wöchnerinnen wird nicht haltgemacht.

Es ist nur zu verständlich, daß viele Menschen sich lieber selbst umgebracht haben, um nicht in die Hände dieser wütenden Soldateska zu fallen. Das geschah tausendfach. Sie alle waren lieber aus dem Leben gegangen, als all die widerlichen Grausamkeiten, Erniedrigungen und Drangsale zu erleben.

Stalin, oberster Kriegsherr dieser Armee, geliebter und einziger Führer der glorreichen Sowjetunion, erster Verfechter der Utopien der kommunistischen Weltanschauung und oberster Herr der Arbeiter und Bauern, hatte selbst Plünderungs- und Vergewaltigungsfreiheit für seine Soldaten gegeben. Ein Vertrauter Stalins hatte die Losung, häufig vervielfältigt, herausgegeben: „Wenn du einen Deutschen getötet hast, bring den nächsten um, es gibt nichts Schöneres als deutsche Leichen!"

Auch hatte er ein Flugblatt an alle Soldaten der Roten Armee ausgeben lassen mit dem von ihm verfaßten Aufruf: „Tötet! Tötet! Es gibt nichts, was an den Deutschen unschuldig ist, die Lebenden nicht und die Ungeborenen nicht. Folgt der Weisung des Genossen Stalin und zerstampft für immer das faschistische Tier in seiner Höhle. Brecht mit Gewalt den Rassenhochmut der germanischen Frauen! Nehmt sie als rechtmäßige Beute!"

Für diesen Aufruf zum Völkermord und zur Vergewaltigung wurde er mit Orden ausgezeichnet.

Es gibt keinen größeren Gegensatz. Wie hatte man uns doch zu bewundernder Ehrfurcht gegenüber Frauen und Müttern erzogen. Alle Autoritäten waren hier im Gleichklang zu uns Jugendlichen gewesen, Schule, Elternhaus, das öffentliche Leben usw. Die Frauen hatte man zu achten und zu ehren. Ihr tätiges Wirken war die Voraussetzung, daß die Volksgemeinschaft überhaupt leben konnte. Sie spendeten Leben, das Kostbarste, was es gab, und sie pflegten es auch. Natürlich mußte man ihnen helfend zur Seite stehen und sie beschützen. Der äußerliche Ausdruck für ihre Wertschätzung war nicht nur der Muttertag im Mai. Es war selbstverständlich, daß man ihnen in öffentlichen Verkehrsmittel seinen Sitzplatz anbot oder daß man ihnen schwere Lasten abnahm. Die deutsche Mutter wurde besonders geehrt, wenn sie vier oder mehr Kinder geboren hatte. Diese grundsätzliche ehrenhafte Einschätzung des Weiblichen hatte uns pubertierende Jungen auch zu großer Zurückhaltung gegenüber unseren gleichaltrigen Mädchen veranlaßt, was uns selbstverständlich oft sehr schwer fiel.

All die Tragik dieser undenkbaren Vorkommnisse des Jahres 1945 bewegt mich tief. Ich verstehe die Welt nicht mehr. Warum unterstützten unsere Gegner aus dem Westen dieses sowjetische Regime und gaben ihm unzählige Waffen und sonstiges Kriegsmaterial? Warum fraternisieren sie mit Stalin? Wird die Welt nun untergehen?

Das, was wir in der Schule über Dantes Inferno gehört hatten, wird wieder wach. Vor über 600 Jahren erdacht und geschrieben. Sollte es jetzt wahr werden?

„Vae victis!"

10

Das Gewehr

Der Herbst ist in diesem Jahr 1945 bunter, als es der Frühling war. Walter Hamann und ich wandern an einem herrlichen Tag durch die Wiesen und Wälder unseres schönen Kämpfen- und Steinbergs. Was war das doch für ein schlimmes Jahr bisher! Sieben Dorfbewohner waren verschleppt worden, keiner weiß wohin. Ob sie überhaupt noch leben?

Der Besitzer unseres großen Rittergutes, Herr von Heynitz, ein unpolitischer, hochanständiger Herr, wurde ebenfalls auf Nimmerwiedersehen abgeholt. Warum? Weil er Großgrundbesitzer und damit ein Junker ist?

Nie hat er einem Menschen etwas Böses getan. Nichts, aber auch gar nichts hatte er mit der NSDAP im Sinn gehabt.

Vielen hatte er Arbeit gegeben und seine Leute immer gut behandelt. Von den sowjetischen Besatzern kannte ihn natürlich keiner. Also muß auch er von irgendeinem niederträchtigen Kollaborateur, der sich bei der Besatzungsmacht unterwürfig beliebt machen wollte, denunziert worden sein.

Ein ganz fanatischer Kommunist unseres Dorfes, jetzt in verantwortlicher Position, fordert sogar, daß das Schloß unseres Ritterguts niedergebrannt werden müsse, weil es ein Symbol der Junker und Barone sei. Gott sei Dank gelingt es einigen vernünftigen Sozialdemokraten, ihn von dieser wahnwitzigen Idee abzubringen.

Verhaftet, eingekerkert, umgebracht, weil er ein Rittergut besaß, das er von seinen Vorfahren geerbt hatte. Ein weiteres schreckliches Beispiel für die neue, angeblich gerechtere und bessere Zeit. Man spricht jetzt auch davon, daß vor und im Krieg Menschen in KZs unter quälenden Bedingungen eingesperrt worden waren. Aber was kann man den neuen Herrschern glauben? Aus unserem Dorf jedenfalls war in den vergangenen zwölf Jahren keiner in ein KZ gekommen.

Wir sprechen über den Bauern, der sich gegen die Polen gewehrt hatte, als sie seinen Ochsen konfiszieren wollten, und den sie rücksichtslos erschossen haben. Voller verständnisloser Niedergeschlagenheit denken wir an die vielen Vergewaltigungen und Plünderungen.

„Denkst du noch an die beiden 15jährigen Mädchen?“ frage ich Walter. Er weiß, was ich meine.

Aus einem Eisenbahnwagen hatten Polen die beiden Mädchen herausgezerrt, um sich an ihnen zu vergehen. Die Mädchen waren so alt wie wir. Die Eltern wollten das verhindern und traten dazwischen. Daraufhin erschoß man kurzerhand die beiden blutjungen Kinder. Die Eltern nahmen einen Spaten und begruben sie.

Den im Wehrmachtsdienst stehenden jungen Frauen, sogenannten Nachrichtenhelferinnen, hatten die Tschechen ein Hakenkreuz auf die Stirn gebrannt.

Mitte Juni hatte die Vertreibung der deutschen Bevölkerung aus dem Sudetenland begonnen. Die unglaublichsten Folterungen wurden begangen. Viele unserer Landsleute wurden erschlagen und in die Elbe gestoßen. Kinder wurden gemordet. 3,25 Millionen Menschen werden aus ihrer angestammten Heimat vertrieben. 200.000 bis 250.000 sollen dabei umgekommen sein.

Unser liebliches und so naturschönes Oberlausitzerland war weitgehend vom Krieg verschont geblieben. Um so härter werden wir jetzt vom Schicksal getroffen. Im Süden, wenige Kilometer von unserem Dorf, ist die neue tschechische Grenze, eine Grenze ungezählter Grausamkeiten, die an der deutschen Bevölkerung verübt werden. Acht Kilometer ist es von uns bis zur Neiße, der neuen Grenze zu Polen. Menschen werden nicht nur geschlagen, sondern auch erschlagen. Abertausende warten diesseits des Flusses, um wieder in ihre angestammte Heimat zurückzukehren. Im Mai diesen Jahres war die Einwohnerzahl von Görlitz auf 30.000 abgesunken. Jetzt im Herbst sind nach diesen wenigen Monaten wieder über 80.000 Menschen hier. Wir leben hoffnungslos in der Hölle.

Unsere Väter und Brüder waren durch die Wehrpflicht gesetzlich gezwungen worden, Soldat zu werden und in den Krieg zu ziehen, wie das auch bei unseren Feinden der Fall war. Wer sich in Deutschland weigerte, mußte um sein Leben fürchten, zumindest mit Kerker rechnen, und er wurde aus der Volksgemeinschaft ausgestoßen.

Ein Teil der Einberufenen war begeistert. Viele taten das, was sie mußten, und weil sie glaubten, ihre Pflicht erfüllen zu müssen. Der anfängliche Elan der Begeisterten, durch Siege zusätzlich motiviert, war in den langen Jahren des Krieges erlahmt oder ganz verschwunden. Die Erkenntnis der Sinnlosigkeit des mörderischen Kampfes verbreitete sich immer mehr. An der Ostfront flackerte deutlich der Kampfeswille am Ende des Krieges noch einmal auf. Unsere Soldaten kämpften verbissen. Sie wollten ihre Heimat, ihre Angehörigen vor den schrecklichen Grausamkeiten der Roten Armee schützen. Für den Führer und obersten Kriegsherrn war wohl kaum noch einer bereit, auch nur noch einen Schuß abzufeuern. Millionen sind noch in sowjetischer Gefangenschaft. Millionen werden dort noch sterben.

In unserem einst so lieblichen Dorf, idyllisch eingebettet zwischen bewaldeten Bergen, gibt es nur noch Frauen, Kinder und alte Menschen. Viele Männer sind gefallen oder für immer vermißt, 105 Soldaten allein aus dem kleinen Königshain.

Viele sind noch in Kriegsgefangenschaft. Wir Jungen mit 15, 16 und 17 Jahren werden in die Beschützerrolle gedrängt.

Plötzlich stehen wir, Walter und ich, vor dem Gedenkstein des Dorfschulzen Daniel Flechs. Er war 1813, als die Franzosen unser Dorf plünderten und brandschatzten, der Soldatenschar entgegengetreten, um sein Dorf und die ihm anvertrauten Menschen und das Vieh zu schützen. Kaltblütig hatte man ihn niedergeschossen. War die Situation jetzt nicht viel schlimmer?

Wir beide schauen uns tief in die Augen, während wir über ihn, den Helden von damals, sprechen. Dann liest Walter laut und langsam die in Stein gemeißelte Inschrift auf der Vorder- und Rückseite des Gedenksteins.

„Daniel Flechs, Richter und Bauer zu Königshain, welcher an dieser Stelle den 24. August 1813, mittags ein Uhr von französischen Soldaten durchs Herz geschossen, daß er tot zur Erde fiel. Indem er im Drang von Menschenliebe und Amtstreue bemüht war, die in der Nachbarschaft geraubten Pferde für die Eigentümer bittlich für Geld einzulösen. Seines Alters 54 Jahre, 10 Monate und 12 Tage."

Und auf der Rückseite: „Hiesige Dorfgemeinde, um welche er sich in dieser Angst- und Schreckenszeit Verdienste erworben hatte, in Sonderheit seine Witwe und sechs Kinder, wurden durch diesen Todesfall in diese schreckliche Lage versetzt. Diesem mutigen Manne zum ehrenden Andenken wurde durch diese Gemeinde dieser Gedenkstein errichtet."

Sollen wir jetzt tatenlos zusehen? Wir beide schwören einen heiligen Eid, in seinem Geist für unser Dorf das zu tun, was möglich ist.

Aber was ist möglich?

Irgend etwas Grundsätzliches können wir nicht tun, da es eventuelle Repressalien auslösen könnte. Aber wir müssen den Menschen in unserem Dorf irgendwie zeigen, daß es noch jemanden gibt, der keine Angst hat und der sich nicht unterwerfen lassen will. Ja, wir werden uns einig, daß wir in irgendeiner Form zeigen müssen, für alle deutlich sichtbar, daß der Widerstand lebt und daß wir Hoffnung haben. Vorbereitungen auf neue Situationen müssen getroffen werden.

„Hast du schon gehört", fragt mich Walter, „daß Kriegsvorbereitungen laufen? Die Westmächte wollen gegen die Sowjets antreten. Churchill hat gesagt: ‚Wir haben das falsche Schwein geschlachtet!'

Obwohl Krieg so furchtbar ist, hoffen wir, daß das wahr wird. Eine andere Chance, aus dieser Hölle herauszukommen, haben wir nicht. Obwohl die Westmächte unsere Städte zerbombt haben, hoffen fast alle Bewohner unseres Dorfes nun auf eine Befreiung durch sie.

Glaubt doch jeder, daß unter westlicher Zivilisation und Menschlichkeit ein gerechteres und geordneteres Leben auch in dem besiegten Deutschland wieder möglich sein könnte.

Wir gehen weiter. Plötzlich stolpere ich. Ein Gewehr liegt unter Laub und Ästen, sicherlich von einem Soldaten in den letzten Kriegstagen weggeworfen.

„Das ist ein Wink des Schicksals", sage ich zu Walter, „wir müssen Waffen sammeln und sie verstecken."

Allmählich legt sich die Dämmerung über das scheinbar friedliche Dorf. Der zunehmende Mond, halb voll, taucht am Horizont auf, und die ersten Sterne funkeln am Himmel. Der heutige Tag, das heutige Gespräch klingen in mir nach.

Meine Mutter bereichert das sonst so kärgliche Abendbrot mit einem köstlichen Pilzmahl. Steinpilze und Maronen hat sie heute im Wald gefunden.

„Du weißt doch, Wolfgang, daß noch Waffen im Wald herumliegen. Laß die Dinger ja dort wo, sie liegen, sonst kommt ihr in Teufels Küche."

Ich nicke zustimmend, sage aber kein Wort.

Plötzlich hören wir Schüsse und Geschrei. Ich stürze ans offene Schlafzimmerfenster. Vor mir liegt im Tal das Dorf. Wenige Fenster sind erleuchtet, doch der ruhig aufsteigende Mond erhellt die Landschaft. Irgendwo im Dorf hört man Schreie und immer wieder Schüsse. Am liebsten würde ich dorthin laufen, wo ich heute den Karabiner unter dem Laub vergraben habe, und damit die randalierenden und plündernden Rotarmisten – drei, vier oder fünf –, die in diesen Minuten wieder eine Familie unglücklich machen, indem sie ihnen das letzte Hab und Gut rauben und wahrscheinlich wieder junge Mädchen oder Frauen vergewaltigen, mit dem Karabiner bedrohen und verjagen. Dieser Schreck dauert etwa eine halbe oder dreiviertel Stunde an, dann heult der Motor eines Lkws auf. Johlend und schießend fahren sie schnell davon.

Immer wieder sind es kleine Gruppen von einer Handvoll sowjetischer Soldaten, die diese Überfälle in brutalster Weise ausführen. Das unendlich Schlimme daran ist unsere Ohnmacht. In solchen Situationen kann man weder helfen noch sonst irgend etwas tun. Sich zu beschweren, wäre sinnlos und unter Umständen sogar lebensgefährlich, denn wir sollen ja unseren Befreiern dankbar sein.

Dürfen und müssen wir das alles lethargisch über uns ergehen lassen? Wann endlich werden die Angloamerikaner uns von dem kommunistischen, stalinistischen, bolschewistischen Regime befreien? Jetzt haben sie doch die Superbombe. Und wenn selbst die uns befreundeten Japaner so kurze Zeit nach dem grausamen Abwurf der beiden Bomben kapitulierten, so ist doch auch mit Sicherheit die Rote Armee zu besiegen.

11

Schneesturm

Heute ist ein eiskalter Wintertag im Januar 1946. Es liegt viel Schnee, und tänzelnd fallen viele kleine Schneeflocken. Irgendwo gibt die tiefe Schneedecke, in die die weiße Landschaft gehüllt ist, ein beruhigendes Gefühl der größeren Sicherheit. Das friedliche Dorf schläft.

Doch in zwei Monaten erwacht die Natur wieder, die jetzt unter der kalten, jedoch das Erdreich schützenden weißen Pracht liegt. Die Sonne wird Eis und Schnee vertreiben. Doch wer wird die zerstörenden Fremdlinge verjagen?

Was kann man tun, was kann ich tun? Darben und sterben nicht noch Zehntausende von unseren Soldaten in den unmenschlichen Gefangenenlagern der Sowjets?

Und ich sitze tatenlos herum und freue mich, ein warmes Zuhause zu haben. Mein schlechtes Gewissen bedrückt mich. Ich greife zu unserem in schwarzes Leder gebundenen Meyer's Konversationslexikon.

Befreiungskriege, Lützows verwegene Jagd, Partisanen, Widerstand, Thermopylen, alles Stichworte, die mein Gewissen mehr und mehr belasten und die mir beim Lesen jede Ausrede, wie Ohnmacht, Hilflosigkeit, Abwarten, nicht meine Sache, nehmen. Jede Zerstörung, jede Okkupation ist einmal zu Ende gegangen, und so wird auch diese ein Ende finden. Doch wann? Wie kann man diese schreckliche Zeit schneller vertreiben, beenden?

Als der Abend früh herandämmert, ist Sturm aufgekommen. Wolkenfetzen jagen sich am Himmel, und der fast volle Mond erhellt das Weiß des funkelnden Schnees. Jeder kriecht jetzt gerne unter die wärmende Bettdecke, doch die Unruhe treibt mich hinaus. Meine Mutter hat oft den typischen Blick für diese Situation. Sie verrät ihre Ahnungen mit dem kurzen Satz: „Mach bitte keine Dummheiten!"

Unser gefundenes Gewehr mit der dazugehörigen Munition habe ich in dem schwarz geteerten Schuppen hinter unserem Haus versteckt. Hinter großen Holzscheiten hole ich nun das kalte Schießeisen hervor. Nie haben wir bisher geschossen. Geht das Ding eigentlich? Bevor ich den Schuppen verlasse, schaue ich vorsichtig aus der Türöffnung. Irgend etwas klappert. Plötzlich ist es wieder taghell. Der tosende Sturm hat eine große Wolke verjagt, und der Vollmond steht stumm.

Ich erschrecke vor einem sich hin und her bewegenden Schatten eines Baumes. Ist da jemand? Doch als ich in den weichen Schnee hinaustrete, erfüllt mich ein Gefühl der Sicherheit. Bei diesem Wetter ist keiner der Bösen unterwegs. Verkrochen haben sie sich in die Häuser, die sie nicht gebaut haben und aus denen sie ihre Eigentümer unrechtmäßig vertrieben haben. Der eisige Sturm fegt mir ins Gesicht. Der Gewehrlauf blinkt im fahlen Licht des Mondes. Doch ich stapfe mit immer größerer Freude durch den Schnee. Es kommt mir vor, als ob mir die sich am Himmel jagenden Wolken zurufen wollten: „Komm mit uns, wir fliegen in eine bessere Welt!“

Ich lache ihnen froh und frech entgegen. Hier ist mein Zuhause, hier ist mein Dorf, hier ist meine Heimat, mein Vaterland.

Am Rande der verwilderten Fichtenhecke, die unser großes Grundstück süd- und ostseitig einzäunt, hat der Sturm eine große Schneewehe hingezaubert, gleich einem Wall gegen das uns Bedrohende. Ich werfe mich in den Schnee, lade das Gewehr und schieße – einmal, zweimal, dreimal – gegen den hellen, im Mondlicht liegenden Bahndamm, über den in friedvollen Jahren täglich vier- bis fünfmal unsere Kleinbahn, „der Zug“ mit seiner schwarzen Dampflokomotive, gerattert ist. Die peitschenden Schüsse umhüllt der Sturm und trägt sie mit sich fort. Das kann niemand gehört haben.

Abenteuerlust, gepaart mit Stolz und Zufriedenheit, erfüllen mich. Wer hat schon soviel Mut, Waffen zu besitzen und auch noch zu schießen, obwohl die feindlichen Soldaten in unserem Dorf, in unserem Land sind?

Eigentlich habe ich Lust weiterzuschießen. Ich spüre weder die Kälte noch den eisigen Wind. Wir haben kaum Munition. Mit den wenigen Patronen muß sparsam umgegangen werden. Wir werden sie für wichtige Vorhaben vielleicht nötig brauchen.

Langsam gehe ich ohne jede Angst und Vorsicht stolz erhobenen Hauptes zurück und verstecke das verbotene Werkzeug. Gedanken darüber, was jetzt meine Pflicht ist, lassen mich lange nicht einschlafen. Was ist das Gute? Was ist meine Aufgabe?

Immer wieder beschäftigen mich dieselben Fragen.

Schließlich sinke ich in einen tiefen Schlaf und träume von blühenden Kirschbäumen, die weiß wie Schnee sind, da sie mehr Blüten als Blätter tragen.

12

Herbst 1946

Es hat einige Tage geregnet, jetzt scheint die warme Herbstsonne. Sie hat die Wälder, die unser Dorf und das Tal einsäumen, prächtig und bunt gefärbt.

Auf dem Dittberner Blick, der sich nicht weit von unserem Haus am Berg Hochstein befindet, wollen wir, eine Handvoll Freunde, uns treffen und uns wie einst am Lagerfeuer erfreuen.

Nach und nach treffen meine Freunde am vorgeschlagenen Ort ein. Wir sammeln Holz und entfachen ein kleines Feuer. Aber wir wollen vorsichtig sein und keinesfalls durch dieses Feuer die Aufmerksamkeit auf uns lenken.

Es ist ein wetterschöner, warmer Abend. Ein leichter Wind wiegt sanft die Baumkronen, und der dunkle Wald singt und rauscht mit tiefer Stimme. Unser kleines Feuer prasselt lustig, und wie tanzende Glühwürmchen springen immer wieder schnell verlöschende kleine Funken in den sternenklaren Himmel.

Wir sechs Jungen sitzen gutgelaunt und lustig um die brennenden Äste. Wir lachen viel. Mädchen und Schule sind unsere Hauptthemen.

Der eine behauptet, daß der und jene ein Liebesverhältnis miteinander hätten. Zwei uns befreundete Jungen hätten sich wegen der schönen Anneliese geschlagen, und Herbert sei unter die Raucher gegangen, was von uns aber nicht gutgeheißen wird.

Gesungen wie einst, als wir noch in unseren Uniformen um große Feuer saßen, wird nicht. Wir wollen ja auch nicht entdeckt werden, denn das könnte uns große Unannehmlichkeiten bringen.

Wie so oft sprechen wir auch heute davon, wie die Situation in unserem Dorf, in unserer Heimat ist. Wir überlegen, was wir tun können, und spekulieren darüber, was wohl noch alles kommen wird. Ein Hauch von Romantik und Abenteuerlust wird bei uns 15- bis17jährigen wach.

Wann war unsere Heimat das letzte Mal eigentlich durch fremde Armeen besetzt? Natürlich hatten wir gelernt, daß es während der Napoleonischen Kriege war, und wir ziehen Vergleiche zu heute. Die Befreiungskriege und die Helden von damals werden in unseren Köpfen lebendig. Und hatte nicht in jener stürmischen Zeit des selbstbewußt werdenden Erwachens auch Hoffmann von Fallersleben das Lied der Deutschen gedichtet:

„Deutsche Frauen, deutsche Treue,

deutscher Wein und deutscher Sang
sollen in der Welt behalten
ihren alten schönen Klang,
uns zu edler Tat begeistern
unser ganzes Leben lang.“

Auch Napoleon, der einst fast ganz Europa erobert hatte, war eines Tages gescheitert und wurde geschlagen. So sprechen wir viel von der Hoffnung, daß auch die uns jetzt beherrschenden Sowjets wieder nach Osten zurückgedrängt werden, und hoffen dabei immer wieder auf die Hilfe der Westmächte. Vereinzelt zurückgekehrte Kriegsgefangene, gerade auch aus dem Westen, haben erzählt, daß man unmittelbar nach dem Krieg unseren Landsern schon dort gesagt hatte: „Wir marschieren gemeinsam, um die Sowjets und damit den Stalinismus aus Europa zu vertreiben.“

Unser Freund Werner Lätsch erzählt spannend. Er war noch Soldat geworden, in Gefangenschaft zu den Engländern gekommen und jetzt zurückgekehrt. Endlich hören wir Genaueres von einem Augenzeugen aus dem Westen.

In jenen Tagen, vor über 130 Jahren, war es der Held unseres Dorfes, Daniel Flechs, gewesen, der den Franzosen mutig entgegengetreten war. Er war wehrlos gewesen, und das war Grund genug für uns, wehrhafter sein zu wollen. Sollte es zum neuen Krieg kommen, dann wären wir völlig macht- und hilflos ohne irgendwelche Waffen. Und jener Zeit gedenkend, entspinnt sich eine lebhafte Diskussion. Sollen wir uns nicht eine Fahne anschaffen, die das Symbol unserer Verbundenheit darstellen würde? Und da doch unser Verhalten durchaus gefährlich sei und wir uns unbedingt vor jeglichem Verrat schützen müssen, hätte doch jeder auf diese Fahne zu schwören.

Ich habe in unserem großen ledergebundenen Konversationslexikon nachgeblättert und auch das angestrichen, was mir persönlich als das Sinnvollste erscheint. Es ist die Fahne der Burschenschaften aus jenen Tagen der Befreiungskriege um 1813. Es sind die Farben Schwarz-Rot-Gold. Dieser Vorschlag findet allgemeine Zustimmung, und jeder von uns wird verpflichtet, doch zu Hause nachzusehen, ob wir irgendwo Stoffreste finden würden, die unser Vorhaben ermöglichen könnten.

Wir sprechen auch über die Zweifel, die uns immer deutlicher werden. Warum hatten die Achsenmächte, als sie außer England fast ganz Europa erobert hatten, nicht auf diplomatischem Wege versucht, den Frieden wiederherzustellen? Warum hatte man uns bis zuletzt den sicheren Endsieg vorgegaukelt?

Für Führer, Volk und Vaterland waren Millionen deutsche Soldaten gefallen, und täglich hatte man diesen Spruch in den Todesanzeigen unserer Zeitungen gelesen.

Den Führer gibt es nicht mehr, das Vaterland ist besiegt und geteilt, und das Volk lebt in Knechtschaft. Es ist in drei Teile gespalten. Die einen, die den alten Idealen unverändert und treu nachhängen. Dann die große Masse derer, die sich vollkommen passiv verhalten und nicht Farbe bekennen wollen. Und die neue Klasse, die sich mit dem ehemaligen Feind und dem Kommunismus verbündet und jetzt verkündet, daß sie das Paradies auf Erden und Gerechtigkeit bringen wird, ist für uns absolut unglaubwürdig.

Zweifel kommen uns, ob es richtig ist, uns zur ersten Gruppe zugehörig zu fühlen. Tatenlos zu den Indifferenten gehören wollen wir bestimmt nicht. Aber noch viel sicherer sind wir, alles zu tun, um uns dem Kommunismus und der stalinistischen Sowjetdiktatur entgegenzustellen. Schließlich hatten unsere Soldaten an der Ostfront das ja auch als Sinn ihres Einsatzes gesehen und ihr Leben und ihre Gesundheit dafür in die Schanze geworfen. Und denjenigen, die uns so grausam und rechtlos behandeln, denen können nur Duckmäuser, Feiglinge und Dumme Beifall klatschen.

Wenn man jetzt hört, daß die Preußenkönige machtgierige Kriegsverbrecher gewesen seien, wenn unsere Soldaten nur Mörder genannt werden, während die anderen, die uns bekämpften, die guten Helden darstellten, dann wissen wir noch genauer, was wir von der neuen Zeit zu halten haben. Oder wenn man uns erzählt, daß Wagner mit seiner Musik den deutschen Chauvinismus mit geschaffen hätte oder die Romantik den Boden für die vergangenen 12 bis 13 Jahre geschaffen hätte, fällt es uns nicht schwer, uns gegen ein solches Regime zu stellen.

All das, was man jetzt auch von offizieller Seite über die KZs erzählt, halten wir für verlogene Propaganda.

Der Beweis, daß gelogen wird, sehen wir auch in der Darstellung über Katyn. Die 14.000 oder 20.000 polnischen Offiziere und Intelligenzler sollen jetzt auf einmal von den Deutschen durch Genickschuß umgebracht worden sein. Hatte man nicht damals, als man die Massengräber gefunden hatte, von der deutschen Reichsregierung aus neutrale Beobachter aus der Schweiz und Schweden geholt?

Hatten diese nicht auch eindeutig Stellung bezogen und in der ganzen Welt verkündet, daß es die sowjetische Geheimpolizei war, die sie umgebracht hat?. An allem sollen auf einmal wir Deutschen schuld sein.

All die Verbrechen gegen die Menschlichkeit, die während des Krieges begangen worden sind, werden uns angelastet.

Instinktiv sind wir alle felsenfest davon überzeugt, daß man lügt und uns verleumdet. Denn all das war ja in der Geschichte schon immer so, daß der Sieger eines Krieges die Geschichte dieses Krieges schreibt.

Es hatte ja auch nach dem Ersten Weltkrieg 10 bis 15 Jahre gedauert, ehe klargestellt wurde, daß die im Versailler Diktat uns vorgeworfene Alleinschuld an diesem Krieg nicht gestimmt hatte.

Lothar, der über den Berg von Thiemendorf gekommen ist, ist immer gut darüber informiert, was im Westen passiert.

Schon im Frühjahr dieses Jahres, also kein volles Jahr nach dem Kriegsende, soll Churchill wegen einer Rede, die er in Amerika gehalten hat, in der Prawda als „antisowjetischer Kriegshetzer" beschimpft worden sein. Und die Grenze zwischen West und Ost ist für ihn ein eiserner Vorhang. Und überhaupt soll er, in Anspielung auf Stalin, gesagt haben, man habe das falsche Schwein geschlachtet.

„Da hört ihr's. Es wird bald wieder Krieg geben."

In Teheran, in Jalta und weiß der Teufel noch wo haben sie brüderlich wie beste Freunde zusammengesessen, als es darum ging, uns Deutsche und Deutschland kaputtzumachen. Das haben sie geschafft, und nun sind die sich spinnefeind.

Allmählich verglimmt das noch schwelende Holz unseres Lagerfeuers. Wir Jungens, die wir uns heute abend so enthusiastisch unterhalten, sind ob der Ohnmacht, die uns jetzt noch umgibt, etwas niedergeschlagen und traurig gestimmt. Aber trotzdem schöpfen wir Hoffnung auf bessere Zeiten, vor allem wegen der sich anbahnenden Zwietracht unter unseren einstigen Gegnern.

Während der Mond und die funkelnden Sterne über unserem Dorf die Nacht erhellen, wird uns bewußt, daß wir doch unsere Heimat lieben.

Und noch einmal führe ich das Wort, erzähle meinen Freunden mit großer Begeisterung all das, was ich noch weiß und was ich einst voller Eifer in der Schule gelernt habe.

„Der Preußenkönig, Friedrich Wilhelm III., hatte im März 1813 bei seinem Aufruf „An mein Volk" begeisterte Resonanz erfahren. Gold hatten sie für Eisen gegeben, spontan hatte Lützow in Breslau, der Hauptstadt unseres Schlesiens, 3.000 Mann um sich gesammelt. Mit dabei waren Theodor Körner, der Dichter, Turnvater Jahn, Joseph von Eichendorff und fast die gesamte Studentenschaft gewesen. Auch ich werde ja nun bald Student sein. Sie waren damals aus Vaterlandsliebe dem Aufruf des Königs gefolgt, und viele hatten alles gegeben, sogar ihr Leben, um Deutschland von dem napoleonischen Joch zu befreien. Die Burschenschaften hatten ihre Ideale in den Worten verkörpert gesehen: Ehre, Freiheit und Vaterland.

Sie hatten symbolisch die Farben Schwarz-Rot-Gold gewählt. Das waren die Farben des Lützowschen Freikorps, schwarzgefärbte Zivilröcke mit roten Samtaufschlägen und goldenen Knöpfen.

1817 hatten die Jenaer Burschenschaften diese Farben auf dem Wartburgfest als offiziell für die Burschenschaft durchgesetzt.

Die Begeisterung hatte keineswegs nur die Studenten, sondern auch die Professoren an den Universitäten ergriffen. Auch damals war man bereit gewesen, Demütigungen nicht mehr länger hinzunehmen, und hatte sich auf sich selbst besonnen. Das war vor etwa 130 Jahren, und nun sind wir gefordert, das Unsere dazu zu tun."

Voller Begeisterung beschließen wir, nach diesem Vorbild der Freiheitskämpfer in den Befreiungskriegen in Zukunft handeln zu wollen. Sie, die Helden von damals, sollten unser Vorbild sein.

Ich verspreche, jedem von uns einen Mitgliedszettel, mit einer schwarz-rot-goldenen Kokarde bemalt, auszustellen.

In dieser schweren Zeit lebt man vom eigenen Garten. Wir alle arbeiten fleißig und freuen uns über Gemüse und Früchte. Aber ich habe noch eine besondere Idee. Ich habe zum ersten Mal in diesem Jahr Tabakpflanzen angebaut.

Unterhalb unseres schönen Steingartenbeets habe ich im Frühjahr ein großes Stück Wiese umgegraben, was sehr mühevoll war. Durch großes Glück beschaffte mir einer meiner guten Freunde Tabakpflanzen. Mit großer Ausdauer gelang es mir, eine gute Ernte einzubringen. Die begehrten Blätter trocknete ich auf Schnüren in unserem Holzschuppen, wo einst unsere Kuh untergebracht war.

Schließlich packe ich meinen kleinen schwarzen Koffer mit den braun-runzligen Blättern voll und fahre mit einem völlig überfüllten Zug nach Dresden auf den Schwarzmarkt. Ich bin erschüttert, als ich sehe, wie die einst so herrliche stolze Stadt nun in Trümmern liegt.

Als kleiner Junge war ich vor dem Krieg einige Male mit meiner Mutter im schönen Elbflorenz. Sie hatte mir die prächtigen Bauten gezeigt. Wir hatten den Zwinger bewundert. Vorfahren von uns hatten hier gelebt und gearbeitet. Mit Stolz erzählte sie mir damals, daß ihr Großvater im vorigen Jahrhundert sogar Hofprediger hier zu Dresden gewesen war. Einen Superintendenten hatten wir auch unter unseren Vorfahren. Er sei sehr alt geworden und habe einen sehr friedlichen Tod gehabt. Nach dem Mittagessen habe er sich, wie jeden Tag, in seinen Sessel gesetzt und seine Zigarren genossen. Offensichtlich etwas verwirrt, habe er dann an seinem Todestag zwei Zigarren gleichzeitig geraucht und sei dabei in seinem Sessel eingeschlafen und verstorben.

Von der Eleganz der einstigen Großstadt Dresden war nichts mehr zu sehen. Trümmer, zerstörte Häuser, ärmlich gekleidete und ausgehungerte Menschen, rote Fahnen und große Transparente. Eines betrachte ich mit Kopfschütteln. Vor einem Trümmerhaufen steht in großen Lettern: „Hitlers Werk!"

Ein alter, schlecht rasierter und ärmlich gekleideter Mann hat mich wohl beobachtet. Mehr flüsternd als deutlich sprechend erzählt er mir: „Ich habe die Bombardements miterlebt! Hab' Glück gehabt! Meine Frau und die Enkel nicht! Sind alle im Keller verschüttet und verbrannt. Aber es waren die Amis und die Engländer. Unser erster Bürgermeister Weidauer hat neulich in einer Rede gesagt, da müßte noch ein zweites Schild hin: ‚Das ist euer Werk!' Damit meint er uns alle, die wir nichts gegen Hitler getan haben!"

Geduldig höre ich ihm zu. Ehe ich ihm antworten kann, ist er hinter einem Trümmerfeld verschwunden. Das alles bewirkt bei mir nur einen Wunsch: möglichst schnell diesen unwirtlichen Ort wieder zu verlassen.

Vorsichtig versuche ich, Kontakt mit fragwürdigen Gestalten auf dem Schwarzmarkt aufzunehmen. Ich handle nicht lange, ergattere ein Bündel Geldscheine und fahre so schnell wie möglich wieder nach Hause. Mir ist nicht ganz klar, ob sich die ganzen Umstände und Anstrengungen wirklich gelohnt haben.

Zu Hause angekommen, erwartet mich eine unwahrscheinliche Überraschung. Voller Stolz zeigt mir meine Mutter ein kleines Holzfäßchen, gefüllt mit Salzheringen. Ich frage erstaunt, wo sie wohl so etwas Kostbares in dieser Zeit, wo es kaum etwas zu essen gibt, plötzlich ergattert hat. Normalerweise lebte man in solchen Zeiten nur von seinem eigenen Garten.

„Ich habe etwas von unserem echten Meißner Porzellan gegen die Heringe eingetauscht."

Und ich frage sie: „Ja, von wem und wie?"

Aber sie gibt mir keine klare Antwort. Es wäre jemand von Westberlin dagewesen.

In den darauffolgenden Wochen wird jeder Hering mit einem besonderen Zeremoniell verzehrt, und einige bekommen unsere besten Freunde geschenkt.

13

Aus meiner Nachkriegsoberschulzeit Herbst 1945 bis Frühjahr 1947

Muß dieser zweite Nachkriegswinter wieder so kalt und schneereich sein!

In unserem geschundenen, kleingehackten Deutschland haben so viele noch kein festes Dach über dem Kopf. Vor allem aber gibt es keinerlei Heizmaterial.

Es fehlt an Kohle. Obwohl Deutschland, sonst arm an Bodenschätzen, über große Vorräte dieses so wichtigen schwarzen Goldes verfügt, fehlt sie uns jetzt. Was uns bleibt, sind illegale oder auch legale Holzbeschaffungen oder das Zerhacken der eigenen Möbel. Die ausgemergelten Menschen hungern und frieren. Ihre Versorgung nach dem Kriegsende ist weit dürftiger und schlechter als während des fünfeinhalbjährigen grausamen Krieges.

Heute habe ich meinen guten Freund und Schulbanknachbarn Uli zu mir nach Hause eingeladen. Wir sind gemeinsam mit unserer Kreisbahn von Görlitz nach Königshain gefahren. Es schneit, und es ist bitterkalt. Uli wurde ebenfalls in Königshain geboren, im selben Jahr wie ich. Seine Familie verlor am Kriegsende alles Hab und Gut. Sein letztes Zuhause war Breslau. Es ist für ihn und die Seinen unmöglich, wieder dorthin zurückzukehren. Sicherlich ist ohnehin alles zerschossen und zerbombt. Uli tut mir leid. Sein Vater war begeisterter Lehrer in Königshain. Mitte der dreißiger Jahre war er beruf- und parteilich hochgespült worden. Er bekleidete in den letzten Jahren den Posten des Gauamtsleiters von Schlesien. Obwohl er aufgrund dieses hohen Amtes und seiner höheren Parteifunktion vom Wehrdienst als Soldat befreit worden war, meldete er sich 1943 freiwillig zur Wehrmacht.

„An der Front braucht man mich nötiger als in der Heimat", waren seine Worte.

Es war schwierig für ihn, seinen Wunsch durchzusetzen, aber er ließ nicht lokker. 1944 ereilte ihn dann sein endgültiges Schicksal in Südfrankreich. Um irgendeine strategisch wichtige Höhe zu halten, fuhr er im offenen Kübelwagen voraus und fiel im Feuerhagel der Gegner.

Meine Mutter bringt uns warmen Tee von selbst gesuchten und getrockneten Pfefferminzblättern und ein paar Brote mit selbstgemachter, sehr flüssiger Erdbeermarmelade. Flüssig deshalb, weil es kaum Zucker gibt. Außerdem gibt es als Brotaufstrich selbst zubereiteten braunschwarzen Zuckerrübensirup. Schnell und gierig stillen wir unseren Hunger.

Ich muß meinem Freund Uli jetzt unbedingt etwas berichten, was mich heute morgen tief aufgewühlt hat. In meiner neuen Schule, die ich nach Kriegsende besuchen muß, weil hier für mich die einzige Möglichkeit besteht, bis zum Abitur zu kommen, imponiert mir besonders Herr Dr. Raschke. Sein Deutschunterricht gefällt mir sehr gut, obwohl er offensichtlich mit mir nicht ganz so zufrieden ist wie ich mit ihm. Der Beweis für meine Vermutung sind die Noten, die er mir verordnet. Trotzdem mag ich ihn sehr gerne. Ebenso finde ich seine Erdkundestunden interessant. Sie lassen mich von fernen Ländern, die so unerreichbar für uns alle sind, träumen. Raschke ist für mich eine markante, gerade und imponierende Persönlichkeit mit auffallend großer Nase.

„Uli, weißt du, was Wolfgang G. mir heute erzählt hat? Ich kann es gar nicht glauben, aber es scheint doch wahr zu sein. Mitte der dreißiger Jahre soll Raschke als Lehrer vom Schuldienst suspendiert worden sein. Der einzige Grund war, daß er eine Halbjüdin zur Frau hat. Man soll ihn vor die Wahl gestellt haben, entweder sich scheiden zu lassen oder den Schuldienst zu quittieren. Konsequenterweise habe er die Scheidung abgelehnt und sei deshalb bis Kriegsende als Archivar tätig gewesen. Glaubst du so etwas? Warum erzählen er oder seine Frau uns nichts davon? Mir ist das unverständlich, kaum glaubhaft, daß es so was gegeben haben soll."

Uli schüttelt den Kopf.

„Ich glaube schon, daß so was passiert ist."

„Aber ich habe den Eindruck, daß er absolut deutsch-national denkt. War er nicht auch Frontsoldat im Ersten Weltkrieg? Ich begreife das nicht! So etwas darf doch einfach nicht sein."

Unsere Lehrer in der Lessing-Oberschule sollen bis auf wenige Ausnahmen nicht auffallend nationalsozialistisch angehaucht gewesen sein. Das erzählten mir meine neuen Klassenkameraden. Viele Lehrkräfte sind noch in Gefangenschaft, viele sind gefallen oder wegen ihrer politischen Einstellung vor 1945 nicht mehr tragbar. So wird auf ältere, bereits pensionierte Lehrer zurückgegriffen. Die meisten von ihnen sind bereits im vorigen Jahrhundert, in den achtziger Jahren, geboren. Meiner Meinung nach gehen sie sehr großzügig und verständnisvoll mit uns um.

Die einstige Schule meiner neuen Klassenkameraden ist seit Ende des Krieges Kriegsgefangenenlager. Dort, wo ihre schulische Heimat war, werden nun von den Sowjets deutsche Soldaten gefangengehalten. In dem Haus, in dem ihnen einst vermittelt worden war, wann und wie es zu deutscher Größe, Freiheit und deutschen Siegen gekommen war, bewachen nun sowjetische Soldaten die besiegten Deutschen.

Unter normalen Bedingungen wächst eine Abiturklasse in sechs oder sieben Jahren zusammen. Durch die besonderen Kriegs- und Nachkriegssituationen gibt es zwar noch zwei harte Kerne von Schülern, die einen, die vor sieben Jahren gemeinsam in der damaligen Schlageter Schule angefangen hatten, und vor allem die, die hier schon immer in diesem Gymnasium waren. Jetzt aber sind ehemalige Soldaten darunter, sogar ein Kompanieführer, sowie die Klassenkameraden, die als Flüchtlinge oder Vertriebene ihre schlesische Heimat verlassen mußten.

Der Jüngste, unser Klassenbenjamin, ist mein schlauer Freund Uli. Er ist 16 Jahre jung. Der Älteste ist über zehn Jahre älter. Denjenigen, die als Soldat, Flüchtling oder Vertriebener all die grausamen schrecklichen Geschehnisse erlebt hatten, kann die Schule kaum noch Respekt einflößen. Es wird alles mit gebührendem Abstand und mit einer gewissen Lässigkeit gesehen. Auch in diesem Lebensbereich relativiert sich so manches unter diesen besonderen Umständen.

Ein anderes Problem ist die Tatsache, daß wir, außer Fremdsprachenbüchern, keinerlei Schulbücher mehr benutzen dürfen. Wir sollen uns diese Lehrbücher aus der Zeit vor 1933 aus dem Antiquariat Bäsold besorgen.

Die Geschichts-, Deutsch- und Biologiebücher, ja sogar die Mathe- und Erdkundebücher waren mehr oder weniger nationalsozialistisch eingefärbt oder als militaristisch bezeichnet worden.

In Erdkunde waren es der erforderliche Lebensraum im Osten oder die uns ungerechterweise im Versailler Diktat abgenommenen Kolonien und Gebiete im Osten und Westen unseres Vaterlandes.

In Mathe waren es die sogenannten eingekleideten Aufgaben, die als militaristisch angesehen wurden, z. B. ballistische Kurven von Geschossen oder Kriegsschiffen, die in irgendeinem Winkel aufeinander zufuhren. Ganz verworfen wurden natürlich die Bücher, die deutlich nationalsozialistisches Gedankengut beinhalteten, wie Geschichts-, Deutsch- und Biologiebücher. Bei den letzteren ging es unter anderem auch um die Rassenlehre. Neue Schulbücher gibt es natürlich nicht. Erstens sind sie noch nicht geschrieben, und zweitens ist dafür kein Papier da.

In Deutsch werden unter anderem Goethe, Schiller, Lessing und Shakespeare besprochen.

Wir freuen uns alle, daß wir die letzte Klasse sind, die noch keinen Russischunterricht hat. Für alle Klassen, die nach uns kommen, ist Russisch erste Fremdsprache. Anders jedoch ergeht es unserer Parallelklasse im Lyzeum. Die haben Russisch im Sprachunterricht.

Hier kam es zu einem einmaligen, bewundernswerten Vorkommnis. In zwei aufeinanderfolgenden Klassenarbeiten schrieben alle Mädchen so wenig oder überhaupt nichts, daß sie alle eine Sechs bekamen. Die Folge war, daß der Russischunterricht abgebrochen wurde und nun statt dessen Französisch gelehrt wird.

Mein Lieblingsfach ist Propädeutik. Als ich das Wort zum ersten Mal hörte, wußte ich überhaupt nicht, was ich damit anfangen sollte. Es handelt sich dabei um die Einführung in das philosophische Studium. Wie interessant ist es, darüber zu hören, was einst große Geister über den Sinn des Lebens, über die Rätsel des irdischen Daseins und über moralische Qualitäten gedacht haben. Es gibt eben nicht nur *eine* große Sinngebung, wie z. B.:

„Du bist nichts, dein Volk ist alles", oder

„Für Deutschland, dein Vaterland, zu sterben, wenn es sein muß, ist das größte und ehrenhafteste Opfer, das du bringen kannst."

Ein großes Problem für mich ist der Lateinunterricht. Auf Grund der mehrfachen kriegsbedingten Schulwechsel habe ich erst ein Jahr Latein gehabt und bin jetzt in einer Klasse, die bereits vier Jahre in diesem nicht unbedingt beliebten Fach unterrichtet wird. Um einigermaßen den erforderlichen Anschluß zu finden, nehme ich Nachhilfeunterricht. Ich freue mich, einen alten Lateinlehrer gefunden zu haben.

Er sitzt jetzt im Winter in seiner kalten, dunklen und kleinen Wohnung, grau und eingefallen. In ausgefranste Decken gehüllt, friert er in seinem abgewetzten Lehnstuhl. Seine runzligen Hände zittern. Sein Blick ist müde, doch leuchten seine Augen auf, wenn er lateinisch spricht. Mit einem nicht mehr sauberen Taschentuch wischt er sich ständig Tropfen von seiner Nase. Er ist sehr froh, mich als zahlenden Schüler zu haben. Ich zahle mit Brennholz, das ich aus dem Wald hinter unserem Haus stehle. Ich säge Bäume um, die mir nicht gehören, und zerkleinere sie. Die noch frischen Scheite packe ich in unseren alten graugrünen Rucksack oder in unseren nicht mehr fest schließenden Pappkoffer und schleppe das für ihn so notwendige Brennholz in seine Wohnung. Er freut sich riesig darüber. Doch ich mag Latein überhaupt nicht. Es bleibt trotz Nachhilfe ein schweres Unterfangen für mich, im Unterricht mitzuhalten.

Eine lustige Bereicherung unseres außergewöhnlichen Schuldaseins ist eine von unserer Klasse 12 b selbst initiierte Klassenzeitschrift, die im Oktober 1946 erstmals erscheint. Um die Namensgebung gibt es manche Diskussion: „Der Nörgler", „Der Unschuldsengel", „Der Biedermeier", „Der Piepmatz", „Der Klosterbruder" oder „Seelischer Reformanzeiger".

Schließlich entscheiden wir uns für den Namen „Die Dreckschleuder".

Es ist selbstverständlich, diese Zeitschrift vollkommen unpolitisch zu halten. Wir wissen, was passieren würde, wenn …

Ob unsere Pauker den Stil unserer geistigen Ergüsse mögen?

Einige Beispiele aus dieser besonderen Zeitung:

Vorwort der Redaktion

(HS) In der heutigen Zeit eine Klassenzeitung herauszugeben, stößt auf mannigfache Schwierigkeiten, die der Redaktion wohlbekannt sind. Es bleiben aber die Vorzüge einer solchen Zeitung derart ins Auge fallend, daß eine ständige Ausgabe angebracht zu sein scheint. Man bedenke doch, daß wir nur noch ein knappes Jahr das freie Pennälerdasein führen werden! Wollen wir in dieser letzten Zeit noch versauern und vermiesen? Wollen wir die frohe Jugendzeit stur vertrotteln? Nein, nein und nochmals nein! Wie sagten doch die alten Lateiner?

„Wir wollen uns mit Schnaps besaufen,
wir wollen unsre Frau'n verkaufen,
wir wollen uns das Gesicht mit Dreck verschmieren,
und überhaupt: ein freies Leben führen!"

Jawohl! Es soll das letzte Pennälerjahr in schäumendem Jugendübermut erlebt und genossen werden! Und nichts soll uns den Frohsinn rauben. Die Fünf in Latein wird uns nur ein mildes Lächeln entlocken, die Englischarbeit empfangen wir mit überlegen spöttischer Miene, an die Deutscharbeit gehen wir mit ruhiger Gelassenheit heran, und Hugos Chemiestunden erwarten wir mit Freuden! Das Abitur werden wir kraft unserer innewohnenden Intelligenz meistern, und wenn nicht, ertragen wir es mit würzigem Humor! Diese Zeitung soll uns als Mittel dienen, die Freuden des Schülerlebens völlig auszukosten und die Leiden auf ein Mindestmaß zu verkleinern und zu überzuckern. Einmal soll sie als Sprachrohr der öffentlichen Meinung, zum anderen natürlich der allgemeinen Belustigung dienen. Groß und nicht zu vergessen ist auch ihr Erinnerungswert. Noch mit 60 Jahren, auf dem Sterbebette, werden wir mit zitternden Greisenhänden in den vergilbten Klassenzeitungen blättern, wehmütig lächelnd der entschwundenen Jugendzeit gedenken und unseren Enkeln den guten Rat mit auf den Weg geben, ebenfalls recht viel Unsinn auszufressen; da zehrt man noch im hohen Alter dran mit stiller Freude!

Der Wert der Zeitung als Chronik der Tagesereignisse wird unbestritten sein, doch bieten sie noch andere Perspektiven. Wenn man nämlich von der allgemeinen Verbreitung des Unsinns als Hauptzweck dieses Blattes absieht, wird man auch einige durchaus positiv zu bewertende Entwicklungsmöglichkeiten nicht außer Acht lassen dürfen!

1. schult eine rege Mitarbeit an der Herausgabe von Artikeln jeder Art ganz ungeheuer die Gewandtheit im schriftlichen Ausdruck.

2. besteht durchaus die Möglichkeit, allgemein interessierende Beiträge, z. B.

auf naturwissenschaftlichen Gebieten, wie auch die Lösung der Matheaufgaben zu veröffentlichen. Auch eine Rätselecke wäre nicht so übel.

Zum Schluß möchte ich an die ganze Klasse die dringende Bitte richten: Unterstützt die Redaktion nach Möglichkeit durch die Einsendung von Artikeln, durch die Lieferung von Papier, und helft beim Schreiben auf der Schreibmaschine.

Liebe Leser! Voraus dankt euch für eure Bemühung die Redaktion.

Leitspruch der Woche

So recken wir diesen Philistern,
Kritikastern und ihren Geschwistern
ein jeder aus seinem Haus
den Arsch zum Fenster hinaus!

Bekanntmachung

Es ist den Schülern aufs strengste untersagt, während des Physikunterrichtes aus den Fenstern des Physiksaales nach den Fahrgestellen und Sturzflugbremsen etwa vorbeigehender weiblicher Passanten zu schielen!

Voigt, Wahrer der Schulprinzipien

Lokalnachrichten

Cäsars Bellum Gallicum wird ab sofort zum Zentralorgan der SED ernannt! (Siehe Liber 4, Kap. 20.) Die Behörden behalten dann für sich, was ihnen beliebt, und teilen der Bevölkerung nur mit, was nach ihrer Meinung für diese zuträglich ist.

Sinnlose Trunkenheit

Ein abschaumerweckendes Schauspiel trug sich am Samstag früh in der Deutschstunde zu. Es muß dabei leider berichtet werden, daß Herr Gladden in total betrunkenem Zustand am Unterricht teilzunehmen wagte! Er befand sich, wie auch meistens, in einem hochgradigen Zustand des Delirium tremens, als er, von Herrn Raschke über Wallensteins Absichten befragt, nur noch mit schwerer Zunge „Die Schweden, die Schweden“ lallen konnte. Dann mußte er von Herrn Wiebach unterstützt werden, um nicht aufzufallen! Nur der Tatsache, daß Herr Wiebach sehr eifrig seinen

Freundespflichten nachkam, ist es zu verdanken, daß diese Affäre nicht in einem Skandal endete.

Stilblüten aus der letzten Lateinarbeit

… daß sie lieber mit den erschlagenen Knochen zusammengelaufen wären …
… sie ziehen sich auf die ängstliche Stadt zurück, nachdem sie mit ihren getöteten Gebeinen ertrunken waren …
… mußten sie den Anblick ihrer Ahnen meiden …
… er wollte lieber seinem getöteten Körper mit den in der Schlachtreihe erschlagenen Gebeinen nachfolgen …
… daß sie besser in der Stadt sterben würden, wenn man ihre Leichname in der Schlacht umgebracht hätte …

Teddys Bekenntnis

1. Wasser ist ein öd Geschlampe
und besteht aus H_2O,
göss' ich mir das auf die Lampe,
werd' ich nie des Daseins froh!
Wasser macht den Magen kranken
und verwässert die Gedanken,
darum rate immer ich:
Wasser sei nur äußerlich.

2. Wasser ist ein Feind der Minne,
Salomo der Weise spricht:
„Wasser gießt man in die Rinne,
aber durch die Gurgel nicht!"
Wasser ist wohl gut den Fröschen
aber nicht, den Durst zu löschen!
Darum wiederhole ich:
Wasser sei nur äußerlich.

3. Wasser kann im Herrenzimmer
Freude wecken voll und licht,
nimmer färbt's in ros'gem Schimmer
Nase dir und Angesicht!
Wasser ist fürwahr zu hassen,
drum will ich gern Wasser lassen,
um mit Schnaps und auch mit Bier
Stimmung anzutrinken mir.

4. Bruder, auf! Zu jedem Werke
kannst du trinken nie genug,
gibt das Bier dir Kraft und Stärke,
leiht der Schnaps dir hohen Flug.
Wahre Himmelsfreuden winken
dort, wo volle Gläser blinken.
Heute geht's in Saus und Braus,
morgen erst gehn wir nach Haus!

Gut rasiert, wie wäre das?

Wenn statt durch das rauhe Messer
du mit linden Säuren besser
lichtest deines Bartes Strähnen,
mußt du „Rasiätz" erwählen!

Dieses wunderbare Schnellrasiermittel ist auf den Grundlagen der chemischen Forschung unseres Professors Hugo in Zusammenarbeit mit seinem besten Schüler, dem Hergottschemiker Schmidt, aufgebaut. Sie erhalten es nur in der leistungsfähigsten Drogerie am Platz, Storchendrogerie.

Annoncenteil

Pastor gegen gute Bezahlung gesucht, der entweder meine versauten Fälle wieder gesundbetet oder gestorbene Patienten beerdigt. Für dauernde Beschäftigung sorgt: Dr. med. Hardegen.

Fortschrittlicher Zuwachs

Am 2.10.1946 stand Wolfgang Hardegen zum ersten Mal bei der Tanzschule Neumann-Henke im Einsatz! Seine Leistungen waren verblüffend! Er rammte zunächst Susanne Neumann-Henke, zerbeulte anschließend die Flügeltüren, beschädigte einen mäßig hohen Bücherschrank und übertanzte Becker in ständigen aufgeregten und erhitzten Drehungen, anzusehen wie das dampfspritzende Schwungrad einer Hochleitstungsturbine! Weiter so, Teddy!

Der graue Himmel lichtet sich, das Schneien hat aufgehört, und die untergehende Sonne wirft lange Schatten. Mein Freund Uli und ich beschließen, trotz der beißenden Kälte einen Schneespaziergang zu machen zum nahegelegenen Hochstein.

Gutgelaunt stapfen wir durch den hohen Schnee und schütteln die Bäume, so daß wir es schneien lassen können. Bald finden wir ein interessantes Gespräch. Es gibt ein bedrückendes Thema, das uns beide schon mehrmals beschäftigte.

„Was soll man eigentlich noch glauben?“ frage ich. „Alles, aber auch alles soll anders, ja sogar gegenteilig gewesen sein. Das kann doch nicht wahr sein.“

Soll man denen, die plündern, vergewaltigen, brandschatzen und unser Land eroberten, mehr Vertrauen, mehr Wahrheitsliebe zugestehen als unseren eigenen Leuten? Wir Deutschen sollen jetzt allein an diesem furchtbaren Krieg schuld sein. Aber hatte es nicht eine Einkreisungspolitik gegeben? Hatten England und Frankreich nicht uns den Krieg erklärt? Sollten die 20.000 polnischen Offiziere und Intellektuellen von deutschen Offizieren und nicht von der sowjetischen GPU erschossen worden sein? Sollten in den KZs wirklich so grausame Dinge passiert sein? Vor allem, sollten da wirklich keine Schwerverbrecher, sondern politische Gegner und Juden eingesperrt worden sein? Sollte der Angriff auf die Sowjetunion wirklich ein feiger, wortbrüchiger Überfall und reiner Eroberungskrieg gewesen sein und kein Präventivkrieg, wo man den Sowjets nur um wenige Wochen zuvorgekommen ist? Sollte es auch nicht stimmen, daß wir bei der Besetzung Norwegens den Engländern nur wenige Stunden zuvorgekommen sind? Es gibt Hunderte von Fragen.

Wem sollte man glauben, und wo liegt die wirkliche Wahrheit? Wie sehr würden wir es begrüßen, ehrlichen Geschichtsunterricht über die jüngst vergangene Zeit zu haben. Aber statt Antworten gibt es nur betretenes Schweigen. Die kollaborierenden Kommunisten schreien Dinge in die Welt, die ich, die wir einfach nicht glauben können und vor allem auch nicht glauben wollen.

Schließlich kennen wir ja unsere Väter, Brüder und Nachbarn, die als Soldaten für uns kämpften, ihr Leben oder ihre Gesundheit für uns opferten. Das sollen alles Verbrecher sein?

Das kann keiner von uns verlangen, und das kann auch nicht wahr sein.

Millionen und Abermillionen sind aus dem Osten unseres Vaterlandes und aus dem schönen Sudetenland über Nacht vertrieben worden. Ihnen wurde alles, aber auch alles geraubt. Sie wurden aus ihrer Heimat verjagt wie räudige Hunde. Viele Hunderttausende wurden dabei in den Tod getrieben. Das ist von Augenzeugen berichtete Wahrheit. Und die, die das taten, sollen glaubwürdiger, vertrauensvoller, ja moralisch besser sein als unsere eigenen Landsleute.

Wir beiden 17jährigen wollen diesen neuen Rattenfängern nicht folgen.

Wir brechen unsere Schneewanderung am tief verschneiten Hochstein ab. Wir frieren bei dieser klirrenden Kälte. Die alles einhüllende Dämmerung bricht schon herein. Ich habe eiskalte Füße. Meine hohen braunen Schuhe sind mir zu klein, und der linke hat auch noch ein Loch. Überhaupt sehen wir beide recht abgerissen aus. Uli trägt einen mehrfach geflickten Militärmantel. Mein winterliches Kleidungsstück ähnelt eher einem zu kurzärmeligen Jackett als einem Wintermantel. Vor drei bis vier Jahren paßte er mir noch, aber da war ich 12 oder 13 Jahre alt. Wir alle müssen uns ja mit dem begnügen, was wir haben. Kleidung oder gar Schuhe zu bekommen, ist nicht möglich. Es gibt nichts. Wenn man Glück hat, kann man durch Tausch etwas erwerben. Aber da muß man erst mal was haben, was man hergeben kann. Wir trösten uns gegenseitig damit, daß unsere Soldaten in Rußland noch viel mehr gefroren haben und immer noch frieren.

Meine Mutter bereitet uns ein köstliches Mahl. Eine große Schüssel Pellkartoffeln und mit Milch gestrecktes Rührei. Bei der jetzigen Kälte legen unsere Hühner kaum. Einige haben sogar in ihrem Holzschuppen ihre Kämme erfroren. Ihr sonst roter Kamm zeigt schwarze Spitzen. Wir essen wie die Scheunendrescher.

Eigentlich leben wir in einem Dorf der Ahnungslosen wie am Rande der Welt. Wenn wir wenigstens ein Radio hätten, um hören zu können, was in der Welt passiert. Immer wieder fragen wir uns, ob es einen neuen Krieg zwischen Ost und West geben wird. So oft haben wir gerüchteweise davon schon gehört. Churchill soll eine immer härtere Gangart gegen die kommunistischen Länder eingeschlagen haben. Aber Radios gibt es für uns Deutsche nicht mehr. Entweder wurden sie bei Plünderungen geklaut, oder sie mußten bei der Kommandantur abgegeben werden. Deutsche brauchen keine Radios.

Ein großes Glück ist es, daß wir in unserem tief verschneiten Haus am Waldrand nicht zu frieren brauchen. Ich habe so viel Holz organisiert, daß der grüne Kachelofen immer mollig warm ist.

Immer wieder stelle ich mir die Frage, ob ich Uli über unsere illegalen Vorhaben informieren soll oder nicht. Ich weiß, es ist gefährlich für jeden von uns. Heute abend aber komme ich zu dem Schluß, ihn nicht in unsere Geheimnisse einzuweihen. Sein Vater fiel im Krieg, im guten Glauben, eine gute Sache vertreten zu haben, auch für uns.

Seine Familie hat alles, aber auch alles Hab und Gut verloren. Sie und auch er haben ungewollt genügend Opfer gebracht. Deshalb schweige ich. Sollte der Krieg aber ausbrechen, dann werden wir auch ihn dringend brauchen.

14

Stalin-Lenin-Thälmann-Diebstahl: Mein Einbruch

Ein herrlicher Vorfrühlingstag! Die Birken zeigen ihr erstes helles Grün. Trotz aller widrigen Umstände hoffen auch die Königshainer am Ende des zweiten Nachkriegsjahres auf einen schönen Frühling und einen warmen Sommer. Die Natur läßt sich, Gott sei Dank, nicht unterwerfen und auch nicht reglementieren.

Es war Tanz im „Fürstenstein", und wir Jungen hatten uns köstlich amüsiert. Der eine oder andere von uns hatte vielleicht zarte Bande geknüpft. Vielleicht war es zu einer innigen Umarmung, einem tiefen verliebten Blick in die Augen der Angebeteten gekommen. Wir hatten wild getanzt. Mein guter Freund Hans Zücker hatte dazu noch zwei Flaschen selbstgebrannten Kümmel- und Anisschnaps mitgebracht. Die Flaschen machten die Runde, und das köstliche Getränk wurde von allen gelobt. Wie waren wir an diesen Schnaps gekommen? Es gab doch nichts.

Zuerst einmal hatte es furchtbaren Ärger gegeben, denn irgendwie hatte Hans, der Sohn unseres Gastwirts „Zum Hochstein", Zuckerrüben besorgt. Wir hatten bei uns im Keller alle möglichen Gefäße aufgestellt, Badewannen und Eimer, hatten die Rüben gereinigt, geschnitzelt und vergoren. Meine Mutter regte sich furchtbar darüber auf und schimpfte mit uns. Sie erklärte uns, daß Schnapsbrennen verboten sei, und malte uns aus, wie wir eines Tages im düsteren Gefängnis landen würden. Wir ließen uns aber keineswegs beeindrucken und bauten ein altes Einweckgerät um. Das Schwierigste dabei war, ein Kupferrohr zu finden. Aber Hans, der sehr viel Geschick im Organisieren hatte, hatte es dann doch aufgetrieben. Es wurde, nachdem die Zuckerrüben vergoren waren, von uns beiden zu Alkohol destilliert. Befürchtungen, daß uns jemand dabei stören könnte oder daß es Schwierigkeiten für uns geben würde, hatten wir nicht.

Unser Haus liegt am Waldesrand. Kein Nachbar kann uns beobachten.

Der eigentliche Destillationsvorgang lief folgendermaßen ab: Der vergorene Sud wurde in den Einweckkessel geschüttet und auf den Küchenofen gestellt. Mit dem Einweckthermometer wurde die Temperatur genau eingestellt, denn soviel hatten wir ja in der Schule gelernt, daß Alkohol eher verdampft als Wasser. Unsere Schnapsbrennerei funktionierte auf Anhieb. Aus dem Ende der Kupferspirale floß ein kleines Rinnsal in einen großen weißen emaillierten Trichter, in den wir Brot als Filter hineingesteckt hatten. Auf dem schwarzen Markt hatte Hans Essenzen gekauft, mit denen wir dann dieses glasklare Getränk veredelten.

Während des letzten Tanzabends bitte ich einige meiner besten Freunde in einen unordentlichen Nebenraum, um ihnen meinen großen Plan vorzutragen.

„Wer nicht mitmachen will, kann jederzeit aussteigen, aber er hat die Schnauze zu halten!“ Das waren meine ersten Worte. Danach erläutere ich meinen Plan: „Wir haben immer gesagt, wir müssen irgendein Zeichen setzen, damit die Menschen in und um unser Dorf herum wissen, daß es außer der kleinen Zahl von Kollaborateuren und der großen Zahl von stillen Duldern, die ihr wahres Gesicht aus verständlichen Gründen nicht erkennen lassen, doch noch Menschen gibt, die anders denken und auch den Mut haben, es zu zeigen. Wir haben eine Verpflichtung, denkt an unseren Daniel Flechs, denkt an Lützow und seine verwegene Jagd, denkt an Andreas Hofer, die alle auch in aussichtsloser Lage sich gegen ihren Feind wehrten. Denkt auch an den Rütli-Schwur.“

So etwa rede ich. Und ich fahre fort: „Ihr wißt, in der Gaststube dieses Hauses hängen jetzt an der Stelle, wo einst die Bilder vom ‚Alten Fritz‘, Bismarck und Hitler gehangen haben, Stalin, Lenin und Thälmann auf großer roter Fahne. Es sind weit größere Bilder als damals. Ich möchte morgen nacht die Bilder und die Fahne beseitigen. Das wird für viele ein Zeichen der Hoffnung sein.“

Meine guten Freunde Walter Hamann, Rudi K. und Werner Lätsch erklären sich sofort bereit mitzumachen, und wir entwickeln einen Plan. Ich fasse alles nochmals zusammen.

„Am ersten Fenster im Saal stellen wir heute nacht die Fensterwirbel so, daß man sie von außen aufstoßen kann. Ihr drei steht Schmiere, und ich klaue die drei uns so verhaßten Bilder und die abscheuliche rote Fahne. Sie weht heute von allen öffentlichen Gebäuden. Das erinnert mich immer an den Hut Gesslers.“

Diese Symbole sind für mich eine Quelle ständigen Ärgernisses.

Es wird nochmals strengstes Stillschweigen geschworen. Wir gehen zurück, amüsieren uns, zusätzlich berauscht von einem großen Vorhaben, weniger durch den Schnaps, der auf so viele Personen verteilt wird, daß der einzelne nicht sehr viel abbekommt. Diese Nacht schlafe ich etwas unruhig.

Am nächsten Tag fahre ich mit der Kreisbahn, wie üblich, nach Görlitz zur Schule. Auch dort haben wir immer wieder im kleinen Kreis besprochen, was man eigentlich tun könnte, um zu zeigen, daß wir gegen die jetzt herrschenden und terrorisierenden Machtstrukturen sind.

Unsere Abiturklasse hat mit den Mädchen vom Lyzeum im Winterhalbjahr Tanzstunde, und wir amüsieren uns. Ich bin nicht so recht bei der Sache; andere Dinge gehen mir vor. Die Tanzstunde findet in Görlitz statt. Weil ich meine Mutter mit all meinen besonderen Vorhaben nicht belasten möchte, kann also nur an solchen Abenden in Görlitz etwas passieren. An der Ecke Straßburgpassage, jetzt Leninplatz, ist ein KPD-Büro mit relativ großen Fensterscheiben. Mit einigen Freunden, u. a. mit Klaus, gehen wir nach einer solchen Tanzstunde auf jenen besagten Platz, sammeln faustgroße Steine und werfen die Fensterscheiben jenes so unbeliebten Büros ein. Eine Aufklärung dieses Falls gibt es nicht, da alle in verschworener Gemeinschaft schweigen.

Dies ist auch meine Hoffnung an dem heutigen Abend.

Wir treffen uns in sternklarer Nacht am Fürstenstein. Keiner spricht ein lautes Wort. Ich steige über die gekreuzten Arme und die Schultern meiner beiden Freunde Walter H. und Rudi K. durch das Fenster, das sich auch ganz leicht öffnen läßt. Dann befällt mich ein eigenartiges Gefühl. Was ist, wenn jetzt jemand kommt? Aber in dem Haus ist alles dunkel. Alle scheinen zu schlafen. Langsam und behutsam schleiche ich mich in die dunkle Gaststube. Die Schuhe habe ich mir zuvor schon ausgezogen, um in Strümpfen lautloser gehen zu können. Immer wieder bleibe ich stehen und lausche.

Plötzlich ein Geräusch, ich erschrecke und möchte am liebsten davonrennen. In diesem Moment höre ich, wie eine Tür knarrt und irgend jemand schlürfend einige Schritte läuft. Mir bleibt das Herz stehen. Mein Atem stockt. Wie reagiere ich, wenn mich jetzt jemand hier erwischt? Ruhe bewahren! Nach einigen Minuten wieder die gleichen trägen Geräusche, Türenknarren und Stille. Ich atme auf. Jetzt aber schnell! Da spüre ich eine Berührung an meinen Beinen. Gott sei Dank, es ist nur eine Katze, die schmusend um meine leicht zitternden Beine schleicht. Ich nehme einen Stuhl und stelle mich drauf. Er knarrt leise. Dann nehme ich die Bilder herunter, was auch ohne Schwierigkeiten möglich ist, reiße das rote Fahnentuch herab. Immer wieder schaue ich mich vorsichtig um. Eine Taschenlampe wäre gut, aber so etwas gibt es nicht. Das Hinausschleichen geht um ein Vielfaches schneller. Meine Freunde warten und freuen sich mit mir, daß das Unternehmen gelungen ist. Sie strecken mir ihre Hände entgegen. Ohne Schwierigkeiten springe ich aus dem Fenster. Sie nehmen mir behend die Bilder und die Fahne ab. Ich ziehe mir geschwind meine Schuhe wieder an. Wir gehen lautlos in die nur wenige Meter entfernt liegende Thiemendorfer Straße zum Dorf hinaus. Als wir an einem kleinen Wäldchen sind, umarmen wir uns, freuen uns. Wir beratschlagen, was nun mit der politischen Beute zu tun sei.

Werner Lätsch erklärt sich bereit, die Bilder bei sich zu verbrennen. Das würde nicht auffallen. Die rote Fahne nimmt er auch mit. Dann trennen wir uns. Jeder geht nach Hause. Auf dem Weg durch die warme Frühlingsnacht überfällt mich ein Glücksgefühl. Ich habe etwas Gutes, ja etwas Vorbildliches getan, ein Zeichen der Hoffnung gesetzt. Freude erfüllt mich aber auch darüber, daß ich so gute und gleichgesinnte Freunde habe.

15

Der Fehler und die Verhaftung

Erstaunlicher- und unerwarteterweise hören wir in den nächsten drei bis vier Wochen von keiner Reaktion auf die Beseitigung der Gessler-Hüte.

Natürlich unterhalten wir uns öfter darüber, daß unser Verhalten gegenüber den Kommunisten und dem neuen diktatorischen Regime der sowjetischen Besatzungsmacht nicht ungefährlich ist. Aber die russischen Besatzer kennen uns ja nicht. Sicherlich gibt es aber Spitzel, die für die Okkupanten arbeiten.

Schließlich sind ja mehr als ein halbes Dutzend Männer aus unserem Dorf von den Russen abgeholt worden und verschwunden. Für uns persönlich sehe ich aber keine große Gefahr. Wir sind clever genug, uns nicht zu verraten. Einen Verräter unter uns zu haben, halten wir selbstverständlich für unmöglich. Unser heutiges Treffen ist eigentlich erstmalig kontrovers. Werner hat noch immer die von uns gestohlene rote Fahne. Für unsere schwarz-rot-goldene Fahne fehlen uns der schwarze und der goldene Stoff.

Wir sollten unbedingt etwas tun, um den verängstigten Leuten in unserem Dorf und in der Umgebung zu zeigen, daß es noch jemanden gibt, der in absoluter Opposition zu diesen Okkupanten und ihren Kollaborateuren steht. Eine solch mutige Handlung sind wir auch unseren Vätern und Brüdern aus unserem Dorf schuldig, die noch in Gefangenschaft sind. Auch denen, die ihr Leben für uns opferten, um uns vor der Roten Armee zu bewahren.

Aber was sollen wir tun? Sollen wir Flugblätter verteilen? Sie mit der Hand zu schreiben, wäre zu gefährlich, und die Schreibmaschine hat man uns geklaut. Zu Druckmaschinen haben wir keinen Zugang. Es muß etwas sein, das eindeutig zeigt, daß wir Gegner der uns Beherrschenden sind.

Was sangen doch die Polen, obwohl ihr Land schon viermal vollkommen aufgeteilt wurde?

„Noch ist Polen nicht verloren …"

Es sollte aber nichts sein, was Repressalien bewirkt. Wir sollten eine schwarz-rot-goldene Fahne hissen. Aber erstens haben wir keine, und zweitens versteht das keiner. Wer weiß schon was von Burschenschaften und was dieses Symbol mit dem Befreiungskrieg zu tun hatte.

„Mensch, ich habe eine Idee, die jedem eindeutig zeigt, daß es noch Leute gibt, die mit diesem stalinistischen System nicht einverstanden sind", sagt Walter, unser Jüngster.

„Und das wäre?“

„Wir nähen ein Hakenkreuz auf die rote Fahne und hissen sie auf dem höchsten Turm, den es im Dorf gibt, und dort, wo die meisten Kommunisten arbeiten. Und Hitlers Geburtstag ist außerdem in ein paar Tagen.“

Der Vorschlag wird mit geteilter Meinung aufgenommen. Wir diskutieren lange, erwägen das Für und Wider. Für uns ist wichtig, daß durch solch eine Frage keine Spaltung in unserem Freundeskreis eintritt.

Rudi und ich meinen schließlich: „Wenn ihr es machen wollt, so macht es. Ich habe die Bilder und die Fahne geklaut. Dann hängt ihr halt die Fahne auf, aber ohne uns.“

Irgendwie haben wir beide ein ungutes Gefühl bei dieser Sache. Aber erstens sollten wir etwas tun, dazu fühlen wir uns verpflichtet, zweitens haben wir ja noch viel vor. Deshalb darf es zwischen uns keinen Streit geben.

Da das rote Corpus delicti ohnehin bei Werner ist, bittet er seine Schwester, das Hakenkreuz aufzunähen. Aber sie näht es verkehrt herum auf das rote Tuch.

Walter und Werner wohnen nebeneinander, nur wenige Meter voneinander getrennt. Am Samstagabend, den 19. April 1947, klettert Werner auf einen Eisenturm des Steinbruchs und hängt die neu genähte Fahne auf, und Walter H. steht Schmiere. Wie oft hatten wir nach dem 8. Mai 1945 rote Fahnen gesehen, bei denen durch den farbintensiveren Kreis in der Mitte deutlich zu erkennen war, daß der weiße Kreis mit dem Hakenkreuz entfernt worden war.

Gerade diese Leute hatten wir verachtet, weil es für uns Menschen sind, die ihre Fahne immer nach dem Wind hängen. Doch Fahnen gegen den Wind zu hissen, dürfte nicht ungefährlich sein, denn es zeigt zu eindeutig, daß man mit diesem Regime nicht einverstanden ist.

Ungeschickterweise gehen die beiden, heute am Sonntagmorgen, in der Nähe des Steinbruchs spazieren, um zu sehen, ob sie noch hängt. Da es ein schöner Sommersonntag ist und windstill, flattert sie nicht im Wind. Aus der Ferne kann man nicht erkennen, ob sie überhaupt noch da ist. Doch leider werden die beiden bei diesem Spaziergang beobachtet.

Wir hatten beschlossen, uns heute nicht zu sehen. Ich setze mich deshalb ganz gemütlich auf unseren Balkon, genieße den Frühling, bemühe mich ausnahmsweise, sehr eifrig für die Schule, für das Abitur, zu lernen. Meine Mutter ist hocherfreut. Bald mit der Schule fertig zu sein, in wenigen Wochen, erleichtert mir das Lernen. Ich schaue immer wieder in unser idyllisches Tal, über unser schönes Dorf, das heute wirklich in einen friedlichen Frühlingssonntag eingebettet ist. Meine Mutter überrascht mich mit einer wunderbaren Kartoffelsuppe, die sogar einige Wurststückchen enthält. Schließlich treibt mich doch die Neugierde zu meinem Freund Walter. Ich möchte gerne wissen, ob sie wirklich die Fahne letzte Nacht aufgehängt haben. Aber ich treffe weder Walter noch Werner an. Sie sind nicht zu Hause. Von der Dorfstraße her werfe ich einen scheuen Blick über den Bahnhof zu dem Turm, wo die Fahne hängen soll. Da ich nichts sehe, nehme ich an, daß sie dieses besondere Vorhaben nicht ausgeführt haben. Ganz zufrieden gehe ich wieder nach Hause und arbeite fleißig weiter.

Der Frühlingsabend dieses 20. April ist friedlich und stimmungsvoll. Nur das Käuzchen ruft ununterbrochen aus dem Wald. Verkündet es uns Unheil? Meine Mutter, gelegentlich etwas abergläubisch, hatte mir einmal so ganz nebenbei erklärt, wenn das Käutzchen so penetrant schreit, gibt es bald einen Toten. Ich ärgere mich über solche blöden Sprüche, aber: Semper aliquid haeret – immer bleibt etwas hängen.

Es ist Montag, und ich fahre wie immer mit der Kreisbahn in die Schule. Heute freue ich mich sogar auf die Schule, weil ich gut vorbereitet bin. Ich freue mich auch, meine Freunde in Görlitz zu treffen. Selbstverständlich werde ich niemandem etwas erzählen, um keinen zu gefährden. Vorsicht ist immer geboten.

Ahnungslos fahre ich am Nachmittag wieder zurück und steige an unserem Bahnhof Königshain-Hochstein aus, das übliche Wochentagsritual. Doch bereits beim Öffnen der Wagentür merke ich, daß irgendwas nicht stimmt. Drei fremde, mit Lederjacken bekleidete Männer kommen auf mich zu. Eine Sekunde überlege ich, soll ich fliehen oder nicht, denn hier stimmt etwas nicht. Aber was sollte man mir schon anhaben können, erstens war ich ja bei der „Flaggenhissung“ wirklich nicht dabei, und zweitens, woher sollten sie wissen, wer es gewesen sein soll? Denn es ist für mich selbstverständlich, daß keiner von uns auch nur ein Wort sagen würde oder irgendwelcher Verrat stattgefunden haben könnte. Die drei unfreundlichen, finsteren Männer fassen mich und führen mich offensichtlich zu einem Verhör. Ich mache ein gänzlich unbekümmertes Gesicht, versuche einen möglichst gleichgültigen Eindruck zu erwecken. Wir vier gehen, beobachtet von den wenigen, die mit mir ausgestiegen sind und die sich mit scheuen Blicken ängstlich entfernen, zum Gasthof Hochstein zu meinem Freund Hans. Dies läßt mich erneut hoffen, daß man keine Ahnung hat, daß jemand aus unserer Gruppe beteiligt ist. Denn auch mein Freund, mein sehr guter Jugendfreund Hans Zücker, weiß von alledem nichts. Bewußt habe ich ihm nie etwas über unsere Widerstandstätigkeit gesagt oder auch nur angedeutet. Er war für mich ein zu großer Risikofaktor. Er ist ein sehr netter und hilfsbereiter und guter Sandkastenfreund von mir, aber er hat einen Fehler, er redet sehr viel, und ich hätte ihm nie zugetraut, daß er in entscheidenden Momenten geschwiegen hätte. Dieser Fehler sollte nun sein großes Glück sein.

Die drei Männer verhören mich in der großen Gaststube. Kaltlächelnd und mit gutem Gewissen, in diesem Fall, kann ich alles abstreiten. Mir wird sofort klar, daß es sich hier um drei Kollaborateure übelster Sorte handelt. Da ich in diesem Fall wirklich nicht direkt beteiligt war und man mich unberechtigterweise verdächtigt, streite ich sehr deutlich und mit aggressiven Worten empört alles ab und lasse die oft hämisch grinsenden Figuren meine Abneigung spüren. Da ändert sich schlagartig die Situation. Mein guter Freund Walter Hamann, 16 Jahre jung, leicht bekleidet und in Holzlatschen, wird mir gegenübergestellt. Es ist mir klar, daß etwas falsch gelaufen ist. Es erfordert meine ganze Beherrschung, jetzt keinen Fehler zu begehen. Noch kann ich mir nicht vorstellen, daß er etwas zugegeben hat.

Da sagt eine der Figuren: „Walter Hamann hat Sie der Mitwisserschaft beschuldigt. Geben Sie jetzt zu, daß Sie mit dabei waren!“

Ich kann mir natürlich nicht vorstellen, daß er auch nur ein Wort zugegeben hat. So antworte ich mit schneidenden Worten: „Ich weiß gar nicht, wovon sie sprechen und was sie mir eigentlich vorwerfen!“

Walter sieht mich mit großen Augen etwas schuldbewußt und ängstlich an. Er sagt kein Wort. Sicherlich will man nur auf den Busch klopfen, um etwas herauszubekommen.

Einer der drei redet erneut auf mich ein und sagt: „Walter Hamann und Werner Lätsch haben alles zugegeben. Wir wissen sogar, daß Sie der Anführer der Bande sind!“

Ich wiederhole bissig, daß ich nicht weiß, wovon sie überhaupt sprechen, daß ich von einer Fahne überhaupt nichts weiß, und wenn die beiden etwas zugegeben hätten, müßten sie eben die beiden fragen und nicht mich. Nun folgen immer wieder gehässige Drohungen.

„Den beiden wird schon nichts passieren“, sagt der eine, „da sie ja alles zugegeben haben.“

Mich aber will man den Russen ausliefern, da ich ein notorischer Lügner sei. Selbstverständlich streite ich weiterhin alles konsequent und kompromißlos ab. Schließlich verfrachtet man uns drei in ein Auto und fährt uns zum Steigerturm, dem Feuerwehrturm von Königshain, und sperrt uns hier eine Nacht ein. Als wir drei alleine in diesem engen Turm sind, denke ich sofort an Flucht und bespreche es mit meinen beiden Freunden. Die ganze Situation hat keineswegs dazu geführt, daß irgendwelche Vorwürfe laut werden. Ich versuche nun mit aller Intensität die beiden davon zu überzeugen, daß sie selbstverständlich alles, aber auch alles, abstreiten müssen, denn es wäre ja doch wohl so, daß es keine Zeugen gibt. Da antwortet Werner:

„Ja, wir waren gestern, am Sonntag, als es windstill war und wir die Fahne vom Dorf aus nicht sehen konnten, in der Nähe des Steinbruchs, in der Nähe des Turms, und wollten nachsehen, ob die Fahne noch hängt. Und dabei muß uns jemand beobachtet haben!“

Energisch sage ich ihnen, daß sie unbedingt gar nichts, aber auch gar nichts zugeben dürften und erklären sollten, daß sie eben spazierengegangen seien.

Wir drei Jungen verbringen eine schlaflose Nacht in dem sogenannten Steigerturm. Alle Möglichkeiten einer Flucht probieren wir ohne Erfolg aus. Freundschaftlich verbunden, wie eh und je, beraten wir uns. Nichts wird zugegeben, aber auch gar nichts. Was zugegeben wurde, muß widerrufen werden. Aus Angst vor dieser ungewöhnlichen Situation hat man sich überfahren lassen. Die beiden sollen sagen, daß sie aus Angst, den Russen ausgeliefert zu werden oder Schläge zu bekommen, einfach zu allem ja und amen gesagt hätten.

Nacht umhüllt uns, und in jugendlicher Naivität hoffen wir, daß alles gut ausgehen wird. Außerdem denken wir, daß man uns wegen einer Fahne mit falsch aufgenähtem Hakenkreuz nicht gleich den Kopf herunterreißen wird. Jeden Gedanken, daß das alles sehr schlimme Folgen für uns haben könnte, ja, daß unser Leben ernsthaft bedroht sei, verdrängen wir sofort. Schließlich waren es ja Deutsche, die uns hier eingesperrt haben, und die werden uns dann ja wohl nicht an die Russen ausliefern.

Am nächsten Morgen, es ist ein Dienstag, kommen drei russische Fahrzeuge. Schwerbewaffnete Soldaten steigen aus, legen uns Handschellen an und fahren uns auf die Kommandantur auf dem Postplatz in Görlitz. Wir werden sofort getrennt. Ich werde von vier bewaffneten russischen Soldaten über den Platz geführt. Mit dem Auftauchen der sowjetischen Soldaten wird mir klar, im günstigsten Falle geht es ab nach Sibirien, oder man bringt uns um.

Da plötzlich kommt mir Ilse Firl, ein junges hübsches Mädchen aus Königshain, entgegen. Wir sehen uns in die Augen, sie schaut mich mit ängstlichem und erschrockenem Blick an und sagt laut: „Aber Wolfgang, was machen die denn mit dir?“

Ich trage einen kleinen goldenen Siegelring. Ich nehme ihn, werfe ihn ihr zu und rufe hinterher: „Bring ihn meiner Mutter!“

Wenige Minuten später sitze ich in einer richtigen Gefängniszelle am Postplatz in Görlitz. Angst und Ungewißheit überfallen mich. Meine Rechtfertigung vor mir selber ist: Es war richtig, sich gegen die sowjetischen Okkupanten, gegen die stalinistisch-sowjetische Diktatur, aber auch gegen die kommunistisch-deutschen Kollaborateure gestellt zu haben, und es war mutig, für die bevorstehende kriegerische Auseinandersetzung zwischen dem Westen und dem Osten Vorbereitungen getroffen zu haben und auch den Mitmenschen in meinem Dorf und in meiner Heimat sichtbar gezeigt zu haben, daß es nicht nur die große, schweigende, duldende Mehrheit gibt, nicht nur den kleinen Anteil der Kollaborateure, sondern auch Menschen, die sich im Widerstand auflehnen und somit Hoffnungsträger sein möchten. Das soll die Basis sein, die moralische Quelle, die mir helfen soll, die auf mich zukommende Widerlichkeit zu überstehen. Keinem Menschen habe ich je direkt ein Leid zugefügt. Während des furchtbaren Krieges töteten viele Millionen viele Millionen. Ich habe nie einem Menschen ein Haar gekrümmt, geschweige denn auf jemanden geschossen. Aber die Werte, die man mir anerzogen hat und die mir auch als wirkliche Werte begreifbar und wertvoll sind, will ich verteidigen. Sie werden mir über alles weitere hinweghelfen.

Nach wenigen Tagen werde ich aus der Zelle geholt und nach Weißwasser in einen GPU-Keller gebracht. Die Fahrt ist unerwartet harmonisch, ja lustig. Drei Russen sitzen mit mir im Pkw, lachen und scherzen und sagen, daß sie mich nach Hause fahren, vorher aber noch auf eine Kommandantur müssen.

Schließlich sperren sie mich in einen niedrigen, relativ großen Kellerraum mit einem kleinen Kellerfenster ein. In diesem Raum befindet sich nur ein eisernes Feldbett. Ein kahlgeschorener, kleiner uniformierter Russe bringt mir ein paar gekochte Kartoffeln, die ich gierig hinunterschlinge, da ich in den letzten Tagen fast nichts zu essen bekommen habe. Der jung aussehende Russe schaut mich mitleidsvoll mit großen Augen an. Wir beide sprechen kein Wort. Er ist mir unerklärlicherweise symphatisch. Ich deute mit meinen Händen an, ob ich nicht von hier fliehen kann. Er schüttelt den Kopf, und in seinen Augen sind Tränen zu sehen.

16

Ein Verhör – Das Urteil

Die 100-Watt-Birne direkt über meinem stinkigen Klappbett strahlt, wie jede Nacht, kalt und hell. Ich liege auf einer alten, zerfetzten, durchgelegenen, viel zu dünnen Matratze. Die schmalen Stahlbänder des Bettgestells haben mich nur die erste Woche gestört. Aber das grelle Licht ist widerlich. Ausschalten kann ich es nicht, da der Schalter nur von außerhalb der Zelle zu bedienen ist. Würde ich die Birne selbst ausdrehen, gäbe es Schläge oder Karzer.

Plötzlich, wie schon so oft mitten in der Nacht, dreht sich knarrend und quietschend der Schlüssel im Türschloß. Ich schrecke auf. Der kleine schlitzäugige Rotarmist in seiner braunen Uniform mit schief aufgesetzter Mütze schreit mich an: „Kak familia Gardegen?"

Ich nicke und beiße mir fest auf die Unterlippe.

„Komm!"

Die hölzerne Zellentür passierend, an ihm vorbei, stehe ich auf dem öden Gang und will mich kurz umschauen. Da schlägt er mir, wie schon mehrmals vorher, von hinten auf den Kopf und plärrt: „Kopf runter. Hände zurück!"

Um mir weitere Schläge zu ersparen, senke ich den Kopf und nehme die Hände auf den Rücken. Es ist, wie immer, gegen Mitternacht. Gespenstische Stille herrscht hier im Zellenbau in Bautzen. Ich kenne den Weg bereits. Den Zellengang entlang, dann links, einen engen weiteren Gang und dann nochmals links. Eine der Türen rechts ist etwas geöffnet, und ein schmaler Lichtspalt fällt auf den grauen Gang. Ich werde in den hellen Raum hineingestoßen. Das Zimmer des Untersuchungsoffiziers ist hell erleuchtet. Ein krasser Gegensatz. Der gesamte Zellenbau ist in ein gespenstisches, dunkles Licht gehüllt. Während mir in der Zelle nachts oft kühl ist, strömt mir hier in diesem großen Zimmer mit den weit geöffneten Fenstern eine wohltuende milde Sommernachtswärme entgegen.

Ich setze mich unaufgefordert auf einen kleinen unbequemen Holzhocker ohne Lehne. Der Offizier – wie aus dem Ei gepellt – sitzt in seiner braunen Uniform wie immer hinter dem großen Schreibtisch. Der Wachtposten meldet etwas in russischer Sprache, was ich aber leider nicht verstehen kann. Das einzige Wort, das mir bekannt ist, ist „Gardeggen". Kurz antwortet der Offizier, und der Kleine, der mich hierher gebracht hat, verschwindet. Mürrisch und bedrohend sieht mich der etwa 35- bis 40jährige an. Rechts, von mir aus gesehen, sitzt an einem kleineren Tisch eine bildhübsche, vielleicht 28 Jahre alte Dolmetscherin. Große dunkle Augen schauen mich aus einem wunderschönen Gesicht an. Sie trägt langes gelocktes und gepflegtes Haar. Die weiße, frisch gebügelte Bluse verhüllt ihre offensichtlich nicht kleinen Brüste. Trotz dieser widerlichen Situation, trotz meiner Hilflosigkeit und obwohl oder vielleicht gerade weil mein Leben sicherlich bald ein Ende haben wird, träume ich ein paar kurze Sekunden. Wie unendlich schön könnte doch diese Sommernacht mit ihr allein zu zweit sein. Ja, es wäre vielleicht sogar besonders reizvoll mit einer russischen Frau, sich zu lieben.

Jäh werde ich in die öde und trostlose Wirklichkeit zurückgeholt. Wie schon mehrmals beginnt die Vernehmung mit den Worten: „Du Faschist, wenn du lügen, wir dich schießen sofort!“

An das „sofort“ glaube ich nicht unbedingt, aber nach dem Ende der Untersuchungshaft wird es wohl soweit sein. Die vier in meine Zellenwände eingeritzten Todesurteile bestätigen mir zu deutlich diese große Wahrscheinlichkeit.

Zur gepflegten Erscheinung des Vernehmungsoffiziers passen zwei Dinge nicht: Immer wieder zieht er während der zwei bis drei Stunden dauernden Vernehmung die mittlere Schublade des großen braunen Schreibtischs auf und benutzt sie als Spucknapf. Zweitens sind seine Fingernägel ausgesprochen ungepflegt und weisen deutliche Trauerränder auf. Dagegen ist sein dunkles, leicht geöltes Haar ordentlich gescheitelt, seine Uniform sitzt perfekt und ohne Falten, und die schwarzen Stiefel sind auf Hochglanz poliert. Seine oft blitzenden und haßerfüllten Augen, sein immer wieder schreiender Mund und sein drohender Zeigefinger machen mir das Leben schwer. Angst und Rachegefühle wechseln ständig in mir. Aber auch der Wunsch, diesem menschlichen Wesen, dem ich vollständig und hilflos ausgeliefert bin, zu erklären, warum ich so gedacht und gehandelt habe: meiner Überzeugung nach aus edelsten und mutigsten Motiven heraus. Das ist die Grundlage meiner Argumentationen.

Gerade das adrette Äußere der schönen Dolmetscherin und des Offiziers haben meine Vorstellung vom primitiven bolschewistischen Untermenschen ins Wanken gebracht. Hatte ich doch ein Bild vom brutalen, primitiven, ungebildeten sowjetischen Verbrechertyp anerzogen und in den Wochenschauen immer wieder bestätigt bekommen.

Natürlich wehre ich mich gegen die vielen Unterstellungen, Verdächtigungen und Vorwürfe. Dabei bin ich auf mich selbst gestellt, denn einen Verteidiger gibt es nicht bei der NKWD oder, wie es jetzt heißt, dem KGB. Wieder eine Bestätigung des infamen Unrechtssystems der Sowjetunion.

Man wirft dir etwas vor, gibt dir aber keine Möglichkeit, den Vorwurf zu entkräften. Ich bin in einer verzweifelten Lage, wie so viele Tausend andere. Auf den ewigen Vorwurf, ich sei ein alter Faschist, reagiere ich immer wieder mit dem Argument, daß ich erst vier Jahre alt war, als Hitler an die Macht kam, und 16 Jahre zählte, als er sich verabschiedete. Außerdem versuche ich ihm zu erklären, daß sich bis zum Ende des Krieges keiner von uns in Deutschland als ein Faschist fühlte oder sich mit diesem Begriff identifizierte. Faschisten waren für uns lediglich Mussolini und seine Anhänger, also so etwas wie Mitglieder dieser Partei.

Das ständige widerliche Wechselbad zwischen Todesdrohungen, die er sofort wahrmachen will, und dem freundschaftlichen Zureden, ich solle doch endlich die volle Wahrheit sagen und die Namen meiner Hintermänner, der amerikanischen Agenten oder der alten Nazis, nennen, ist eine unendlich schwere psychische Belastung.

Obwohl ich mich zu wehren versuche, lösen die Drohungen Angstgefühle aus, die mich entweder furchtbar deprimieren oder mich über mich selbst hinauswachsen lassen. Sie bringen mich manches Mal zu der Verhaltensweise: jetzt gerade Kopf hoch und Haltung zeigen.

Die Freundlichkeit hingegen läßt immer wieder die Hoffnung wach werden, vielleicht versteht er dich ja doch, vielleicht läßt er dich ja laufen. Vielleicht werde ich doch bald wieder frei sein, denn schließlich habe ich doch keinem etwas Böses getan.

Nie habe ich bis zu meiner Verhaftung irgendwelche Kontakte zu einem Amerikaner oder irgendeinem Agenten gehabt. Diese Verdächtigungen sind so absurd wie die Unterstellungen, irgendwelche alten Nazis würden mich nach Kriegsende beeinflußt haben.

Das zwei bis drei Stunden lange Verhör geht meistens über die Dolmetscherin. Ich beobachte die Mimik ganz genau, wenn die Schöne meine Worte übersetzt.

Schon bevor er antwortet, erkenne ich im voraus seine Reaktion. Jetzt wird er schreien, jetzt wird er mir wieder sagen, daß ich sofort erschossen werde. Jetzt wird er mir wieder vorwerfen, daß ich ein großer Lügner bin, oder jetzt wird er schmunzeln. Immer wieder überlege ich mir, wie wohl das Verhältnis zwischen den beiden ist.

Während meiner vielen Verhöre bemüht er sich, absolut korrekt gegenüber seiner Mitarbeiterin zu sein. Durch sein Schreien und Drohen glaube ich erkennen zu können, daß er ihr imponieren will. Dabei aber habe ich gelegentlich den Eindruck, daß er damit genau das Gegenteil erreicht. Wir beide, er und ich, sind in so unterschiedlicher Situation, daß er seine klare Überlegenheit an einem ihm ausgelieferten 18jährigen Rechtlosen kaum so darstellen kann, daß er ihr damit gefallen könnte. Sie schaut mit ihren großen Augen oft ins Leere. Manchmal denke ich, sie haßt mich, denn ihr Blick ist kalt. Manchmal glaube ich, Mitleid in ihrem Gesicht lesen zu können. Wie gerne würde ich mich mit ihr einmal ganz normal unterhalten. Aber hier muß jedes Wort gut überlegt sein. An erster Stelle steht bei mir der Vorsatz, ja niemanden – keinen meiner Freunde oder Bekannten – durch ein unvorsichtiges oder unüberlegtes Wort zu gefährden und nie etwas zuzugeben, was er nicht ohnehin schon weiß, und auf gar keinen Fall meine Görlitzer Klassenkameraden zu belasten. Wenige wahre Worte würden genügen, um einige aus meiner Klasse oder sie alle hinter Gitter zu bringen. Allein das Zertrümmern der Scheiben des KPD-Büros neben der Straßburg-Passage in Görlitz würde genügen, um meine Klassenkameraden auch hinter Gefängnismauern zu bringen. Sicher ist manch anderer auf Versprechungen hereingefallen.

„Wenn du nur Namen anderer nennst, lassen wir dich sofort frei." Ein Satz, der von den vernehmenden KGB-Untersuchungsrichtern nur zu oft gebraucht wird und ungezähltes Unglück bringt. Doch auch das war mir anerzogen worden: „Der größte Lump im ganzen Land, das ist und bleibt der Denunziant!" (Hoffmann von Fallersleben)

Lieber tot als Verräter. Diese so verführerischen wie noch mehr verlogenen Worte: „Sagen Sie uns alles, nennen Sie die Namen von Mitwissern oder Mittätern. Sie zeigen uns dadurch, ja, Sie beweisen uns damit, daß Sie mit uns zusammenarbeiten wollen. Sie verbessern Ihre sonst aussichtslose Situation wesentlich, ja wir werden Sie unter Umständen sogar laufenlassen."

Sicher hat es den einen oder den anderen gegeben, der auf solche fiesen Versprechungen reingefallen ist. Er ist damit zum Verräter geworden. Aber wer dürfte den ersten Stein auf ihn werfen? Sicherlich der, der verraten wurde, aber wer sonst noch? In aussichtsloser, todgeweihter Lebenslage bedarf es einer außerordentlichen Standfestigkeit, solchen Versprechungen zu widerstehen. Wer aber plaudert, den wird das schlechte Gewissen bis an sein Lebensende belasten. Manch Unschuldiger wird vielleicht genannt, nur um die eigene Haut zu retten. Eine diabolische Lebenssituation, wobei der Diabolus der ist, der solch perfide und verlogenen Versprechungen einem Hilflosen gegenüber macht. Ist der Verräter der Schwächling in diesem widerlichen Spiel? Wie viele Unschuldige sind dadurch verhaftet worden? Wie viele haben dadurch ihr Leben verloren?

„Wenn du uns jetzt nicht die Wahrheit sagst, daß du Kontakt mit amerikanischen

Agenten hattest, die dich zur Sabotage gegen die Sowjetunion aufgehetzt haben, werden wir auch deine Mutter verhaften. Sie wird die Wahrheit sagen!"

Dies übersetzt die Dolmetscherin mit einem Blick, der durch mich hindurchzugehen scheint und der irgendwo in der Ferne seinen Fixpunkt hat.

„Dich aber werden wir dann, wenn du uns belogen hast, sofort erschießen!"

„Ich versichere Ihnen, daß ich nie einen Amerikaner oder sonstige westliche Agenten je gesehen, geschweige denn gesprochen habe!"

„Du bist noch so jung, deine antisowjetische Einstellung muß von Älteren kommen!"

„Nein und nochmals nein!"

„Du frecher Hund, du Lügner, du Faschist!"

Ein Ohnmachtsgefühl übermannt mich. Am liebsten würde ich ihn anschreien: „Dann schießen Sie mich doch gleich nieder, dann hat diese Quälerei endlich ein Ende!"

„Du bist ein kleiner dummer Junge. Ich will dir ja nur helfen. Wenn du uns alles erzählst, wirst du bald wieder zu Hause sein!"

Von einer auf die andere Sekunde wechselt die Atmosphäre. Freundschaftlich, ja väterlich erklärt er mir, daß er nur das Beste für mich wolle.

„Deine Mutter wartet auf dich und weint oft", läßt er übersetzen. „Ich will ihr auch helfen. Sag uns deinen Kontaktmann, und du darfst nach Hause gehen!"

„So glauben Sie mir doch, es gibt keinen Kontaktmann!"

„Nun, ich weiß, du bist bei der Hitlerjugend dazu erzogen worden, nie jemanden zu verraten, und deshalb schweigst du und deshalb lügst du. Deine Freunde haben uns erzählt, du hast dich mehrmals mit einem fremden Mann getroffen. War es zu Hause? War es in Görlitz?"

„Ich habe keinen fremden Mann getroffen, und es kann auch gar nicht stimmen, daß meine Freunde so etwas erzählen!"

Lächelnd spricht er zu der Dolmetscherin, die mir dann folgendes übersetzt: „Du bist ein Hitlerjungenschwein! Du wagst es zu sagen, daß ich lüge. Wenn ich sage, deine Freunde haben das gesagt, dann ist das wahr. Sowjetmenschen lügen nicht, und Offiziere schon gar nicht!"

Er lacht und schüttelt den Kopf und spuckt wieder in die Schublade. Während des gesamten Verhörs von zwei bis drei Stunden schreibt er handschriftlich vieles auf. Unverständlich ist mir immer wieder, warum diese Verhöre nachts von etwa 24 Uhr bis drei Uhr morgens stattfinden. Sicher glaubte man, die Untersuchungshäftlinge dadurch noch besser unter psychischen Druck setzen zu können.

„Warum bist du Feind von Kommunisten, Stalin und Sowjetunion? Warum willst du kämpfen als Partisan gegen Rote Armee?"

Immer wieder werden diese stereotypen Fragen gestellt.

„Warum hast du Bild von Generalissimus Stalin verbrannt?"

Und immer wieder versuche ich es zu erklären. Ich kann doch kein Freund von den Menschen sein, die alte Frauen und junge Mädchen vergewaltigen. Ich kann kein Freund von sowjetischen Soldaten sein, wenn sie Männer aus unserem Dorf verschleppen, von denen man nie wieder etwas gehört hat. Ich kann auch kein Freund sein von Soldaten, die plündern und brandschatzen. Ich kann auch kein Freund sein von einem politischen System, das offiziell seine Soldaten dazu aufruft: „Tötet, tötet die Deutschen, denn der beste Deutsche ist ein toter Deutscher." Oder: „Wenn du nicht pro Tag wenigstens einen Deutschen getötet hast, war es ein verlorener Tag." Oder: „Wenn du einen Deutschen getötet hast, dann töte einen zweiten, nichts stimmt uns froher als deutsche Leichen."

In den ersten Verhören habe ich nur zögernd all diese Vorwürfe ausgesprochen. Ich wurde deshalb angeschrien, geschlagen und psychisch gefoltert. Jetzt höre ich mir das alles immer wieder an, ohne eine Miene zu verziehen.

„Wer sind die alten Nazis, die dich aufgehetzt haben?"

„Es gibt keinen, der mich aufgehetzt hat! All das habe ich selbst erlebt und mit meinen eigenen Augen gesehen."

„Du lügst schon wieder!"

„Ich lüge nicht! Aber so wie die russischen Partisanen gegen uns Deutsche gekämpft haben, weil sie ihre Heimat liebten, so wollte ich im kommenden Krieg helfen, meine Heimat zu schützen."

Die sogenannten alten Nazis aus unserem Dorf haben viel zuviel Angst, noch immer irgend jemanden in ihrem Sinne zu beeinflussen. Nach dem Ende des Krieges hat es wirklich nie jemanden gegeben, der uns Jungen angestachelt hätte. Wir waren das geworden, was man aus uns gemacht hatte, wie man uns erzogen hatte bis zum Ende des furchtbaren Kriegs. All das, was wir aber danach erlebten, war keineswegs dazu angetan, uns umzuerziehen. Ganz im Gegenteil, nach all den persönlich erlebten Grausamkeiten und Ungerechtigkeiten muß jeder Anständige, der sich Gedanken über die neue Situation macht, das tun, was er für notwendig und richtig hält.

Die für uns geltende Wertskala kann durch das Neue nicht verändert werden, denn in den für uns sichtbaren Auswirkungen mußte der Stalinismus das Falsche und Menschenverachtende sein, so wie wir es in der Kriegspropaganda gehört und in den Wochenschauen gesehen hatten.

All das versuche ich bei meinen Vernehmungen dem mächtigen, mich vernehmenden Offizier zu erklären. Aus meiner Sicht habe ich nie etwas Verwerfliches getan. Ich habe mich so verhalten, wie es das Gesetz befahl.

Da er mir schon mehrmals erklärt hatte, daß in der Sowjetunion und im Kommunismus alles besser ist, frage ich ihn: „Warum gesteht man mir keinen Verteidiger zu? In Deutschland hat jeder Angeklagte einen Verteidiger."

Die müde Dolmetscherin übersetzt, und es entwickelt sich ein heftiges Gespräch zwischen den beiden, natürlich auf russisch. Ich verstehe kein Wort. An der Mimik der beiden glaube ich aber ablesen zu können, daß sie sich streiten, was mir natürlich gefällt. Ich bekomme auf meine Fragen keine Antwort. Dadurch bekomme ich Mut für eine zweite Frage.

„Alle meine sogenannten Straftaten, aus Ihrer Sicht, habe ich mit 16 und 17 Jahren begangen. Abgesehen davon, daß meine, daß unsere Verhaltensweise letztlich durch die Grausamkeiten und Brutalitäten der Roten Armee ausgelöst wurden und somit für mich nichts Ehrenrühriges, sondern sogar etwas Ehrenhaftes waren, möchte ich fragen, ob es im kommunistisch-stalinistischen Strafrecht so etwas ähnliches wie ein Jugendstrafrecht gibt. In Deutschland und anderen zivilisierten Kulturländern wäre so etwas selbstverständlich."

Die mir in diesem Moment sogar nett erscheinende Dolmetscherin übersetzt meine Worte mit einem herausfordernden Blick und in einem etwas provozierenden Ton. Er aber antwortet in seinem gebrochenen Deutsch, direkt an mich gewandt: „Wenn in Rußland Junge kann machen Kind, dann ist Junge Mann, und das kann er schon mit 14 oder 15 Jahren, und auch du kannst Kind machen!"

Bei diesen Worten machte er eindeutige Handbewegungen. Die Dolmetscherin schüttelt mit dem Kopf und weicht meinem fragenden Blick aus.

Wie jede dieser nächtlichen Vernehmungen wird auch heute der Schlußstrich dadurch gesetzt, daß ich jede Seite des in russisch geschriebenen Protokolls unten rechts zu unterschreiben habe. Dabei schaue ich wie immer vorwurfsvoll den Uniformierten an. Er weiß, was mein Blick sagt: „Ich weiß nicht, was ich hier unterschreibe, ich tue es aber, um nicht geschlagen oder erschossen zu werden."

Nach dem ersten Verhör hatte ich mich geweigert zu unterschreiben, da ich den russischen Schriftsatz nicht lesen konnte und deshalb nicht wußte, was ich unterschrieb.

„Du wirst noch unterschreiben", war der einzige Kommentar.

Nach dem zweiten Verhör, als ich die Unterschrift verweigerte, wurde ich furchtbar angeschrien und mit sofortigem Erschießen bedroht.

Nach dem dritten Verhör wurde ich von zwei herbeigerufenen sowjetischen Posten so zusammengeschlagen, daß ich das Bewußtsein verlor. Ab dem vierten Mal unterschrieb ich alles, was mir an Protokollen in russisch vorgelegt wurde. Mir war klargeworden, entweder ich unterschreibe oder sie erschlagen mich.

Ab jetzt weiß ich auch, warum all diese sogenannten Gerichtsverhandlungen der NKWD oder früheren GPU und des jetzigen MWD bei den Sowjets absolute Geheimverhandlungen sind und der Angeklagte nie einen Verteidiger als Beistand zur Verfügung hat.

Der verschlafene Posten holt mich wie immer ab. Wir beide gehen durch das gespenstische Zellenhaus.

„Hände zurück! Kopf runter!"

Er schmeißt die Zellentür krachend zu. Der Schlüsselbund klirrt. Nun bin ich wohl dem baldigen Tod durch Erschießen wieder einen Schritt näher gekommen. Hätte doch dieses Martyrium bald eine Ende!

An einem dieser Tage glaube ich aber auch ein bißchen Glück zu haben. Ein russischer Posten hat Mitleid mit mir. Er ist ohnehin immer freundlich und bringt mir unerwartet zwei oder drei Pfund Pellkartoffeln, dazu eine große Handvoll Salz. Gierig schlinge ich diese Kostbarkeit, natürlich mit Schale und viel Salz, herunter. Endlich bin ich einmal satt.

Es bleibt aber viel Salz übrig, das ich sorgfältig in dem kleinen hölzernen Regal aufbewahre. In den folgenden Tagen schlecke ich aus Hunger und Langeweile immer wieder an dem Salz. Durst quält mich und treibt mich fast zum Wahnsinn. Als die weißen Kristalle aufgezehrt sind, beobachte ich erschrocken, daß meine Füße und Unterschenkel beiderseits auffallend dick angeschwollen sind.

Mehrmals habe ich die oft hilflos wirkenden Wachposten höflich um etwas zu trinken gebeten. Achselzuckend und kopfschüttelnd lehnten sie meinen so einfachen Wunsch immer ab. Offensichtlich ist ihnen streng verboten worden, uns irgend etwas zu geben. Mir bleibt nur ein Ausweg. Die blecherne Kloschüssel in der Zelle wird gelegentlich mit Wasser gespült. Nur die ersten Male, als mich der Durst furchtbar plagte, hatte es mich Überwindung gekostet, mit drei Fingern aus dem besonders kleinen Abflußloch der unreinen Kloschüssel Wasser zu schöpfen und gierig zu schlürfen. Jetzt war ich sehr froh, diese eigentlich widerliche und unappetitliche Möglichkeit zu haben. Nur zu gut kann ich mir vorstellen, wie Menschen, die sich in der Wüste verirrt haben, dem Wahnsinn nahe, dann jedes noch so schmutzige Wasser trinken, so sie doch noch eine Wasserstelle finden.

In meiner so kargen Zelle habe ich einen nicht fixierten Gegenstand. Es ist ein kleiner Handfeger mit nur noch wenigen schwarzen Borsten. Aber was kann man schon damit anfangen? Ständig begleitet und beschäftigt mich die so oft vorgetragene Drohung: „Wir werden dich erschießen!“

Daß dies durchaus realistisch sein könnte, bestätigen mir die vier unauffällig in die weißgetünchte Wand eingeritzten Todesurteile.

„ … bin am soundsovielten zum Tode verurteilt worden …“ Dann folgen der Name und eine kurze Anschrift der nächsten Angehörigen.

Die Vorstellung, erschossen zu werden, verbindet mich immer mit der Furcht, unmittelbar vorher um Gnade zu betteln, jämmerlich zu weinen anzufangen oder irgendwie durchzudrehen.

Damit ich wirklich standhaft bleibe, übe ich immer wieder meine Hinrichtung.

Bekomme ich einen Genickschuß? In diesem Falle müßte ich mich hinknien. Also knie ich mich vor die unten grün getünchte Zellenwand, zähle bis drei. Das sehr langsam.

Sollte ich aufrecht stehend von vorn erschossen werden, will ich den Gewehrläufen fest entgegensehen. Um das zu üben, stelle ich besagten Handfeger in eine Ecke der Zelle, so daß mir der hölzerne Stiel ins Gesicht sieht. Die ständige Wiederholung dieser schrecklichen Übung gräbt sich so tief in meine Vorstellung ein, daß ich schließlich in dem kleinen Instrument ein Gewehr sehe.

Als mir klar wird, daß ich offensichtlich bald wahnsinnig werde oder es schon bin, stelle ich diese Übung ein.

Ich will ja bei dem Verhör unbedingt im Vollbesitz meiner geistigen Kräfte und Fähigkeiten sein.

Bei all den langen nächtlichen Verhören ist die Ungewißheit darüber, was die mitinhaftierten Freunde ausgesagt haben, etwas quälend. Nichts, gar nichts will ich zugeben, nur das, was sie ohnehin schon wissen.

Ich komme auf eine Idee. Unsere Tage sind endlos. Es herrscht gespenstische Stille im Zellenbau in Bautzen. Ich weiß aber, daß meine Kameraden nur wenige Zellen oder Stockwerke von mir getrennt sind.

Sofort nach der Verhaftung hatten uns die Sowjets getrennt, damit wir uns ja nicht absprechen konnten. Wir können also nicht miteinander kommunizieren. Doch Not macht erfinderisch. Ich stelle mir in Gedanken ein Lied-Alphabet zusammen, denn ich habe ja nichts zu schreiben. Zum Beispiel:

A = Am Abend auf der Heide

B = Bitte, bitte, lieber kleiner Geiger

D = Davon geht die Welt nicht unter

E = Einmal am Rhein

F = Frühmorgens, wenn die Hähne krähn usw. usw.

Einen ganzen Tag nehme ich mir Zeit, um die Buchstaben mit den Liedanfängen Walter zuzupfeifen, in großen deutlichen Abständen. Die Wachposten dürfen dies natürlich nicht mitbekommen. Ich stelle mich also an die Tür und höre, ob ein Posten herumläuft. Vielleicht nach zehn oder 15 Minuten pfeife ich in die Stille einen Liedanfang.

Es dauert vielleicht neun oder zehn Tage, ehe ich Antwort bekomme, aber es klappt. Wir sind sehr vorsichtig. Aber die erste Nachricht, die ich von meinem Freund Walter bekomme, erschüttert mich sehr und läßt meine Hoffnung auf den Nullpunkt sinken.

„Mit Waffen auch raus", womit er meint, daß die Russen irgendwie doch erfahren haben, daß wir Waffen versteckt hatten, zwei Gewehre und zwei Pistolen. Irgendeinen müssen sie also doch mit List und Tücke und Gewalt dazu gebracht haben, dieses Geheimnis preiszugeben, oder er hat mit einem Dritten darüber geplaudert, der uns dann verraten hat.

Heute ist der 4. Oktober 1947, und über 30 nächtliche Verhöre habe ich überstanden. Es ist vormittags. Der Wachposten öffnet meine quietschende Zellentür.

„Name? Gardeggen? Komm!"

Hinter mir gehend, stößt er mich die engen, düsteren Gefängnisflure entlang in eine Richtung, die ich noch nie gegangen bin. Sofort drängt sich mir in mein Bewußtsein der Gedanke, daß das das Ende für mich ist. Jetzt werden sie mich erschießen.

Doch plötzlich bin ich in einem größeren Raum. Rechts zwei trübe, große Fenster. In jeder Ecke des Zimmers steht ein uniformierter sowjetischer Soldat mit einem Schnellfeuergewehr und zwei innen vor der Tür. Zwei aneinandergestellte Holzbänke stehen einem langen Tisch parallel gegenüber. Der Tisch ist mit rotem Tuch bedeckt. An der Wand hängt, mir wie eine widerlich grinsende Visage vorkommend, das Porträt von Stalin.

Ich bin erstaunt, erschrocken und erfreut zugleich. Nacheinander werden meine Freunde hereingebracht. Walter Hamann, Rudi, Werner Lätsch, Lothar Ruf und Hilde Lätsch, Werners Schwester. Sie hatte nichts, aber auch gar nichts mit unseren Aktivitäten zu tun.

Wie die armen Sünder sitzen wir fünf Jungen und Hilde hohlwangig, blaß, abgemagert und kahlgeschoren auf den Bänken in unserer abgerissenen und stinkenden Kleidung. Nicht einmal durfte ich in diesen sechs Monaten Untersuchungshaft an die frische Luft gehen.

Plötzlich öffnet sich die Tür hinter dem Tisch. Mehrere z. T. auffällig dekorierte Offiziere und eine Frau betreten schwatzend und sich offensichtlich gut amüsierend den schlichten Raum und setzen sich hinter den Tisch uns gegenüber.

Es folgt ein langes Palaver in russisch. Ab und zu hören wir unsere Namen. Die Dolmetscherin, die bisher kaum in Erscheinung getreten war, fordert uns lediglich immer wieder auf, aufzustehen und uns wieder hinzusetzen. Endlose Seiten aus den Akten werden in russisch verlesen.

Es ist eine unheimliche Situation. Ich bin immer mehr davon überzeugt, daß mich jetzt das Todesurteil trifft. Dabei überfällt mich zunehmend ein eigenartiges Gefühl. Mir kommt es zwar vor, als wenn sich ein Panzer um meinen Brustkorb schließt, aber richtige Angst habe ich eigentlich nicht. Wie viele Soldaten sind auch schon in meinem Alter gefallen und wie viele sind durch Bomben umgekommen? Wie viele sind schon erschossen und umgebracht worden? Sie hatten auch nur 18 Jahre oder weniger lange gelebt.

Das Martyrium der Ungewißheit, ob Todesstrafe oder nicht, wird nun wenigstens ein Ende haben.

Zum Teil wird der sowjetische MWD(KGB)-Offizier, der die sogenannten Verhandlungen führt, sehr laut, heftig und vorwurfsvoll, was ich aber nur seiner Gestik und Mimik entnehmen kann, denn ich verstehe kein Russisch.

Verstohlen sehen wir uns gegenseitig an. Jeder zeigt Haltung. Keiner weint oder winselt.

Da werde ich plötzlich von der Dolmetscherin aufgefordert, ein letztes Wort zu sagen. Aufgrund dieser Formulierung ist mir klar, daß ich zum Tode verurteilt worden bin. Jetzt ist mir alles egal. Mit sehr deutlichen Worten und drastischen Schilderungen erkläre ich dem sogenannten Gericht, weshalb ich, logischerweise, ein Gegner der Besatzer geworden bin.

„Wenn alte Frauen, junge Mädchen, Schwangere und Ordensfrauen von Soldaten der Roten Armee vergewaltigt werden dürfen, ohne daß sie dafür zur Rechenschaft gezogen und bestraft werden, wenn ein sowjetischer Soldat versucht hat, meine Mutter zu schänden, wenn Angehörige dieser Armee plündern und rauben, brandschatzen und Zivilisten erschießen lassen, dann kann ich doch kein Freund dieses politischen Systems sein. All das habe ich ja persönlich erlebt. Und es ist leider vieles genau so eingetreten, wie wir es in den Propagandasendungen im Krieg gehört hatten."

Durch das Aufzählen der schlimmen Taten, die ich persönlich mit den Sowjets erlebt hatte, versuche ich meinen finster blickenden Richtern zu erklären, warum ich so wurde, wie ich bin. Sehr deutlich betone ich zum wiederholten Male, daß keiner von uns sechs Angeklagten je einem Sowjetbürger bzw. Russen direkt auch nur ein Haar gekrümmt hätte.

Die kalte Dolmetscherin übersetzt offensichtlich nur Teile meiner Verteidigungsrede, denn ihre Übersetzungen sind sehr kurz. Dann wird mir abrupt die weitere Rede verboten, und die anderen kommen kurz zu Wort. Keiner bittet um Gnade. Jeder versucht zu sagen, warum er so dachte, und dafür gibt es ja wirklich sehr viele Gründe.

Wir werden aufgefordert, uns zu erheben. Jetzt wird uns jeder Satz übersetzt.

„Aufgrund der Tatbestände erklärt das Militärtribunal Wolfgang Hardegen, Walter Hamann, Rudi Kahl, Werner Lätsch und Lothar Ruf gemäß den Paragraphen 58-8, 58-9, 58-10 Abs. II und 58-11 StGB der RSFSR sowie Hilde Lätsch gemäß Paragraph 58-10 Abs. II für schuldig."

Wolfgang Hardegen, Walter Hamann, Rudi Kahl erhalten nach Paragraph 58-8 usw. je 25 Jahre Haftstrafe in einem Arbeitslager, nach Paragraph 58-9 usw. je 25 Jahre und nach Paragraph 58-2 je zehn Jahre. Also insgesamt 60 Jahre. Für die Gesamtheit der von ihnen begangenen Straftaten wird kraft Paragraph 49 das endgültige Strafmaß für Hardegen, Hamann und Rudi K. auf je 25 Jahre festgesetzt, die Höchststrafe, die es jetzt in der Sowjetunion und ihrem Einflußbereich gibt. Werner Lätsch wird zu 20 Jahren Freiheitsentzug, Lothar Ruf zu 15 Jahren und Hilde Lätsch zu acht Jahren verurteilt.

In dem Augenblick, als ich die Worte „25 Jahre Arbeitslager" höre, möchte ich am liebsten einen Luftsprung vor Freude machen. 25 Jahre Arbeitslager heißt für mich: Du bist nicht zum Tode verurteilt.

Das alleine ist in diesem Moment für mich wichtig, denn das heißt, daß ich weiter leben und hoffen darf. Auch jetzt dürfen wir nicht miteinander reden. Jeder wird in seine Zelle zurückgebracht. Der Posten, der mich abholt, ist heute gut gelaunt.

Er fragt: „Wieviel?"

Ich antworte ihm: „25 Jahre", und er meint lachend: „Zuwenig, zuwenig", schüttelt seinen kahlgeschorenen, mit einem schief aufgesetzten Käppi bedeckten Kopf, schlägt mir auf die Schulter und sagt tröstend: „Bald nach Haus!"

In meiner Zelle versuche ich erst einmal meine Gedanken zu ordnen.

Was hat Hilde eigentlich getan? Nie hatten wir etwas miteinander zu tun gehabt. Ihr Bruder hatte sie gebeten, auf die rote Fahne ein rundes weißes Tuchstück und ein schwarzes Hakenkreuz aufzunähen. Und das hatte sie auch noch verkehrt herum angebracht. Das war aber auch alles. Und dafür hatte sie nun acht Jahre Arbeitslager bekommen.

Lothar Ruf war acht oder zehn Tage vor unserer Verhaftung von einem von uns ins Vertrauen gezogen worden. Ihm hatten wir lediglich erzählt, daß wir im Fürstenstein die rote Fahne und die Bilder von Lenin, Stalin und Thälmann entfernt hatten. Er war gefragt worden, ohne ihm etwas Genaueres über unsere Absichten zu erklären, ob er mit uns Freundschaft schließen wollte. Er müßte aber verschwiegen sein. Er hat nie etwas getan und kaum etwas zu unserem Vorschlag gesagt. Er ist absolut unschuldig. Dafür 15 Jahre Arbeitslager! Allein diese beiden Urteile bestätigen mir, daß es richtig war, sich gegen so ein Terrorregime zu stellen.

Kurze Zeit nach der Verurteilung komme ich nach halbjähriger Einzelhaft endlich in eine Gemeinschaftszelle, zusammen mit etwa einem Dutzend Mitgefangener. Die Freude, endlich wieder mit anderen Menschen zusammenzusein, ist groß. Alle sind zu 25 Jahren Zwangsarbeitslager verurteilt worden.

Wir sehen erbärmlich aus. Zu Skeletten abgemagert, hohlwangig, in zerlumpten, stinkigen Kleidern und bleich wie der Tod. Während der fast sechsmonatigen U-Haft war ich nicht einmal an der frischen Luft. Normalerweise gibt es ja für Häftlinge wenigstens täglich 10 oder 20 Minuten Freigang, d. h. einen kurzen Spaziergang im bewachten Gefängnishof. Auch das verwehrte man mir.

Die Kleidung, die ich bei meiner Verhaftung anhatte, trage ich nun schon ein halbes Jahr. Sie zu wechseln oder zu reinigen, ist mir nicht erlaubt und auch nicht möglich. Nicht nur die Wachposten, sondern auch die vernehmenden Offiziere hatte ich mehrmals gebeten, ob ich nicht wenigstens einmal duschen oder baden könnte. Nur höhnische Kommentare und schmutzige Antworten wurden mir daraufhin gegeben.

Wie aber geht es jetzt weiter? Wir nehmen an, daß man uns irgendwohin nach Sibirien verschleppt. Mir ist klar, daß der Transport dorthin unsere letzte Chance zur Flucht ist.

Nach wenigen Tagen werden wir aus der Zelle geführt. Uns werden Handschellen angelegt. Wir kommen auf einen Lkw, der mit einer Plane überzogen ist. Wir müssen uns hinten auf die Ladefläche setzen, den Kopf vornüber, und die mit Handschellen gesicherten Hände auf den Rücken legen. Mehrere bewaffnete sowjetische Soldaten steigen mit uns ein, und es beginnt eine Fahrt, die unserer Meinung nach in Sibirien enden wird.

Aber weit gefehlt. Nach wenigen Minuten bereits stoppt das Auto, wir durchfahren ein Torhaus und sind im Gelben Elend. Jeder wird aufgerufen. Ich komme alleine in eine Zelle des Kreuzbaus, die vollkommen leer ist. Lediglich die Zentralheizung an der Wand ist installiert. Plötzlich betreten drei brutal aussehende breitschultrige Riesen den kahlen Raum. Ich werde grob aufgefordert, mich an die Wand zu stellen, die drei stehen mir gegenüber, keiner sagt ein Wort.

Plötzlich tritt der eine auf mich zu, und im ersten Moment nehme ich an, daß er einen Diener vor mir machen will. Er geht in die Knie, packt mich mit seiner rechten Hand am Hemd und gibt mir mit seinem Kopf einen Kinnhaken, so daß ich zu Boden falle. Die anderen zwei sind mit einem Knüppel bewaffnet und schlagen wild auf mich ein, treten auf mir herum, bis ich bewußtlos am Boden liege. Wie lange, weiß ich nicht.

Als ich wieder aufwache, ist mein ganzes Gesicht verschwollen und blutverschmiert, und meine Zähne sind locker. Ich blute am ganzen Körper und habe riesige Blutergüsse, irgend etwas zum Verbinden habe ich selbstverständlich nicht. Besonders schmerzen mir der Kopf, die Rippen und der Bauch. Die Kopfschmerzen sind fast unerträglich. Offensichtlich ist mein Nasenbein gebrochen. Ich erbreche mehrmals und verliere nochmals das Bewußtsein. Irgendwann kommen zwei sowjetische Soldaten.

„Aufstehen!" schnauzen sie mich an. „Aufsteehhhn!"

Nach mehreren Versuchen schiebe ich mich an der blutverschmierten Wand hoch und torkle einige Schritte durch die Zelle. Als ich mein Blut am Boden sehe, wird mir wieder übel. Ich muß erneut erbrechen.

Es werden zwei Mitgefangene gerufen, die mich auf West IV Zelle 16 schleppen. Meine Arme lege ich auf ihre Schultern. Sie tragen mich mehr, da ich nicht selbstständig laufen kann. Immer wieder dreht sich alles, und mir wird erneut übel. In der Einmannzelle sind bereits drei Gefangene, die vollkommen entsetzt sind, als ich so zerschlagen in die Zelle gestoßen werde. Sie sind sehr skeptisch mir gegenüber, weil man mich gar so zugerichtet hat. Ich scheine ja ein ganz besonders gefährlicher und schlimmer Fall zu sein. Wochenlang dauert es, bis meine Kopfschmerzen, die Übelkeit und der Schwindel langsam abklingen, die Blutergüsse sich resorbiert haben und die Wunden geheilt sind.

Offensichtlich hat man mir einen besonderen Empfang im Gelben Elend beschert.

Nachdem meine drei Mitbewohner etwas mehr Vertrauen zu mir gefaßt haben, versuchen wir herauszubekommen, warum ich so zusammengeschlagen wurde. Es wird mir bald klar, was für einen Fehler ich unmittelbar nach meiner Verurteilung gemacht habe.

Nach einem halben Jahr Einzelhaft freut man sich unwahrscheinlich, darüber wieder mit Menschen reden zu können. Alle waren wir in der Gemeinschaftszelle zu 25 Jahren verurteilt, also eine Schicksalsgemeinschaft, Gleichgesinnte.

Ich habe allen sofort erzählt, daß wir jetzt nach Sibirien kommen.

„Wenn wir erst mal dort sind, werden wir die Heimat nie wiedersehen! Unsere einzige Chance ist, auf dem Weg dorthin zu fliehen!“

Danach hatte ich verschiedene Fluchtpläne entwickelt.

Ich konnte mir einfach nicht vorstellen und habe deshalb nicht im entferntesten daran gedacht, daß unter uns ein Spitzel sein könnte, der mich verraten hatte.

Einer meiner drei Mitbewohner, das ist mir jetzt klar, ist ebenfalls ein Spitzel. Er wird immer wieder allein aus der Zelle geholt und kommt nach etwa einer halben Stunde zurück, ohne etwas zu sagen.

Zu unserem trostlosen Dasein gesellt sich somit auch noch das Mißtrauen. Solange ich hier gefangen bin, werden immer diese miesen Spitzelkreaturen zwischen uns sein. Später höre ich von meinem Freund Rudi, daß er von drei Sowjetuniformierten ebenso zusammenschlagen worden ist. Er wurde so brutal verprügelt, daß dabei einem der kaltblütigen Schläger ein Stiefel kaputtging. Narben in seinem Gesicht werden ihn immer an diese grausame Mißhandlung erinnern.

17

Der Heilige Abend 1947 in West IV Zelle 16

Wie an jedem dieser trüben Tage schrillt um sechs Uhr die häßliche Glocke zum Aufstehen, und wie an jedem Morgen schmerzen mir die Knochen im Leib, besonders aber die vorspringenden Beckenknochen.

Die Einmannzelle hat links ein eisernes Klappbett mit einer verschmutzten und zerrissenen Matratze, rechts gegenüber steht das wacklige Holzgestell mit drei übereinander gelegenen schmalen Liegeflächen ohne Strohsack. Wegen der völligen Überfüllung macht man so aus einer Einmannzelle eine Viermannzelle.

Seit langen Monaten liege ich, etwa 35 Kilogramm leicht, im untersten Bett dieses wackligen Fichtenholzgestells. Es gibt keine Kopfkissen oder Decken.

Wie immer in diesem ersten Haftwinter friere ich nur einmal, und das ist immer. Als Kopfkissen nehme ich meine Schuhe, alt und stinkig, als Zudecke meinen alten, zerschlissenen Mantel. Obwohl durch die Zelle Heizungsrohre laufen, ist es immer kalt, ja, oft sogar sehr kalt. Die Heizrohre sind manchmal am Nachmittag höchstens ein oder zwei Stunden lauwarm. Das ist alles. Aus dem kleinen Zellenfenster ist außerdem ein handtellergroßes Stück Glas herausgebrochen. Es zieht ständig.

Wie an jedem dieser trostlosen Tage wird die quietschende Zellentür bald nach dem Wecken zum Kübeln aufgeschlossen. Ein eimerähnlicher Holzkübel ohne Dekkel, in den wir vier glatzköpfig geschorenen sogenannten Strafgefangenen unsere Exkremente entsorgen, wird vor die Tür gestellt.

Die Kalfaktoren, die einzigen Mithäftlinge, die sich außerhalb der Zellen aufhalten dürfen, meist Kriminelle und üble Kollaborateure, leeren die Kübel aus. Toilettenpapier, wie überhaupt jede Form von Papier, zu besitzen, ist übrigens strengstens verboten.

„Unsere Befreier“, die im Namen von Freiheit und Menschenrechten uns verwerflichen Deutschen endlich Humanität und Gerechtigkeit, Friedfertigkeit und eben ihre Demokratie beibringen wollen, haben jämmerliche Angst davor, daß ihre Schandtaten in der Welt bekannt werden. Auch die Namen der Toten, die sie durch unmenschliche Behandlung täglich produzieren, darf niemand erfahren. Sie haben Angst vor jedem Stückchen Papier.

Zum zweiten Mal öffnet sich, wie immer, die knarrende Zellentür zum erwarteten Empfang des köstlichen Weihnachtsfrühstücks. Aber leider bekommt, wie immer, jeder Gefangene etwa einen halben Liter schlecht schmeckende Mehlsuppe, dünn wie Wasser, heute aber ausnahmsweise etwas warm. Mit unserer Stalinkelle, einem rauhen Holzlöffel, schlürfen wir gierig und hungrig, ohne ein Wort zu sprechen, die Suppe in uns hinein. Diese Stalinkelle ist übrigens unser einziges Eßinstrument. Natürlich haben wir weder eine Gabel noch ein Messer. Unser einziges Eß- und gleichzeitig Trinkgefäß ist ein bräunlicher Blechnapf, aus dem große Emailsplitter herausgesprungen sind. In wenigen Minuten haben wir auch heute die lieblose Blechschüssel geleert und mit den Fingern gesäubert.

Abwaschen des Holzlöffels oder des Blechnapfs ist nicht nötig, vor allem auch nicht möglich. Es gibt kein Wasser in den Zellen.

Danach folgt wieder der schrille Glockenton. Ein Kalfaktor schreit: „Zählappell!"

Wir haben uns gut sichtbar und stramm in der Zelle in einer Reihe aufzustellen. Wenn wir Glück haben und der sowjetische Posten faul ist, hören wir nur seine Stiefelschritte und das Klappern des Spions, des kleinen Glasgucklochs in der Zellentür. Hat er aber Langeweile, öffnet er die Tür.

Einer von uns meldet: „West IV Zelle 16 belegt mit vier Strafgefangenen."

Dann schreit er uns oft an. Aber keiner von uns versteht ihn. Schikanen sind häufig. Am Abend erfolgt die gleiche Zeremonie. Für die erste Hälfte des Tages ist dann alles getan: aufgestanden, gekübelt, warmes Wasser geschlürft, Zählappell.

Zwar bin ich zu Zwangsarbeit verurteilt, aber arbeiten darf ich nicht. Lebendig begraben.

3,8 Meter lang und 2,2 Meter breit ist die kalte Zelle für uns vier Gefangene. Das sind etwa acht Quadratmeter, also zwei Quadratmeter Lebensfläche pro Häftling.

Einer unserer Zellenkameraden ist Bauer. Auch er wurde ebenfalls zu 25 Jahren verurteilt. Er beschäftigte Fremdarbeiter auf seinem Hof, die ihm zugeteilt worden waren. Seine Söhne waren Soldaten. Er wurde wegen Verbrechens gegen die Menschlichkeit verurteilt. Er ist ein gutmütiger Zellenmitbewohner und hat sicherlich keinem ein Leid zugefügt. Kurt, so heißt er, hustet in den letzten Wochen auffallend viel, und seine Anfälle, besonders nachts, erschrecken uns drei immer wieder. Keiner sagt, was jeder denkt. Er hat bestimmt die Motten, sprich Tbc, d. h. Tuberkulose. Das ist ein sicheres Todesurteil, dem schon viele Hunderte, wenn nicht gar Tausende, zum Opfer gefallen sind. Ärztliche Betreuung, Untersuchungen oder Behandlungen, Medikamente oder Isolierung wegen der Ansteckungsgefahr gibt es nicht. Wer hier krank wird, muß von alleine wieder gesund werden oder in der Zelle sterben. Dann gibt es wenigstens Platz für neue Häftlinge.

Zu erbarmungswürdigen Skeletten abgemagert, fristen wir hoffnungslos ein menschenunwürdiges Dasein in einem stinkenden Loch.

In dieser Situation gilt es, ein Bündnis mit der Zeit zu schließen. Zeit vergeht, ob lebendig begraben oder glücklich auf einer wunderschönen Insel irgendwo auf diesem so herrlichen Erdball.

Jetzt leidet mein Körper in seiner ganzen Unzulänglichkeit, also kompensiere ich dieses Leiden durch Denken. Die nicht körpergebundene Freude des Geistes und fühlendes Glück der Seele lassen mich manches leichter ertragen.

Das befehle ich mir jetzt selbst. Ich bemühe mich also, einen Weg zu gehen, der in Richtung Schizophrenie führt. Spaltungsirresein heißt das. Geist und Seele versuche ich vom kranken Körper zu trennen.

Und so wandern heute an diesem besonderen Tag des Jahres meine Gedanken in die Vergangenheit. Wie schön, wie lieblich und friedlich war es doch immer zu Hause an Weihnachten.

Und jetzt bin ich Gefangener in einem vergitterten Loch von acht Quadratmetern. Doch heute ist Heiliger Abend. Wenn der müde und langsam dahinsiechende Körper gefesselt und geknebelt ist, so bleibt eben doch die Freiheit des Geistes. Die Gedanken sind frei. Das Schöne in der Erinnerung kann mir niemand nehmen, und erst recht keiner dieser widerlichen Knechte in Uniform mit fremder Sprache.

Die immer wache Phantasie entführt mich aus diesem vergitterten Grab und verwischt die Grenzen der Realität. Schnelles Sterben ist hart und sehr traurig, langsames Dahinsiechen grausam, eklig, widerlich, ja teuflisch.

Doch meine Gedanken gehen erneut auf die Reise, und keiner kann sie fesseln. Wie wird es heute zu Hause sein? Wird meine Mutter überhaupt noch im Hause sein? Haben sie sie auch abgeholt oder verschleppt? Oder haben sie sie nur aus dem Haus getrieben? Lebt sie überhaupt noch? Gibt es noch eine Seele in unserem verschneiten Dorf, heute am Heiligen Abend, die an mich denkt? Eine unendliche Fülle an Gedanken nimmt mich gefangen.

Wenige Tage vor dem Fest ging ich mit der kurzstieligen Axt immer in den an unser Grundstück grenzenden Wald und fällte dort einen passenden Baum, meist eine über zwei Meter hohe Fichte, seltener eine Tanne. Den Baum hatte ich immer schon im Sommer oder im Herbst bei meinen vielen einsamen Spaziergängen und Wanderungen ausgesucht. Manches Mal tat es mir leid, einen so jungen Baum zu fällen, aber die Tradition wollte es so, und ein Weihnachtsfest ohne Tannenbaum ist ja undenkbar.

Immer kam von meiner Mutter die Frage: „Hast du auch den Förster um Erlaubnis gefragt?“

Meist überhörte ich diese Frage oder murmelte etwas Unverständliches, da ich natürlich nie gefragt hatte.

Mir fällt ein, daß ich einst einen Hausaufsatz in der Volksschule zu schreiben hatte: „Unser Weihnachtsbaum“. Unser Lehrer für alle Fächer hatte uns diese Aufgabe für die Weihnachtsferien gegeben. Obwohl ich gerne in die Schule ging, weil ich als Einzelkind dann mit meinen Freunden zusammensein konnte, haßte ich jedoch die störenden Hausaufgaben. Am letzten Tag der Ferien, am Abend, beichtete ich meiner Mutter meine oft grenzenlose Schulfaulheit. Sie schimpfte mit mir und erklärte, daß so nie etwas aus mir werden würde. Selbstverständlich half sie mir aber sofort, und wir schrieben diesen Aufsatz. Der letzte Satz ist mir immer noch in Erinnerung: „Der grüne und so schön gewachsene Baum, der uns so erfreut hat, wird uns zum Schluß noch nützlich sein, da er zerkleinert zum Anheizen unseres Kachelofens im Wohnzimmer gebraucht werden wird.“

Ja, wie schön war es doch immer am Heiligen Abend, auch in den Kriegsjahren. Nach dem oft umständlichen Aufstellen des Christbaumes im kachelofenbeheizten Wohnzimmer wurde er von Mutter immer in der gleichen Weise geschmückt. Weiße Kerzen, silbernes Lametta, weiße und gläserne Glocken und Kugeln und eine recht große gläserne weißliche Christbaumspitze mit vier kleinen Glöckchen. Sobald die Dunkelheit hereingebrochen war, wurden die Kerzen angezündet. Alljährlich folgte die gleiche Zeremonie.

Erst die Bescherung, dann das Auspacken der großen und kleinen Geschenke, die in den Kriegsjahren sehr bescheiden ausfielen. „Ah“ und „Oh“ und „Danke“ begleiteten diese prächtige Handlung. Danach verschwanden Mutter und Großmutter in der Küche. Es wurde der große massive Eichentisch festlich gedeckt. Das echte Meißner Weinlaub-Porzellan wurde nur an Weihnachten und an ganz besonderen Festtagen benutzt. Kerzen und Tannengrün zierten die weißgestickte Tischdecke. Schließlich wurde der Karpfen blau hereingetragen.

Mit der Taschenlampe mußte ich des öfteren, wenn man es vergessen hatte, in den Gemüsegarten gehen, den Schnee mit der Hand wegschaufeln und Petersilie schneiden. Zum Karpfen gab es braune Butter und irgendein Gemüse, was mir aber weniger zusagte. Meist war nach dem Kommentar meiner Mutter der Karpfen zu groß, zu klein oder zu moosig. Diese unpassenden Bemerkungen störten mich sehr, denn für mich war es etwas Besonderes, und mir schmeckte es natürlich auch immer hervorragend, besonders die mit der Gabel zerdrückten Kartoffeln in der braunen Butter. Am Schluß des Karpfenmahls wurde dann der „Karpfenstein“ gesucht, ein dreieckiger Knochen am Übergang vom Kopf zur Wirbelsäule. Er wanderte sofort ins Portemonnaie, denn war dieser Karpfenknochen in der Geldbörse, ging das Geld nie aus. Dies behauptete jedenfalls Else, meine Oma.

Selbstverständlich gab es zum Nachtisch irgendein Kompott. Mein so früh verstorbener Vater hatte einst 365 Einmachgläser angeschafft, damit wir täglich einen Nachtisch essen konnten. Am Heiligen Abend gab es meistens Reineclauden von einem besonderen Obstbaum aus unserem Garten, wo etwa weitere 80 Bäume uns mit den verschiedensten Früchten das ganze Jahr versorgten.

War diese Zeremonie in gemütlicher und in immer gleicher Reihenfolge abgelaufen, trat man zusammen auf den Balkon. War es stürmisch oder schneite es, war der „Ausflug" nur kurz. Funkelten aber die Sterne und stand gar freundlich der Mond am Himmel, so unterhielt man sich, sprach von vergangenen Festen oder gedachte besonders der in der Ferne Weilenden und der Verstorbenen und Gefallenen.

Oft kam meine Mutter mit Tränen in den Augen und auf den Wangen in die warme Wohnstube zurück und meinte, einem nicht in die Augen sehend: „Die Kälte treibt einem die Tränen in die Augen."

Jetzt gab es dann einen starken Grog, ein Drittel Rum, zwei Drittel Wasser, für die Erwachsenen, und ich durfte probieren. Schließlich mußte ich, meist mit vielen Fehlern, was aber geflissentlich überhört wurde, noch Weihnachtslieder auf dem Klavier spielen. Wieder werde ich in die dunkle Gegenwart gerissen.

Ratsch, ratsch dreht sich der Schlüssel im Zellentürschloß. Es gibt das sogenannte Mittagessen. Wird es heute am Heiligen Abend etwas Besonderes geben? Diese Illusion verfliegt schnell beim Anblick der dünnen bräunlichen Rübensuppe, die heute, ausgerechnet heute, nur zwei oder drei Stalinkellen voll „Dickes" enthält. Fleischfasern sucht man vergebens. Zorn und Haß steigen unweihnachtlich und ungewollt in mir hoch.

Das Sich-nicht-hinlegen-dürfen tagsüber in diesem engen, erbärmlichen Käfig, obwohl man so müde und so schlapp ist, ist eine weitere menschenverachtende Schikane.

Unruhig und in Gedanken versunken gehe ich wie üblich sieben kleine Schritte hin und zurück, hin und zurück, unzählige Male an jedem dieser trostlosen und finsteren Tage. Es ist kalt in der Zelle. Ich friere. Auch der Hunger quält und martert mich. Schlimmer jedoch, viel schlimmer ist dieses Eingekerkertsein. Wie dankbar wäre ich, ausnahmsweise am Heiligen Abend nur einmal für eine halbe Stunde frei im Schnee spazierengehen zu dürfen. Es wäre mein schönstes Weihnachtsgeschenk.

Unablässig stelle ich mir immer wieder die bohrende Frage: Wie können menschliche Wesen wie unsere Kerkermeister im 20. Jahrhundert so grausam, so unmenschlich und so zerstörerisch sein? Da gibt es die einen, denen der Haß und die Verachtung gegen uns aus ihren giftigen Augen springt. Und andere, die wahrscheinlich immer Untertan waren und uns jetzt spüren lassen, daß sie die Herren sind, die das Sagen haben, daß sie Macht ausüben können, grausam vernichtende Macht. Dann sind da die Bequemen, denen alles zuviel ist, die sich offensichtlich von ihrem Stuhl nicht erheben wollen. Sie haben ja jetzt Knechte, warum dann jetzt noch etwas selber tun, wo man befehlen kann. Und dann gibt es die Sadisten, denen es Spaß macht, Menschen zu demütigen, zu verletzen, zu schlagen und zu zerstören. Aber es gibt auch russische Bewacher, die uns mit großen, fragenden Augen mitleidvoll ansehen. Treffen sich unsere Blicke, so können sie meinen offenen Augen nicht standhalten, und sie wenden sich ab. Man hat das Gefühl, daß sie vielleicht Mitleid mit uns haben.

Ich denke zurück. Der finstere, brutale Kerl, der versucht hat, meine Mutter zu vergewaltigen und mich zu erschießen, und dann der gebildete rhododendronküssende russische Offizier.

Alle Verallgemeinerungen sind falsch und müssen falsch sein, weil jeder Mensch auf dieser Welt verschieden ist. Es gibt nicht den Russen, den Deutschen, den Engländer, den Franzosen, den Polen oder den Juden. Es gibt auch nicht den typischen Bewacher eines KZs.

Doch ein Geschenk habe ich mir für diesen besonderen Abend selbst bereitet. Es kostete mich aber 23 Tage unglaubliche Willenskraft.

Ab 1. Dezember habe ich von meiner Brotkuhle ein immer größeres Stück beiseite gelegt, so daß ich heute, am Heiligen Abend, ein ganzes Brot zusammengespart habe.

Jeden Abend bekommen wir ein in vier Stücke geteiltes Brot, im Lagerjargon Kuhle genannt. Es ist unser Heiligtum und das einzige, was wir in 24 Stunden zu kauen bekommen.

Verbotenerweise haben wir uns so etwas ähnliches wie eine kleine Waage gebaut. Ein vielleicht 20 Zentimeter langes und bleistiftdickes Holzstäbchen haben wir mit einem Faden in der Mitte versehen. An den Enden des kleinen Stäbchens hängt je an einem 30 Zentimeter langen Faden ein etwa ebenso langer Holzspieß. An diesem kleinen Werkzeug hängen vier Augenpaare kritisch und zweifelnd, als ob es um ihr Leben ginge. Die vier Brotkuhlen werden exakt mit dieser Behelfswaage austariert. Danach werden die vier ausgewogenen Portionen in einer Reihe auf dem Tisch ausgelegt, und nach genauem Ritus – erste, zweite, dritte und vierte Wahl – darf ausgesucht werden. Dabei wird die Reihenfolge täglich gerecht gewechselt. Gestern mußte ich nehmen, was übrigblieb, dafür habe ich heute die erste

Wahl, morgen dann die zweite und übermorgen die dritte. Ernst, ein älterer, einfacher Gärtner, kommentiert immer und nach jeder Wahl verzweifelt, daß er sich sicherlich wieder vergriffen habe, und immer habe er das kleinste Stück ausgesucht.

Diese tägliche, fast heilige Handlung nimmt mit der Schlußbesprechung mindestens eine halbe Stunde Zeit in Anspruch. Aber was ist schon Zeit für uns. Wir haben so unendlich viel davon, und sie schleicht so träge dahin wie eine alte, gebrechliche Schnecke. Wir haben buchstäblich nichts in unserer Zelle. Kein Buch, keine Zeitung, überhaupt kein Papier, kein Spiel, keine Karten, keine Schreibutensilien, all das ist strengstens verboten.

Eine der unangenehmsten Schikanen sind die sogenannten Filzungen. Urplötzlich, auch nachts, betreten meist vier bis fünf sehr unfreundliche Bewacher die Zelle.

„Daway! Raus!“

Wir vier Erschrockenen müssen sofort aus der Zelle raustreten und uns neben die Zellentür stellen mit dem Gesicht zur Wand. Keiner von uns darf auch nur ein Wort sagen. Es wird dann alles von den Durchsuchenden in der Zelle auf den Kopf gestellt und durchwühlt. Eigentlich ist das eine recht einfache Aufgabe, da wir kaum etwas besitzen. Aber jeder von uns hat Angst, daß man doch etwas finden könnte, wie z. B. ein Schnipsel Papier, ein kleines Stückchen Bleistiftmine, einen Nagel, ein kleines Stück Blech zum Brotschneiden, eine Nadel oder unsere kleine selbstgebastelte Brotwaage. Die Folge wäre „Karzer“, und das könnte den Tod bedeuten. Man wird mit nacktem Oberkörper in eine leere Zelle gesperrt. Es gibt keine Holzpritsche. Nur nachts darf man sich auf den Betonfußboden legen ohne Decke. Jeden zweiten Tag gibt es etwas Wassersuppe, manchmal auch nur Wasser und ein kleines Stückchen Brot. Es könnte einem auch passieren, zwischen zwei fensterlose Türen, die nur einen Abstand von der Dicke der angrenzenden Mauer haben, eingepreßt zu werden. Die Folge ist, daß man fast nicht atmen kann und grenzenlose klaustrophobische Angstzustände bekommt.

Uns bleiben Hunger, Kälte und ein stinkender Holzkübel für unsere spärlichen Exkremente. Außerdem haben wir Angst. Hoffnungslosigkeit umhüllt unser kümmerliches Dasein. Doch heute habe ich meine Vorfreude.

Zwischen zwei und vier am Nachmittag sind die Heizungsrohre etwas lauwarm. Wir freuen uns darüber. Die Dunkelheit bricht langsam herein. Die Weihnachtsglocken vom Bautzener Dom läuten bis in unsere tristen Zellen herüber. Mir wird es schwer ums Herz, und ein paar Tränen rollen mir über die Wangen.

„Aha, unser Kleiner hat Heimweh", stellt einer meiner Leidensgenossen fest. Mir aber ist alles egal.

Die herzlose Zellentür geht auf. Wir bekommen unser Brot, die vier Kuhlen, wie immer ohne jede Beilage, einen halben Liter schwarzes, lauwarmes Wasser, genannt Kaffee. Ich setze mich nach der Brotteilzeremonie an unseren kleinen, wackligen Holztisch und lege vorsichtig meine vier Kuhlen zu einem Brot zusammen. Wieder neidische Blicke und vorwurfsvolles Kopfschütteln meiner drei Mitbewohner. Sie stören mich nicht.

Der große Moment ist gekommen. Genüßlich verzehre ich langsam das trockene Brot, eine Kuhle nach der anderen.

Es ist für mich das festlichste Mahl, das ich je an einem Heiligen Abend zu mir genommen hatte. Als ich die letzten Brotkrumen mit dem angeleckten Zeigefinger aufsammele, verspüre ich jedoch schon großen Durst. Außer meinem sogenannten halben Liter Kaffee bekomme ich nichts zu trinken. Es gibt auch nicht die Möglichkeit, etwas nachzubekommen. Ich habe furchtbaren Durst, der immer schlimmer wird. Aber wenigstens bin ich endlich einmal richtig satt. Es dauert keine Stunde, bis ich immer stärkere kolikartige Bauchschmerzen bekomme, so stark, daß ich mich krümme und das Durstgefühl unerträglich wird. Soll ich mich übergeben? Nein, nein und nochmals nein. Was ich in über drei Wochen unter Aufbietung stärkster Willenskraft an Brot gesammelt habe, will ich unbedingt behalten, und wenn die Schmerzen noch so stark sind.

Diese Heilige Nacht ist schmerzvoll, und ich werde sie bis an mein Lebensende nie mehr vergessen. Das zufriedene Gefühl, einmal satt zu sein, etwas, das ich seit langen Monaten nicht kenne, und die unangenehmen, schmerzhaften Leibschmerzen lassen mich in dieser Nacht nicht schlafen. Meine unruhigen Gedanken sind daheim in unserem verschneiten Haus am Waldrand.

Es steht für mich nur eins fest: Mit allergrößter Wahrscheinlichkeit werde ich nie mehr die Freiheit erlangen, denn 25 Jahre, das hält niemand aus, wahrscheinlich noch nicht einmal drei, fünf, acht oder zehn Jahre.

Sollte ich einfach meinem jungen Leben, 18 Jahre alt, nicht doch ein Ende setzen, um dieser unendlichen Qual aus dem Wege zu gehen? Es ist ein Vegetieren ohne Hoffnung.

Irgendwie döse ich dahin. Aber grimmige Bauchschmerzen machen mich immer wieder wach, und erneut wandern meine Gedanken in das unendliche Reich der Phantasie. Wie würde ich wohl richten, wenn es mir vergönnt sein würde, alle die zu bestrafen, die an diesem, meinem Schicksal schuldig sind?

Schließlich falle ich frierend doch noch in Morpheus' Arme. Einer nach dem anderen meiner Bewacher tritt verschämt in meinem Traum vor meinen großen Richterstuhl, und meine Strafen werden mild und milder.

So schlafe ich einem neuen verlorenen Tag in meinem Leben, dem ersten Weihnachtstag 1947, entgegen.

18

Unser Freund Walter stirbt

Die Eintönigkeit des zermürbenden Zellendaseins währt nun schon den dritten Sommer. Nur die Gedanken sind frei. Was hätte ich alles in diesen 30 Monaten erleben können?

In größeren Abständen von vielen Monaten waren wir von einer sowjetisch uniformierten Kommission, der offensichtlich eine ebenfalls uniformierte Ärztin vorstand, untersucht worden. Man suchte Arbeitskräfte, die in die Sowjetunion gebracht werden sollten.

Das Procedere lief folgendermaßen ab: Am Ende eines Zellengangs, z. B. West IV, saß besagte Ärztin auf einem Stuhl, einige Soldaten um sie herum. Einer saß an einem kleinen, wackligen Tischchen mit Papier und Bleistift. Die weit über 100 „Strafgefangenen", die auf einer Etage in den Zellen dahinsiechten, mußten splitternackt heraustreten und in einer langen Reihe an ihr vorbeidefilieren. Kurz beschaute sie sich die Skelette von vorn. Danach hatte man sich umzudrehen, und fast jeden kniff sie kurz in eine Pobacke.

Es gab aber nur sehr wenige, die nach einer solchen Prozedur plötzlich verschwunden waren.

Tagelang und immer wieder überlegte ich, ob es nicht besser sei, nach Rußland zur Arbeit geschickt zu werden, auch wenn es sicherlich harte Arbeit in Bergwerken irgendwo in Sibirien sein sollte. Würde das nicht leichter zu ertragen sein, als langsam in diesem Loch, Zelle 16, West IV, zu verhungern? Vielleicht gäbe es auch auf dem Transport dorthin eine Möglichkeit zur Flucht.

Bei diesen wenigen „Fleischbeschauungen", besser „Skelettbeschauungen", hatte ich aber nie eine Chance, als noch arbeitsfähig eingestuft zu werden. Etwa 35 Kilogramm bei 182 Zentimeter Körpergröße bedeutet eben nur Haut und Knochen und keine Muskeln mehr.

Das furchtbare Nichtstun in einer häßlichen, viel zu kleinen Zelle, zu viert eingepfercht, ohne etwas zu lesen, ohne jegliche Information, ohne Radio oder Zeitungen, ohne jegliche Möglichkeit zu spielen, erfordert seelische Kraft. Die einzigen Begleiter, zäh und unerbittlich, sind Hunger und Angst, die Ungewißheit und die Hoffnungslosigkeit. Hier sollen deutsche Menschen durch Hunger und Isolation, Folter und Krankheit vernichtet werden.

Fragen drängen sich auf: Warum muß ich dieses grausame Schicksal erleiden, warum gerade ich? Wer ist schuld an meinem Schicksal? Wen Gott liebt, den prüft er besonders? Gibt es Determination? Ich habe in dieser für unser Vaterland so schweren Zeit keinem Menschen etwas zuleide getan. Ich war immer hilfsbereit und habe mich bemüht, ein anständiger Kerl zu sein. Warum muß ich leiden? Wo doch so viele andere in diesen Jahren unterdrückt, gefoltert, geschunden, mißhandelt, gedemütigt, vergewaltigt, bedroht, geschlagen, beraubt, ausgeplündert, gebrandmarkt, erschossen und ermordet haben. Sie sind frei, sie leben frei, vielleicht sogar in Luxus und Wohlstand. Die Ungerechtigkeit quält mich.

Warum bemühe ich mich eigentlich, gerade, offen, ehrlich, sauber, gerecht und anständig zu leben? Sicherlich nicht, um einen guten Platz im Himmel zu bekommen. Warum bin ich so, wie ich bin? Sind vielleicht meine Mutter, meine Großmutter, sind meine Lehrer die Ursache, weil sie mich so erzogen haben?

Warum habe ich nicht einfach geschwiegen und zu allem ja gesagt? Warum habe ich nicht einfach so gehandelt, daß ich möglichst gut und ohne anzuecken die schreckliche Nachkriegszeit überstehe?

Tausende und Abertausende haben so gehandelt, und es geht ihnen wesentlich besser oder gar gut. Wer sagt eigentlich, anständig zu leben, ist der rechte Weg? Wer ist letzte und maßgebende Autorität? Was hat schon absoluten Wert auf dieser Welt? Habe ich nicht nur ein Leben? Soll es schon mit 20 Jahren vorbei sein? War das alles? Was habe ich eigentlich für eine Schuld auf mich geladen? Hat je ein Mensch unter mir gelitten?

Vielleicht meine Mutter, wenn ich unordentlich und faul war oder schlechte Noten mit nach Hause brachte. Oder weil ich als pubertierender Knabe selbst Schnaps gebrannt habe und oft zu spät nach Hause kam.

Die lange Zeit der großen Leere läßt der Phantasie unendlich freien Lauf. Doch befallen mich solcherlei negative Gedanken, Gott sei Dank, nur selten.

Unwillkürlich erscheint die hämisch grinsende Fratze des Teufels mit seinen krummen Hörnern vor meinem geistigen Auge. Der Kampf des Guten und des Bösen in mir füllt mein Bewußtsein, das von äußeren Reizen und Ablenkungen weitgehend frei ist. Leider. Letztlich kommt es mir vor, als ob ich durch einen langen, finsteren Tunnel stolpernd gewandelt bin und das wunderbare helle Reich des wahrhaftigen Menschenlebens auf dieser Erde vielleicht nie mehr erleben werde.

Es gibt sicherlich absolute Werte, für die es sich lohnt, auch zu leiden. Das eigentliche Selbstwertgefühl muß intakt sein, wobei man sich immer wieder in Frage stellen sollte.

Leben heißt kämpfen, und das täglich.

Die positiven Kräfte aller Menschen sollten gebündelt werden, und gemeinsam sollten sie das Negative auf dieser Welt bekämpfen. Das ist vielleicht die mögliche Fortsetzung der Evolution des Menschen, an der er teilhaben kann und muß. Meine Gedanken nehmen so fast ungewollt fanatische Züge an, und ich bin zeitweise sogar stolz darauf, unter dem Bösen zu leiden. Ich kann dabei sichtbar machen, daß ich auf der anderen Seite stehe, und mein Schicksal wird dadurch sinnvoll. Diese erdachte Einstellung zu meinem Dasein gibt mir unglaubliche Kraft. Suizidale Gedanken verwerfe ich schnell wieder als feige. Die Einstellung zu meinen Peinigern zeigt klare Konturen. Die in der Verantwortung stehen und grausame Befehle erdenken, sind Verblendete im Dienst des Bösen. Ihre Anordnungen führen seelenlose, hilflose, nicht denkende und nicht fühlende Kreaturen aus. Es sind funktionierende Nummern eines unmenschlichen Systems, verführte Menschen.

Wenn man hilflose Menschen unwissend läßt, sie nicht über ihre Situation aufklärt, ist das bekanntlich der beste Nährboden für Gerüchte. Eine besondere Perfidie ist die Neuerung, die kleinen vergitterten Zellenfenster mit Sichtblenden aus Blech zu versehen, die uns nur noch erlauben, einen vielleicht 20 Zentimeter breiten Streifen des Himmels zu beobachten. Die einzige Veränderung in meiner Umwelt zeigt dieser kleine Schlitz am vergitterten Fenster an. Hell und dunkel, Tag und Nacht und die Dämmerung morgens oder abends. Sie ist meine Lieblingstageszeit, auf die ich mich freue.

Noch größer aber ist meine Freude, durch diesen kleinen Schlitz Wolken zu beobachten. Ihre Form, ihre Farbe, die Schnelligkeit ihrer Bewegungen, ihre Veränderungen begeistern mich. Es gibt nicht nur helle oder dunkle und schwarze Wolken. Dankbar bin ich, wenn sie mich aus der unendlichen Freiheit grüßen. Auch wandernde Wolken schenken einem lebendig Begrabenen Hoffnung.

Pantha rhei – alles bewegt sich, alles ist im Fluß, nur ich muß unbeweglich in meinem düsteren Loch hocken. Aber eines Tages wird sich nach dieser Gesetzmäßigkeit mein Dasein so oder so ändern. Ich werde also nicht ewig in dieser unglücklichen Situation leben.

Nach zweieinhalbjähriger Zellenhaft werde ich im Herbst 1949 auf einen der acht ehemaligen Arbeitssäle des Kreuzbaus verlegt. Ich bin sehr glücklich darüber. Endlich bin ich aus der öden Enge der Zelle heraus und komme in einen vollkommen überbelegten Saal.

Heute ist ein aufregender Tag. Die Insassen aus meinem Saal II, etwa 350 kahlgeschorene, hohlwangige Dystrophiker, keiner über 40 Kilogramm schwer, werden mit einem uralten Röntgengerät durchleuchtet. Das Gerät steht im Keller des Lazaretts und wird von mitgefangenen Ärzten bedient. In aufopfernder Weise setzt sich

z. B. unser mitgefangener Franz Teuber ein. Als Facharzt weiß er nur zu genau, wie sehr er dabei auch seine eigene Gesundheit gefährdet. Bei diesem Uraltgerät fehlen Strahlenschutzeinrichtungen.

Sollte ich die „Motten“ (Tbc) haben, wäre mein Schicksal sowieso besiegelt. Mit großem Herzklopfen trete ich hinter den Röntgenschirm – tief ein- und ausatmen. Diese Sekunden werden zur Ewigkeit. Mit der großen schwarzen Röntgenbrille vor den Augen packt mich Franz am Arm und stellt mich richtig vor den Röntgenschirm zur schicksalhaften Untersuchung.

Endlich: „Alles in Ordnung – keine Lungen-Tbc.“

Ein riesiger Stein, ja ein ganzes Gebirge fällt mir vom Herzen. Sind doch in diesen letzten Jahren Hunderte, ja Tausende im Lager an Tbc gestorben. Für mich ist also heute ein Freudentag hinter Gittern. Nach wie vor ist es mein unerschütterlicher Wille, nach meiner Befreiung – wahrscheinlich durch die Amerikaner – Medizin zu studieren und nach dem Vorbild Albert Schweitzers nach Lambarene zu gehen.

Hoffnung, von den schikanierenden Sowjets entlassen zu werden, habe ich aber auch heute noch nicht.

Viel Freude bereitet mir immer wieder der Anatomieunterricht bei unserem Saalarzt Dr. Hamelmann, einem Mithäftling. Mit einem Stück Tonseife malt er mir die menschlichen Knochen, Muskeln, Nerven, Gefäße und inneren Organe auf das zerbrochene braune Linoleum am Fußboden des Saals. Nie in meinem Leben habe ich bisher so begeistert gelernt.

Einige Wochen später: Man hat inzwischen alle Gefangenen geröntgt und die Kameraden mit Lungen-Tbc ins Haus 2 oder 3 verlegt. Die schweren und offenen Tbc-Fälle kommen ins Haus 3, die leichteren ins Haus 2.

Über ein Drittel der 6.000 bis 7.000 Eingekerkerten leidet inzwischen wegen der hochgradigen Unterernährung, der unfaßbaren hygienischen Verhältnisse, des engen Zusammengepferchtseins an Tuberkulose. Ein besonders grausames und quälendes System der Ausrottung.

Wir, die wir eigentlich froh sind, nicht zu viert in einer Einmannzelle zu hausen, sondern in einem Saal mit etwa 350 bis 400 Mitgefangenen zusammengepfercht sind, werden furchtbar von lästigem Ungeziefer geplagt. Jeder der Saalinsassen hat auf der Pritsche nur ein Lager von 35 bis 40 Zentimeter Breite. Die Enge, besonders in den langen Nächten, macht einen fast verrückt, dazu Flöhe, Läuse und vor allem eine bestialische Wanzenplage. Obwohl wir alle täglich auf Jagd gehen, um diese Mistviecher zu zerdrücken, vergeht Monat um Monat, ohne daß sich etwas ändert.

Mich mögen sie offensichtlich besonders gern. Oft bin ich am Morgen mit großen Quaddeln von Wanzenstichen und Flohbissen übersät. Es juckt furchtbar, man meint, man müßte wahnsinnig werden. Dazu kommen viele, die zusätzlich an Krätze erkrankt sind aufgrund der mangelnden hygienischen Verhältnisse. Krätzemilben verursachen eine stark juckende, entzündliche Hautkrankheit.

Hier auf dem Saal hat man den großen Vorteil, sich mit über 300 anderen Menschen, die jetzt das gleiche Schicksal erleiden, zu unterhalten. Hinderlich dabei sind aber immer wieder die Berührungsängste. Der andere könnte ja ein gewissenloser Spitzel sein.

Ich freue mich aber trotzdem, mit vielen Leidensgenossen Gespräche führen zu können. Viel Interessantes erfahre ich dabei.

Gerade von uns Jugendlichen sind sehr viele wegen nichts und wieder nichts oder wegen lächerlicher Bagatellen zu ihren 25 Jahren Arbeitslager gekommen. Manch einer ist einfach denunziert worden, ohne sich auch nur im geringsten schuldig gemacht zu haben. Der Denunziant wollte sich vielleicht nur bei den Sowjets anbiedern und interessant machen.

Mehrere Jungs sind hier im Gelben Elend, weil sie bei Tanzveranstaltungen zu der Melodie „Wenn bei Capri die rote Sonne im Meer versinkt“ den Text „Wenn bei Danzig die rote Flotte im Meer versinkt“ gesungen hatten. Denunziert. Antisowjetische Propaganda. 25 Jahre Arbeitslager.

Viele Bauern bekamen ihre 25 Jahre wegen Verbrechen gegen die Menschlichkeit, weil sie Fremdarbeiter während des Kriegs beschäftigen mußten. Viele erhielten das gleiche Strafmaß, weil sie an der Zonengrenze aufgegriffen wurden. Man verurteilte sie wegen Spionage, ohne daß sie je etwas mit diesem zweitältesten Gewerbe der Menschheit zu tun hatten.

Mir fällt ein stiller Mitgefangener auf, den ich sympathisch finde. Ich kann mir nicht erklären warum und versuche, mit ihm ins Gespräch zu kommen, aber offensichtlich traut er keinem. Er will seine Ruhe haben, oder vielleicht hat er auch das Reden verlernt.

Nach mehreren Versuchen gelingt es mir schließlich doch, mit ihm Kontakt aufzunehmen.

Er erzählt mir, daß er viele Jahre vor 1945 im KZ war. Als überzeugten Kommunisten hatte man ihn bald nach Hitlers Machtergreifung eingesperrt.

Er interessiert mich, obwohl gerade diese besondere Tatsache Mißtrauen in mir weckt. Vielleicht ist er nicht „echt“?

„Warum hat man dich denn jetzt wieder verhaftet? Nach diesem Schicksal könntest du doch jetzt große Funktionen innehaben?“

Er erzählt mir, daß er sich nach seiner Befreiung bei Kriegsende um die Bürgermeisterstelle in seinem Heimatort bemüht hatte. Ein ebenfalls inhaftierter Kommunist habe den gleichen Wunsch gehabt. Dieser hatte ihn als Konkurrent ausgeschaltet, indem er ihn bei den Sowjets anzeigte. Er sei im KZ Kapo gewesen, hätte mit den Bewachern kollaboriert und Mitgefangene schikaniert.

Daraufhin sei er, wie wir alle, von einem sowjetischen Militärgericht verurteilt worden: 20 Jahre Zwangsarbeitslager wegen Verbrechen gegen die Menschlichkeit. Ich habe wirklich Mitleid mit diesem armen Kerl.

Da ich immer noch nicht glauben kann oder vielleicht auch nicht glauben will, daß soviel Schreckliches in den KZs vor 1945 passiert ist, interessiert mich besonders die große Frage: „Wo war es schlimmer, in den KZs oder jetzt nach 1945 hier in Bautzen?"

Seine kurzen Beschreibungen und nicht emotionellen Schilderungen ergeben zusammengefaßt in wenigen Sätzen folgendes:

Mit Kriegsbeginn 1939, besonders aber nach 1941, wurden die Lebensbedingungen immer schlechter, die Schikanen immer schlimmer und der Hunger immer größer. Es war so wie jetzt hier im Gelben Elend.

Besonders schlecht und niederträchtig wurden die Juden damals behandelt.

Mich erschüttern diese Erzählungen sehr, und sie geben mir viel zu denken. Ich beginne zu glauben, daß auch damals wirklich Entsetzliches und Grauenhaftes passiert ist.

Es werden Freiwillige gesucht, die die Schwerkranken und offenen Tuberkulosekranken in Haus 3 pflegen. Da ich gehört habe, daß unser Kleiner, Walter Hamann, mit 16 Jahren inhaftiert, Tbc haben soll, melde ich mich freiwillig und werde auch genommen. Mit allen Sachen, d. h. mit fast nichts außer einer Decke, erfolgt mein Umzug ins Haus 3, oberer Saal. Hier sind etwa 200 Tuberkulose-Kranke auf engstem Raum zusammengepfercht.

Auch hier gibt es die Blechblenden vor den Fenstern. Nur kein bißchen Luft in den stinkenden Saal lassen. Allein diese Tatsache, daß 200 Tbc-kranke Männer, die bereits vom Tode gezeichnet sind, in einem kleinen Saal nur noch auf hölzernen Pritschen liegen können und man ihnen dann noch Blechblenden vor den Fenstern anbringt, kann man nur als bestialische Folterung empfinden. Fast alle fürchten deshalb, daß man uns vernichten will.

Wir sind eine Handvoll Freiwillige, die die Kranken pflegen. Unsere Hauptaufgabe besteht darin, den Saal sauberzuhalten. Wir als gesunde Pfleger müssen mit den Tuberkulösen, z. T. mit offener Tbc, im selben Saal leben, pro Tag 24 Stunden.

Wir sind mit ihnen auf Gedeih und Verderb in einem dunklen Raum eingesperrt. Morgens wische ich zuerst den rauhen Fußboden. Vereinzelt hat einer einen alten Blechnapf als Spuckdose. Heute morgen beim Putzen im dunklen, schlecht beleuchteten Saal stoße ich zwei dieser wackligen Näpfe, gefüllt mit blutigem Eiter und stinkendem Auswurf, um. Was soll ich nun tun?

Wir fühlen uns wie in einem dramatischen Inferno hoffnungslos begraben. Ich wische den stinkenden gelbgrünen Schleim, rot mit Blut durchtränkt, auf. Mir ist dabei voll bewußt, daß ich Millionen von Tuberkelbazillen auf dem Fußboden verteile. Aber was will ich machen?

Diese Nacht sind zwei Kameraden gestorben. Seit Tagen husteten sie viel, konnten nicht mehr aufstehen und waren zur Verlegung in den Zellenbau vorgesehen. Zu spät, heute morgen liegen sie tot neben uns auf der Pritsche.

Die Behandlung dieser Tbc-Kranken besteht darin, daß sie den ganzen Tag auf der Pritsche liegen dürfen und daß das Essen etwas besser ist. Für einen Tbc-Kranken ist es jedoch immer noch viel zu dürftig.

Unsere mitgefangenen Ärzte haben einen neuen „Pneu-Apparat“ mit einfachsten und primitivsten Mitteln selbst gebastelt. In den Rippenfellraum wird Luft eingeblasen, so daß die Lunge z. T. stillgelegt wird. Sie hoffen, daß die Lunge dadurch ausheilt. In der medizinischen Fachsprache heißt das: Es wird ein Pneumothorax angelegt. Da aber die Luft resorbiert wird, muß etwa alle drei bis vier Wochen der Pneu nachgefüllt werden. Die große „humane Erleichterung“ ist, daß die Tbc-Kranken täglich, soweit sie das noch können, nicht nur 15 bis 20 Minuten „Spaziergang“ im Hof haben dürfen, wie die übrigen Gepeinigten, sondern eine halbe bis eine volle Stunde, wenn sie noch laufen können. Aber dies hängt von Lust und Laune des sowjetischen Postens ab.

Beim Heruntertragen der Toten gelingt es mir, meinen guten Freund Walter aus unserer sogenannten Gruppe in seiner finsteren Zelle zu besuchen. Es hat in dieser düsteren Zeit meines jungen Lebens manch schwere Stunde gegeben. Aber dieses Wiedersehen bricht mir im wahrsten Sinne des Wortes das Herz und treibt mir Tränen, die ich zu unterdrücken versuche, in die Augen.

Walter, 19 Jahre alt, einst ein sportlicher, muskulöser, vor Gesundheit strotzender, liebenswürdiger und etwas stiller Junge, voller Lebenslust und Lebensfreude und auch voller Idealismus, liegt hier hochfiebernd und hohlwangig in seinem schmutzigen Zellenklappbett und sieht mich mit seinen tiefliegenden großen Augen fragend an.

Wir freuen uns, daß wir uns wiedersehen. Peinlich hat man bisher darauf geachtet, daß wir, die wir zu einer sogenannten Gruppe gehören, nie irgendwo zusammenkommen können. Obwohl ich weiß, daß seine Tage gezählt sind, mache ich ihm große Hoffnung, die wohl jeder Sterbende – besonders wenn es auch noch junge Menschen sind – nur zu gerne hört und auch glaubt.

Plötzlich sehe ich einen mißmutigen Wachposten, und jäh wird unser Wiedersehen unterbrochen. Aber ich habe großes Glück. Er merkt offensichtlich nicht, daß ich verbotenerweise hier bei meinem Freund bin. Würde er es wissen, wäre Karzer für Wochen meine Strafe. Viele haben eine solche Karzerstrafe nicht überlebt. Es gelingt mir, unbemerkt wieder in meinen Saal zurückzuschleichen.

Was auch immer die Wurzeln unserer Verhaltensweise gewesen sein mögen, das instinktive Handeln gegen dieses politische Unrechtsystem, das sich als größter Fortschritt, als der bessere Weg für die Zukunft der Menschheit verkauft, zu bekämpfen, erscheint uns eindeutig berechtigt. Es ist unzweifelhaft als moralisch positiv anzusehen, wie wir dachten, auch wenn wir noch Jungen oder, wie man im alten Rom gesagt hätte, Adoleszenten waren.

Einige Tage später trage ich wieder einen in der Nacht verstorbenen ausgemergelten Kameraden in den Leichenkeller. Mich hat in diesen Tagen Untergangsstimmung befallen. Mir ist alles egal, besonders die Überlegung, ob mir etwas passieren könnte. Sicherlich habe ich mich, 35 Kilogramm leicht, in diesem tuberkelbazillengeschwängerten Todeshaus ohnehin längst infiziert.

Ich bin davon überzeugt, daß ich in jedem Fall keine 25 Jahre alt werde. Also je schneller das Ende, um so weniger Qual und Leid werde ich erdulden müssen.

Obwohl es strengstens verboten ist, in andere Zellen zu gehen, schleiche ich mich wieder zu meinem Freund Walter, der alleine in einer Eckzelle im zweiten Stock, Nordostseite, Haus 3 liegt. Ein Lächeln huscht über sein Gesicht, als er mich erkennt. Die Zelle ist nicht abgeschlossen, da er ohnehin nicht mehr laufen, geschweige denn weglaufen kann. Es ist dunkel in dem kleinen, grabähnlichen Raum. Ein unangenehmer, süßlicher und fauler Geruch erschwert das Atmen.

„Ich freue mich, daß du bei mir bist", sind seine ersten Worte. Wieder kämpfe ich gegen die Tränen. Noch hohlwangiger und eingefallener ist sein schmales Gesicht. Tief liegen seine fragenden Augen, die gebrochenen Fenster seiner so jungen Seele. Fast sieht es so aus, als ob sie sich vielleicht durch diese beiden großen, gläsernen Augen schon zur Wanderung bereit gemacht hätte. Er streckt mir seine kaltschweißige Hand entgegen und klammert sie fest, als ob er sich festhalten wolle. Immer wieder hustet und hüstelt er. Er ist kaum imstande, den eitrigen, blutigen abgehusteten Schleim auszuspucken. Er läuft ihm mehr aus den Mundwinkeln auf den verdreckten Strohsack. Er bittet mich mit schwacher Stimme um Wasser.

„Ich habe Durst!“

Aber woher soll ich etwas Trinkbares nehmen? Gehe ich aus der Zelle, so fängt man mich ein und steckt mich in den Karzer, was ebenfalls ein Todesurteil sein kann. Ja, ich würde ja gerne Wasser holen, aber woher? Alles ist verschlossen. Müde läßt er den Kopf zur Seite fallen. Röchelnd sagt er: „Ich weiß schon, laß nur!“

Ich entscheide mich in diesem Moment, und es ist mir egal, was mit mir passiert. Diese Nacht werde ich illegal in seiner Zelle verbringen. Das kann zwar auch das Aus für mich bedeuten, aber was soll's. Sein „Aus“ steht bereits vor der Tür.

Da höre ich den Stiefelschritt eines Wachsoldaten. Ich springe hinter die Tür. In solchen Augenblicken scheint einem das Herz stillzustehen. In Bruchteilen von Sekunden jagen Gedanken durch meinen Kopf. Was tun, wenn ich erwischt werde?

Nie winselnd auf die Knie fallen und um Gnade bitten. Schämen würde ich mich vor mir selber und noch mehr vor meinem sterbenden Freund. Wut überfällt mich wieder. Erschlagen sollte ich den Henker. Meine Blicke eilen durch die Zelle. Aber ich kann keinen geeigneten Gegenstand erspähen. Schon verhallen die hastigen Schritte, und ich bleibe unentdeckt.

Wahrscheinlich war es seine Aufgabe zu zählen, wie viele, egal ob lebendig oder tot, noch in den Zellen liegen. Die Zahl muß stimmen.

Wir beide sind nun schon fast drei Jahre im Gelben Elend, wie wir das Gefängnis in Bautzen nennen, lebendig begraben, 19 und 20 Jahre alt, und nur zusammen mit Gevatter Tod in der schmutzigen Zelle. Den Freund hat er schon an der Hand und umklammert ihn sehr fest. Am besten ist, er nimmt auch mich gleich mit. Kann ich überhaupt noch Hoffnung haben? 22 Jahre Martyrium liegen noch vor mir, aber das hält sowieso keiner aus. Suizidgedanken schleichen wieder einmal wie Nebel um mich herum. Mit ihm sterben, warum eigentlich nicht? Gehen wir doch gemeinsam.

Mein sterbenskranker Freund fällt in einen leichten Schlaf. Er phantasiert und stöhnt. Das Husten hat nachgelassen. Die schwarze Nacht hat uns eingehüllt, und wir können uns nicht sehen. Eine der wenigen Erleichterungen für die Tbc-Schwerkranken ist, daß nachts in der Zelle kein Licht brennt. Wahrscheinlich, weil die Wachtposten wenigstens nachts dieses furchtbare Elend, das sie hier veranstalten, nicht sehen wollen.

Plötzlich erwacht Walter. Meine beiden Hände halten seine Rechte fest umschlungen. Er flüstert. Seine Gedanken sind wieder klar, und er wirkt ruhig. Eine verlöschende Kerze, die noch einmal aufflackert, ruhiges warmes Licht spendet, um dann für immer zu verlöschen.

„War alles richtig, was wir getan haben?“ fragt er mich noch einmal.

„Aber sicher“, antworte ich ihm. „Den Beweis ihrer Unmenschlichkeit führen sie uns täglich vor Augen. Menschenvernichtender Terror, all das Grausame, das wir alleine in unserem Dorf erlebt haben, denke daran, ein solch widerliches System muß bekämpft werden. Feige wären wir gewesen, wenn wir still alles erduldet hätten!“

„Ich hätte schweigen sollen bei den Verhören!“

„Aber Walter, mach dir doch keine Vorwürfe. Folter bringt fast jeden zum Reden“, tröste ich ihn. Ich lenke das Gespräch auf unsere Kindheit und unser Heimatdorf.

„Weißt du noch?“

Wir flüchten mit unseren Gedanken zurück nach Hause und in die Vergangenheit aus diesem düsteren Sarg, der Todeszelle des Hauses 3 im Gelben Elend im Januar 1950, fast fünf Jahre nach dem Ende des schrecklichsten aller Kriege.

Wir erinnern uns, wie wir am Kämpfenberg, am Backofen oder vom tief verschneiten Hochstein unsere Nachmittage mit wilden Skiabfahrten verbracht haben.

„Erlenbretterski hat dein Vater für uns gearbeitet!“

Mit fünf oder sechs Jahren haben wir das Skifahren begonnen. Oft hatten wir kleine Eiszapfen an den Wimpern, wenn wir erst im Dunkeln nach Hause kamen, wo sich dann erst mal ein Donnerwetter über uns entlud, weil wir wieder mal so lange unterwegs waren und keine Schulaufgaben gemacht hatten.

In den grausamen Kriegsjahren, während des Rußlandfeldzugs, erreichte auch unser Dorf der Aufruf für unsere Soldaten, Ski und Winterausrüstung zu spenden. Wir gaben alles, zwar schweren Herzens, aber selbstverständlich.

„Und dein Vater arbeitete uns neue Skier!“

Wir schwärmen von den heißen Sommertagen, die wir beim Baden am Rubelsloch verbrachten. Wer vom höchsten Punkt des Steinbruchs wann und in welchem Alter in die Tiefe des klaren, aber dunklen Wassers gesprungen war. Wir begeistern uns nochmals an den Geländespielen oder Fahrten, die wir erlebten, und ich erzähle, wie so oft in diesen drei Jahren Gefangenschaft, von meinen Segelfluglehrgängen.

Ich freue mich, daß sich Walter angeregt, leise flüsternd mit mir unterhält und kaum hustet. Sollte er doch noch einmal gesund werden? Den widerlichen Gestank in der Zelle, die Kälte, das Frieren, den Hunger, all das Schlimme vergessen wir für eine kurze Zeit.

Plötzlich gellende Schreie, herzzerreißend, aus einer der Zellen: „Hilfe, Hilfe!“ und unverständliche Worte. Im Fieberwahn stöhnt ein Todkranker. Wir horchen auf. Obwohl das Schreien langsam immer dünner wird, hören wir Stiefelschritte, das klirrende Geräusch von Schlüsseln, irgendwelches Klatschen, Stille, unheimliche Stille, Schritte verhallen.

Walter spricht jetzt mit dünner Stimme von seiner Familie und von Freunden. Irgendwie tastet im Dunkeln meine Hand tröstend über sein Gesicht. Ich fühle den heißen Atem und Tränen auf seinen Wangen. Schließlich verstummt unser Gespräch. Ich lege mich auf den Zellenboden. Mich friert, und ich kann keinen Schlaf finden. Die gespenstische Nacht will kein Ende finden. Walters Hustenanfälle lassen mich hochschrecken.

„Walter, ich bin ja bei dir!"

Als der graue Morgen sich strichförmig über der Blechblende des Fensters ankündigt, schrecke ich auf. Wie komme ich unbemerkt aus der Zelle wieder zurück in den Saal?

Ich presse mich in eine Ecke. Ein mitgefangener Kalfaktor holt den Kübel aus der Zelle und sieht mich. Ich lege den Zeigefinger an meine Lippen, und er verschwindet. Einen letzten Blick werfe ich auf meinen Freund. Bleich, hohlwangig und mit tiefliegenden Augen, groß und fragend, streckt er mir seine skelettartigen Arme entgegen, unsere Hände berühren sich nur flüchtig.

„Mach's gut, Walter!"

Ich schleiche aus der Tür. Ein allerletzter Blick, und unsere Augen treffen sich kurz. Ich weiß, wir werden uns nie wiedersehen. Ich weiß auch, daß seine wartenden Angehörigen von seinem Tod nicht benachrichtigt werden. Es gehört zum System, daß der Tod der in den sowjetischen Kerkern Verstorbenen geheimgehalten wird und keinerlei Benachrichtigung, auch nicht an die nächsten Angehörigen, erfolgt. Wie genau müssen sich doch die Täter über die Größe ihres von ihnen begangenen Unrechts im klaren sein.

Wie lange aber wird es dauern, sicherlich nicht nur Jahre, sondern Jahrzehnte, ehe der tapfere Junge, Walter Hamann, den ihm gebührenden Ehrenplatz in der Geschichte unseres Dorfes Königshain gefunden haben wird? Wie viele falsche, verbogene, verlogene, ängstliche und nicht den Tatsachen entsprechende Reden und Gespräche, Verleumdungen und Hinterhältigkeiten, gepaart mit Unwissenheit, werden ihm diesen Weg dahin noch verwehren?

In den letzten langen Nächten, seit ich Walter das letzte Mal sah, schlief ich wenig und schlecht. Die stickige Luft im überfüllten Saal mit den 200 dahinsiechenden Tuberkulösen ist die Hölle. Ausgemergelt, eingefallen, glatzköpfig, stöhnend, hustend und blutigen Eiter spuckend liegen oder schleichen die Hoffnungslosen dahin. Alle wären normalerweise haftunfähig. Das läßt mich noch deutlicher erkennen, daß man uns ausrotten will. Ausrotten wie die Ratten.

Seit 100 Jahren weiß man, daß Tbc-Kranke frische Luft und lichte Sonne brauchen.

Immer wieder liegen nach solchen endlosen Nächten Tote zwischen uns. Sie haben den neuen Tag nicht mehr erreicht. Meist sind es die Jüngsten, die 16- bis 20jährigen.

Nur eine Frage bedrängt mich unablässig. Ich kann sie nicht abschütteln.

Warum muß Walter, 19 Jahre alt, sterben? Welchen Sinn hat sein so früher Tod? Die erste Frage ist leichter zu beantworten. Er muß sterben, weil man ihn, so wie uns alle, zum Skelett hatte abmagern lassen.

Ärztliche Hilfe und Medikamente hat man ihm verwehrt, ja selbst frische Luft und Sonne. Aufenthalt im Freien gibt es kaum, und besagte Blechblenden sperren selbst das wenige Licht, das die düsteren Fenster durchbricht, aus.

Die große neue Zeit des Arbeiter- und Bauernparadieses, das Humanität, Freiheit und Glück verspricht, quält grausam und in bestialischer Weise Menschen zu Tode. Haftunfähigkeit wegen Krankheit gibt es zwar in der so berüchtigten kapitalistischen Welt, nicht aber im fortschrittlichen, glückverheißenden stalinistischen Kommunismus. Für die Verwirklichung der hehren Menschenrechte war man gegen Deutschland in den großen Krieg gezogen. Menschlichkeit und Menschenrechte sollen Einkehr halten. Welch eine Ironie, welche eine Verlogenheit.

Aber hat sein Sterben einen Sinn? Oder war all das sinnlos, wie er dachte und handelte? Das wenige, was er getan hatte, war gegen das Unrechtsregime gerichtet.

Der zweite Teil dieser nagenden Frage ist schwer, sehr schwer zu beantworten. Hat sein so früher Tod einen ehrlichen Sinn? Er war in eine arbeitsame, einfache und fleißige Handwerkerfamilie, sein Vater war Böttcher, hineingeboren worden. In friedvoller dörflicher Gemeinschaft wuchs er auf. Hier war das kleine Umfeld sauber. Ehrlichkeit und Anstand waren selbstverständlich. Große Ideale wurden auch ihm anerzogen.

„Du bist nichts, dein Volk ist alles! Wenn es sein muß, mußt auch du bereit sein, für deine Heimat, dein Vaterland zu sterben! Tapferkeit, Kameradschaft, Wagemut und Heldentum sollten auch für dich erstrebenswerte Ziele sein! Für andere sollst du helfend dich einsetzen!“

Waren nicht die, die je im Widerstand gegen gemeinsame Okkupanten waren, nach der Zeit der Besetzung, der Unterdrückung das gute Gewissen eines Volkes gewesen?

Nach all den vielen, vielen nicht enden wollenden trostlosen Nächten im finsteren Tuberkulosesaal komme ich zu dem Schluß: Walter tat schon in seinen jungen Jahren das, was Goethe meint mit seinen treffenden Worten:

„Der gute Mensch in seinem dunklen Drange
ist sich des rechten Weges wohl bewußt!“

Walters Tod kann und darf für eine fernere Zukunft nicht umsonst gewesen sein. Sein jugendliches Aufbegehren gegen die stalinistische Diktatur und Unterdrükkung, auch in unserer Heimat, war aus seiner Sicht verständlich, folgerichtig und mutig. Er war der, zu dem man ihn erzogen hatte.

Nachdem ich meine eigenen Antworten auf die Fragen nach dem Sinn meines Lebens gefunden habe, kehrt wieder ausgeglichene Ruhe in mein ödes Leben ein. Ich trage mein Schicksal wieder etwas leichter.

Die unbegreifliche Not derer, die in diesem Inferno auch noch von schwerer Krankheit getroffen sind, läßt mich meine persönliche hoffnungslose Situation nun besser ertragen.

19

31.März 1950 in Bautzen

Ende des Jahres 1949 werden im Saal 2 und 3 des Kreuzbaus Dystrophiker- und Jugendsäle eingerichtet. Die Belegungszahl liegt zwischen 350 und 400 Gefangenen. Vom Erbauer der Strafanstalt, die von 1900 bis 1904 errichtet wurde, waren diese acht großen Räume im Kreuzbau als Arbeitssäle gedacht.

Ich werde nach einem halben Jahr Einzelhaft und zweijähriger Leidenszeit auf West IV, Zelle 16 auf Saal 2 verlegt, da ich hochgradig unterernährt und Jugendlicher bin. Dieser „Ortswechsel" ist eine meiner schönsten Veränderungen, die ich je in meinem Leben hatte. Obwohl diese beiden Orte noch keine 100 Meter voneinander entfernt sind, sich im selben Haus befinden und beide als grauenvoll und niederträchtig bezeichnet werden müssen, bringt mir meine neue Welt Vorteile. Endlich bin ich mit anderen Gefangenen zusammen, endlich aus der 2,2 x 3,8-Meter-Einmannzelle raus, wo wir die zwei Jahre zu viert eingekerkert waren. Zwar beschleicht mich immer wieder die Angst, ich könnte auf „Zelle" zurückgeschickt werden. Ich träume fast jede Nacht, ich würde wieder zurückverlegt.

Von den etwa 350 Dystrophikern wiegt keiner über 40 Kilogramm. Ich habe auch noch das Glück, auf der doppelstöckigen Koje einen schmalen Platz von ca. 40 Zentimeter Breite oben zu bekommen.

Eine solche Maßnahme wie die Einrichtung der Dystrophiker-Säle führt natürlich zu den wildesten Gerüchten und Spekulationen. Zum hundertsten oder gar zum tausendsten Mal geht die Mär um, irgendeiner hätte von irgendeinem Posten gehört, daß wir unmittelbar vor der Entlassung stünden. Damit wir nicht ganz so ausgemergelt nach Hause kommen, will man uns Skelette noch etwas auffüttern.

Im Laufe der Jahre wird man zwar solchen Gerüchten gegenüber immer skeptischer, aber – semper aliquid haeret – etwas bleibt immer hängen, in diesem Falle die Hoffnung auf Entlassung.

In unserem Saal ist auch ein mitgefangener Arzt, Dr. Hamelmann, HNO-Facharzt. Mit ihm lerne ich fleißig Anatomie. Der Boden des Saales ist mit altem, rissigem, dunkelbraunem Linoleum ausgelegt, und jeder von uns hat ein Stück graue Tonseife bekommen. Damit zeichnet er mir Knochen, Muskeln, Nerven, Sehnen und vieles aus der menschlichen Anatomie auf den Fußboden.

In diesen Monaten nehme ich mir ernsthaft und immer wieder vor: Sollte ich diesen Knast hier doch überleben, werde ich meinem alten Berufswunsch treu bleiben und Medizin studieren, um dann in Lambarene oder irgendeinem anderen fernen Land, wo es kaum Ärzte gibt, als Arzt tätig zu werden. Träumen hinter Gittern, das wenigstens kann einem niemand verwehren, und Zeit dafür gibt es unendlich viel. Träumen und Hoffen sind in solchen Situationen weit besser, als nur mit dem Schicksal zu hadern und bei dem ewigen Hunger vom Essen zu sprechen. Übrigens ist die Verpflegung hier geringfügig besser. Es gibt nicht mehr, aber die ewigen Suppen sind etwas dicker. Auch dürfen wir uns tagsüber zeitweise auf die Pritschen legen.

Und ein weiteres Wunder ist geschehen: Nach zwei Jahren darf ich, dürfen wir alle 1949 zum ersten Mal schreiben, 15 Zeilen auf ein DIN A 5 großes Papier. Unser Absender muß lauten: Berlin N 4, Postfach 18/25 K. Wieder ein eindeutiges Zeichen ihres schlechten Gewissens, denn sonst wäre diese Verschleierung nicht erforderlich.

Zwei Jahre nach meiner Verhaftung haben meine Angehörigen kein Lebenszeichen von mir erhalten. Ich nehme an, sie denken, ich sei erschossen oder nach Sibirien verschleppt worden.

Unser Absender ist Berlin. Wie kann ich ihnen nur mitteilen, wo ich bin? Das zu schreiben, ist natürlich strengstens verboten.

Über das Lager hier, über unsere Situation oder überhaupt etwas Negatives zu berichten, wäre u. U. tödlich. Manch einer hat einen Karzeraufenthalt nicht überstanden. Das mindeste aber wäre ein langes erneutes Schreibverbot.

Mein geliebter Heimatort, an den ich in diesen Jahren so unendlich oft denke, hat mehrere markante Punkte. Von den Bergen gibt es typische Ausblicke nach allen Himmelsrichtungen. Einer davon ist der von Heynitz-Blick. Er zeigt nach Westen. Deshalb schreibe ich: „Wenn ihr auf dem wunderschönen von Heynitz-Blick seid, dann denkt doch besonders lieb an mich.“ Das ist eindeutig, denn dieser Ausblick zeigt nach Westen in Richtung Bautzen und nicht nach Osten nach Sibirien.

Die sogenannten „Scheißhausparolen“, ein typischer Knastausdruck, überschlagen sich. Tatsächlich, jetzt im Februar 1950, nach fast fünf Jahren Bewachung durch die Sowjets, ziehen diese ab und übergeben das sowjetische Sonderlager Nr. 4 den Polizeiorganen der neu gegründeten DDR. Fast drei Jahre bewachten mich persönlich nur Russen. Das war für mich immer eine Situation der fast vollkommenen Hoffnungslosigkeit gewesen. Und plötzlich, von einem Tag auf den anderen, sind unsere Bewacher Vopos, Volkspolizisten in blauer Uniform. Eine riesengroße Freude kommt in mir auf, Hoffnung erstrahlt in hellstem Licht. Und dann noch die Situation, daß bei uns im Saal einer der Vopos um Ruhe bittet. Es wird sofort mucksmäuschenstill.

„Man hat uns gesagt, hier wären die größten Nazis und Kriegsverbrecher inhaftiert. Wir sehen, daß das nicht stimmen kann. Viele so junge Häftlinge sind hier, die niemals dazu gerechnet werden können. Bitte behaltet Ruhe. Wir werden in Berlin alles klären. Aber wir brauchen dafür etwas Zeit."

Viele von uns haben Tränen in den Augen und glauben zu wissen, jetzt geht es wirklich bald nach Hause.

Vor der Übernahme unserer Bewachung durch die Volkspolizei waren die Internierten aus dem Gelben Elend entlassen worden. Wehmütig beneideten wir sie. Aber wie wir später über dunkle Kanäle hören, sind 3.434 von ihnen nach Waldheim gekommen. Sie werden nach drei-, vier-, ja fast fünfjähriger Inhaftierung von der deutschen DDR-Justiz nach Verhandlungen, die oft nur eine halbe Stunde dauern, zu hohen Haftstrafen verurteilt. 30 sollen sogar zum Tode verurteilt worden sein. Die meisten der von den Sowjets internierten Deutschen waren in den Jahren 1945 und 1946 von der Straße weg verhaftet und ohne Gerichtsverhandlung und Gerichtsurteil jahrelang inhaftiert worden. Es sollen viele Zehntausende gewesen sein.

Die Russen sind weg, und die eigenen Landsleute werden uns helfen. Ich mache große Pläne für den Sommer. Nach meiner Entlassung möchte ich möglichst schnell nach dem Westen flüchten. Erstaunt stellen wir fest, daß die Vopos, die sich mit uns solidarisieren, nicht mehr zum Dienst kommen. Da ist etwas faul im Staate Dänemark. Zweifel wachsen. Bald stellen wir enttäuscht fest, daß die Verpflegung schlechter wird. Der Ton der Vopos wird ebenfalls immer rauher. Bald wird uns klar, wir sind vom Regen in die Traufe gekommen. Es ist unfaßbar für uns. Unsere eigenen Landsleute gehen schließlich sogar schäbiger mit uns um als die Russen.

Von Tag zu Tag steigt eine wahnsinnige Wut in uns hoch. Heute, am 13. März, geht ein Gerücht durchs Lager. In einem Saal hat ein Hungerstreik begonnen. Mir fällt das nervöse Verhalten der Posten auf. Soweit wir das von unserem Saal 2 aus beobachten können, zeigt sich bei der Volkspolizei ungewöhnliche Geschäftigkeit. Offensichtlich sind sie der Situation nicht ganz gewachsen. Einige Posten sind besonders freundlich. Die Stimmung ist unheimlich.

31. März 1950. Irgendwo, in einem der Tbc-Häuser, hängen plötzlich die Kranken an den Gittern der Fenster und schreien weit über die Mauern hörbar bis in die Stadt Bautzen hinein: „Hier ist ein KZ! Wir haben Hunger – Hunger! Helft uns!"

Es bedarf keiner fünf oder zehn Minuten, und alle 7.000 Häftlinge klammern sich an die Gitterstäbe der Fenster. Im Chor schreien wir alle: „Hier ist ein KZ! Helft uns! Holt uns hier raus! Wir verrecken hier! Wir rufen das Rote Kreuz! Wir rufen die freie Welt! Wir fordern Gerechtigkeit!"

Wie von einem unsichtbaren Dirigenten dirigiert, hallen diese Schreie gespenstisch über die große, durch Stacheldraht noch mehr verunzierte Mauer.

Der Lagerkommandant Schulz, Hunde-Schulze genannt, ist aufgeregt und mit seinem Schäferhund zu sehen. Vopos kommen mit einer Feuerwehrspritze und wollen uns mit Wasser von den Fenstern jagen. Aber sie funktioniert nicht. Ein kläglicher Strahl kann nichts ausrichten. Das Schreien geht an diesem wetterschönen Tag weiter, bis es plötzlich passiert.

Eine Hundertschaft von Polizisten stürmt mit Gummiknüppeln bewaffnet in den Mittelgang unseres Saals 2. Sie haben die Saaltür aufgerissen und stellen sich dicht gedrängt in zwei Reihen links und rechts im Mittelgang auf.

Mehrere schreien: „Alle durch den Mittelgang zur Tür vor dem Saal! Raus!"

Zögernd laufen die ersten. Ein bestialisches Spießrutenlaufen beginnt. Wie Bestien schlagen die wütenden Vopos mit ihren Gummiknüppeln auf uns ein. Ich nehme beide Arme vors Gesicht und laufe, so schnell ich kann. Weil ich die Arme vor dem Gesicht gekreuzt habe, kann ich nur schlecht sehen, übersehe, wie mir einer der Schläger ein Bein stellt. Der Länge nach falle ich auf den Mittelgang. Mehrere Vopo-Bestien schlagen wild auf mich ein, treten mich, bis ich das Bewußtsein verliere. Als ich langsam wieder zu mir komme, liege ich im Seitengang auf dem Fußboden. Ich habe wahnsinnige Kopfschmerzen, und der ganze Körper tut mir weh. Ich taste mit der rechten Hand mein Gesicht ab. Meine Nase ist deformiert. Rhythmisch zum Pulsschlag spritzt aus einer Arterie neben der Nasenwurzel Blut. Ich liege in einer Blutlache, verliere erneut das Bewußtsein. Als ich dann wieder aufwache, bin ich mit weiteren fünf Verletzten in einem Zimmer des Lazaretts.

Von meinen ebenfalls schwerst zusammengeschlagenen Kameraden erfahre ich, daß man so das ganze Lager durchgeprügelt hat. Humaner Strafvollzug im Arbeiter- und Bauernparadies!

20

Das Buch erinnert mich an meinen Kirchenaustritt

Ein Wunder ist geschehen. Ich halte ein Buch in der Hand, ein richtiges Buch. Obwohl ich in meiner Kindheit kein großer Leser war, habe ich mir in den langen leeren Jahren der Gefangenschaft ohne Arbeit, ja ohne alles, so oft gewünscht, wenigstens für eine halbe oder eine ganze Stunde am Tag ein Buch lesen zu dürfen. Aber nein, nichts dürfen wir, vor allem kein Papier besitzen, auch immer noch nicht für die Toilette. Man könnte ja ein Kassiber schreiben, man könnte Totenlisten anfertigen. Was müssen sie doch für ein schlechtes Gewissen haben! Wären wir alle die großen Kriegsverbrecher und die alten Nazis, so könnten sie doch der ganzen Welt aufzeigen, wen sie hinter eiserne Gitter gebracht haben. Und würde es einigermaßen menschliche Haftbedingungen geben, so könnte man auch das der ganzen Welt zeigen. Aber gerade diese Tatsache der absoluten Geheimhaltung beweist ihre verbrecherische Absicht.

Das Buch, nach Jahren das erste Buch, ist die Bibel. Nicht das Kapital oder sonst ein rotes Buch. Nein, es ist eine Bibel der „Herrnhuter Brüdergemeinde". Es erscheint mir wie ein Wunder. Schickt uns der christliche Gott dieses Buch? Hilft er uns jetzt wirklich? Hat er unser Leid erkannt? Ist er Herr über unsere Herrscher?

Wie ein Verdurstender, der ohne Wasser durch die Wüste geirrt ist und endlich eine Quelle erreicht hat, trinkt und trinkt und trinkt, so lese ich gierig das Buch der Bücher, in das ich in den ersten 18 Jahren vor meiner Inhaftierung nie einen Blick hineingeworfen habe.

Wie einfach haben es doch viele Menschen! Sie werden getauft und in der jeweiligen Religionsgemeinschaft erzogen und nach dem Ritus derselben auch beerdigt.

Welche Kapriolen habe ich aber schon hinter mir! Der Vater katholisch, die Mutter evangelisch. So einigten sich meine Eltern, daß die Jungen dieser Zweisamkeit nach dem Vater und die Mädchen nach der Mutter katholisch oder evangelisch erzogen werden sollten. Leider blieb ich ja das einzige Kind nach dem frühen Tod meines Vaters. Ich wurde also katholisch getauft. Da mein familiäres Umfeld dem Namen nach aber evangelisch war, wurde ich weder evangelisch noch katholisch erzogen. Meine Mutter betete mit mir, als ich ein kleines Kind war, sprach öfters vom lieben Gott, aber ich kann mich nicht erinnern, außer bei Hochzeiten oder Begräbnissen in einer Kirche einen Gottesdienst miterlebt zu haben.

1941, also im Krieg, fuhr meine Mutter mit der Kreisbahn nach Görlitz und kam entrüstet zurück. Da ich nun schon zwölf Jahre alt war, sollte ich zum Konfirmandenunterricht gehen, genau wie die anderen Kinder. Dabei stellte sie aber fest, daß ich ja katholisch getauft worden war. Also mußte man mich ummelden. Und genau das wollte sie an jenem Tag in Görlitz tun. Übrigens ohne mit mir darüber gesprochen zu haben. Sie hatte lediglich einmal gesagt: „Du mußt jetzt auch in den Konfirmandenunterricht gehen." Ihr Ärger und ihr Entsetzen hatte folgende Ursache, die mich übrigens erfreute: Der entscheidende Herr auf dem Amt in Görlitz hatte ihr klargemacht, nicht sie könne das entscheiden, sondern da müßte schon ich selbst gehört werden.

„Unmöglich, daß der Bengel mit zwölf Jahren das selbst entscheiden muß!" war ihr Kommentar.

Also fuhren wir beide ein paar Tage später wie immer mit der gemütlichen Kreisbahn nach Görlitz. Beide betraten wir eine spartanische Amtsstube in gut preußischem Stil. Ein netter und höflicher Herr bot uns Stühle zum Sitzen an, und ich merkte bald, daß ich die Hauptperson war. Ich genoß diese Situation sehr. In Erinnerung ist mir noch, daß der Beamte ein Parteiabzeichen, rund mit Hakenkreuz, am linken Revers seines Jacketts trug. Folgende Unterhaltung entspann sich zwischen uns beiden, wobei meine Mutter übergangen wurde. Kurze Einwürfe ihrerseits wurden höflich, aber bestimmt zurückgewiesen.

„Der Junge hat das Wort!"

Toll, ich war der König, und mein Wort galt.

„Also, du willst zur evangelischen Kirche übertreten?" fragte er mich. „Gehst du denn oft zur Kirche?"

Etwas unsicher antwortete ich wahrheitsgemäß, daß wir nie zur Kirche gehen, nicht einmal zu Weihnachten.

„Meistens liegt auch sehr viel Schnee, und wir wohnen ganz am anderen Ende des Dorfes. Die Kirche ist sehr weit weg von unserem Haus."

„Ja, hast du denn jetzt vor, zum Gottesdienst zu gehen?" Ich zuckte mit den Schultern und warf meiner Mutter einen fragenden Blick zu.

„Er soll jetzt wie die anderen Kinder zum Konfirmandenunterricht gehen!" diktierte sie.

Der Beamte fragte mich: „Ja, aber willst du denn das? In die Kirche gehen doch eigentlich nur alte Leute, die Angst vor dem Tod haben. Hast du denn Angst vor dem Tod?"

Entrüstet wies ich diese Mutmaßung zurück. Es folgten noch höfliche Redewendungen. Er erklärte mir, daß es die Konfirmation schon seit dem 18. Jahrhundert gäbe, aber seit der Mitte des vorigen Jahrhunderts auch schon Jugendweihen von unzufriedenen Christen.

Schließlich sagte der freundliche Herr: „Also, der Junge hat entschieden, nicht der evangelischen Kirche beizutreten, sondern aus der katholischen Kirche auszutreten. Und was die Konfirmation betrifft, so haben wir ja die Jugendweihe. Er wird ein schönes Fest haben, und er wird dabei vom Jungvolk in die Hitlerjugend übernommen."

Und ich hatte ein schönes Fest, wurde in die Hitlerjugend übernommen, bekam viele schöne Geschenke und auch Blumen und das Buch „Unternehmen Barthold", welches spannend die Geschichte der Besiedlung des deutschen Ostens schildert.

21

Die Konfirmation im sowjetischen Sonderlager IV in Bautzen

Die Uhren, kein Gefangener besitzt oder sieht je eine, gehen hinter Mauern, Stacheldraht und Gitterstäben unendlich langsam, ja, sie scheinen manchmal stehenzubleiben.

Ist der Tag, der Monat, das Jahr vergangen? Jedem Geknechteten erscheinen die Zeiträume unendlich lang und kurz zugleich. Kürzer als im normalen freien Leben, weil die Vergangenheit inhaltsleer bleibt, unendlich lang, weil das Warten kein Ende genommen hat.

Dreifach ist der Schritt der Zeit,
zögernd kommt die Zukunft hergezogen,
Pfeilschnell ist das Jetzt verflogen,
ewig still steht die Vergangenheit.

Diese Spruchweisheit habe ich in meiner Erinnerung, weil sie mir einst treffend erschien. Die Hoffnung stirbt nicht, aber Tausende, die hoffen, sterben. Geweckt werden allerdings bei einem Denkenden die Fragen nach dem Sinn seines Lebens. Was ist das menschliche Lebens überhaupt?

Sollte ich doch je einmal frei sein, dann werde ich nach meinen hier gewonnenen Erkenntnissen und nach dem jetzt erdachten Sinn meines Lebens bewußter leben.

Mein Denkgebäude nach Jahren des Eingekerkertseins hat aber ein schwaches Fundament. Jeder hier ist ungewollt der Realität entrückt. So glaube ich, daß so mancher Vorsatz nicht verwirklicht werden kann oder dann vielleicht auch gar nicht mehr der Wunsch besteht, den lang erdachten Vorsatz umzusetzen.

Fünf lange, schlimme und grausame Jahre voller Erniedrigungen, voller Enttäuschungen, vieler körperlicher und seelischer Qualen liegen hinter mir. Was ist die reale Welt, die vor mir liegt? Ich bin gefangen und in der Gewalt von Unmenschen, die mir noch weitere 20 solcher Jahre zugedacht haben. Das ist die erste Realität.

Die zweite ist, und das ist unumstößlich, daß kein Mensch dieses Leben hier noch viele Jahre überstehen kann. Die große Hoffnung, doch eher die Freiheit wiederzuerlangen, ist in den zurückliegenden fünf Jahren hundertfach enttäuscht und immer wieder enttäuscht worden.

Logisch und konsequent gedacht, führen diese stunden- und tagelangen Überlegungen eindeutig zu der Folgerung: Ich muß meinem jungen Leben selbst ein Ende machen. Aber wie? Einen Hungerstreik glaube ich nicht durchhalten zu können.

Sich aufzuhängen, ist auch schon deshalb schwierig, weil ich dafür keinen Strick habe. Die Pulsadern aufschneiden? Das habe ich schon gelernt, daß das meistens nicht tödlich ausgeht. Man durchtrennt Sehnen und Nerven am Handgelenk. Die beiden Schlagadern erreicht man dabei nur schwer, und die Blutung ist oft nicht tödlich. Sich ein Messer in den Bauch zu stoßen, ist oft auch nicht tödlich, ganz abgesehen davon, daß man keines hat. Und in das Herz zu stoßen, bringe ich auch nicht fertig.

In den ersten ein bis zwei Jahren hätte ich noch vom vierten Stock herunterspringen können, wozu ich heute vielleicht den Mut hätte. Auch das geht nicht mehr. Ironischer- und paradoxerweise hat man Drahtnetze gespannt, so daß sich keiner zu Tode stürzen kann. Einfach gegen den Stacheldrahtzaun zu springen, um somit das Erschossenwerden zu provozieren, ist keineswegs ein sicherer Weg zum Tod. Da man den Zaun nicht zerreißen kann, wäre es gar nicht mal sicher, ob geschossen und tödlich getroffen werden würde. Aber eine Mißhandlung im Karzer wäre dann um so sicherer. Einen Posten anzufallen und zu versuchen, ihn mit auf die Reise ins Jenseits zu nehmen, ist bei meinen 70 Pfund Gewicht und meiner völligen Kraftlosigkeit ebenfalls nicht mehr möglich.

Bei all meinen langen Überlegungen finde ich keinen gangbaren Weg, der sicher zum Erfolg führt oder wozu ich den nötigen Mut hätte. Ob ich will oder nicht, mir bleibt, wie all meinen Kameraden, nur die Möglichkeit, mich meinem Schicksal zu ergeben. Eine bittere Erkenntnis und ein schwerer Weg.

In all diese trüben, grauen und schwarzen Gedanken leuchtet ein heller Sonnenstrahl. Ich weiß noch nicht, ob es eine Fata Morgana oder eine tröstende Möglichkeit ist. Immer und immer wieder versuche ich, über die Grenze des Diesseits einen Weg, einen Paß, eine Pforte zu finden. Gibt es in irgendeiner Form ein Weiterleben nach dem irdischen Tod? Unzählige Milliarden von Menschen haben daran geglaubt und glauben daran, ja, Unzählige haben ihr ganzes Leben danach ausgerichtet. Können so viele irren? Ist der menschliche Geist so klein, daß er so unendlich vielen etwas vorgaukeln kann? Oder steht der große, ununterdrückbare Wunsch der kleinen Menschen dahinter, irgendwie unbedingt weiterleben zu wollen? Ist Leben so unendlich schön oder so unendlich trostlos, daß es kein endgültiges Ende geben darf? Ist es eine phantasievolle Vorstellung, die Trost schenken will? Wissen können wir es nicht. Aber glauben heißt, nicht wissen zu können. Glauben ist für viele vielleicht einfacher als denken. Glauben soll Berge versetzen, ja, Glauben soll mehr sein als Wissen. Es gibt kaum jemanden, mit dem ich diese Fragen, die mich so tief berühren und mir keine Ruhe lassen, besprechen kann. Nur ein Buch kann ich befragen, das einzige Buch, das uns Häftlingen zur Verfügung steht, das Neue Testament der Herrnhuter Brüdergemeinde.

Immer und immer wieder lese ich darin, und schließlich finde ich Trost darin. Nur zu gerne lasse ich in dieser Situation Glauben und Hoffnung zur Wirklichkeit werden. Weil ich nicht gläubig war, vielleicht hat mich Gott in diese Situation gestoßen? Aber wäre es denn nicht ein grausamer Gott, wenn er sich solcher unmenschlicher Mittel bedienen würde? Gott gibt es, daran zweifle ich nicht mehr. Er ist für mich all das Gute dieser Welt. Aber gibt es einen persönlichen Gott, der sich ganz persönlich um mein Schicksal kümmert? Die Früchte des Glaubens sind so süß, aber das Glauben ist so schwer. Leichter allerdings erträgt man diese hoffnungslose Situation, wenn man glauben kann. Vielleicht weil man kritikloser ist? Vielleicht weil man sonst keinen Ausweg aus einer solch aussichtslosen Lage findet?

All das sind dürre und farblose Worte, um das auszudrücken, was ich meine. So nimmt mich dieses Bild immer mehr gefangen, und ich finde sehr viele Hinweise, die mich mein Leben in diesem gelben steinernen Grab viel leichter ertragen lassen, ja, es bekommt sogar einen Sinn.

„Dem es schlecht geht auf dieser Welt, dem wird es gelohnt im Himmel."

„Er hält mich immer in seiner Hand, und mir kann gegen seinen Willen gar nichts passieren."

„Er hört meine Gebete."

„Du mußt dich zu mir bekennen."

Und es geschieht ein Wunder, daß in ein sowjetisch-kommunistisch-stalinistisches KZ, hier in Bautzen, ein Pfarrer kommt. Es sind für mich große Tage und fast unglaubliche Ereignisse, daß ich Gespräche mit dem freundlichen Pfarrer Mund führen kann. Natürlich kommen mir am Anfang Zweifel, ob er nicht doch ein Spitzel ist. Doch da wir uns über religiöse Fragen unterhalten, zerstreue ich bald diese Gedanken.

Deutlich gebe ich zu erkennen, daß ich mich offiziell zu Christus und zur Kirche bekennen möchte. Zu meiner ganz großen Freude erklärt er mir schließlich, daß er mich offiziell hier in der Anstaltskirche konfirmieren wird.

Für ein Gefängnis ist der durch die großen Fenster hell erleuchtete Kichenraum recht großzügig. Er gibt dadurch wohl zu erkennen, wie die Erbauer am Anfang unseres Jahrhunderts über die Bedeutung der Kirche und des religiösen Einflusses auf die, die vom „rechten Weg" abgekommen sind, dachten, was sie davon erhofften.

Das einfache, in braunem Holz gehaltene Gestühl, über 20 Reihen mit je 22 Sitzplätzen, ist ansteigend so installiert, daß jeder von seinem Sitz sehr gut das

Zeremoniell beobachten und verfolgen kann. Hinter der Empore ist als besonders auffallender Blickpunkt an der Mitte der weißen Wand eine größere und für diese Umgebung bemerkenswerte Orgel. Hohe Fenster, große Rosetten, beidseitig angeordnet und z. T. mit bunten Scheiben versehen, lassen in diesen Raum Licht und Sonne hereinfluten. Es ist der einzige Raum in diesem dunklen Kerker, der groß und von Licht erfüllt ist.

Ich war schon zweimal in den sechs Jahren in dieser besonderen Kirche. Einmal durfte ich einen Gottesdienst erleben, gehalten von Pfarrer Mund, und ein anderes Mal sahen wir hier einen Film. Die Kirche wurde also zum Kino umfunktioniert.

Heute, am Karfreitag 1953, findet dann die Konfirmation in der Anstaltskirche während eines Gottesdienstes statt.

Mein Konfirmationsspruch lautet: „Und ob du schon wandelst im finstern Tal, mein Stecken und Stab trösten dich."

Der Gefangenenchor, genannt Kirchenchor, singt mir ein Lied. Während der ganzen rituellen Handlung muß ich mit den Tränen kämpfen. Ein wunderbares Gefühl des Dankes und der Geborgenheit umschließt mich. Nun hat mein Leben in dieser langen und schweren Gefangenschaft einen neuen Sinn bekommen. Er hält mich in seinen Händen. Ich reihe mich ein in die lange Kette von so unendlich vielen Menschen, die wegen ihres Glaubens verfolgt wurden, denn auch davon bin ich überzeugt.

Meine Bewacher vertreten ein atheistisches System, das die Kirche zerstört und Kirchenvertreter verfolgt hat und noch verfolgt. Meine Situation hat sich meinen Peinigern gegenüber verschlechtert. Eine Entlassung oder Amnestie kommt nun für viele Jahre überhaupt nicht mehr in Frage. Viele meiner Kameraden und Freunde haben mich vor diesem Schritt gewarnt und immer wieder abgeraten.

„Du verschlechterst vollkommen verrückt deine Zukunft, falls du überhaupt noch eine hast!"

Doch ich fühle mich geborgen in Gottes Hand, und selbstverständlich bekenne ich mich offiziell zu ihm.

In all diesen Monaten verbindet mich eine enge Freundschaft mit Jochen Reincke. Jochen ist Medizinstudent und ein tief gläubiger neuapostolischer Christ. Sein Glaube verhilft ihm sehr zu einer tadellosen Haltung als Häftling. Wir beten oft zusammen und unterhalten uns viel über religiöse Fragen. Wir werden deshalb oft verlacht.

„Religiöse Spinner, aber sonst nett und vor allem echt."

Das Wunder ist des Glaubens liebstes Kind.

Jochen imponiert mir wegen seines immensen Wissens, nicht nur auf medizinischem Gebiet, obwohl er erst einige Semester Medizin studiert hat. Mit ihm erlebe ich unglaubliche Dinge und lerne viel von ihm. Besonders interessiert er sich für die Psychiatrie. Er erklärt mir unter anderem den Unterschied zwischen einem Simulanten und einem Hysteriker.

„Du mußt wissen“, erklärt er mir, „ein Simulant gibt vor, Lähmungen oder Schmerzen und Beschwerden zu haben, und weiß selbst ganz genau, daß das alles nicht stimmt. Um irgend etwas zu erreichen, simuliert er. Ein hysterischer Kranker hingegen, der gelähmt ist, lügt nicht und kann wirklich nicht laufen, obwohl außer seiner Hysterie keine sonstige organische Krankheit vorliegt. Wäre die seelisch bedingte hysterische Vorstellung der Lähmung nicht vorhanden, könnte er wieder laufen. Ebenso verhält es sich mit einem hysterisch Blinden. Er sieht wirklich nichts.“

Jochen ermöglicht es mir, daß ich Zeuge von zwei Elektroschockbehandlungen werde, die mich als medizinischen Laien tief beeindrucken. Der Mitgefangene Walter Bartelmös, Elektroinnungsmeister des Landes Thüringen, baut mit primitivsten Mitteln ein Elektroschockgerät. Es werden ca. 30 psychiatrische Fälle damit behandelt. Unter sorgfältigster Leitung von inhaftierten Ärzten und dafür geschulten inhaftierten Pflegern wird diese Schocktherapie durchgeführt.

Nach Anlegen der Elektroden wird der Elektroschock ausgelöst. Ich erschrecke furchtbar. Der Patient krampft, bäumt sich auf, die Atmung sistiert, und er läuft blauschwarz an. Schließlich fängt er wieder an zu atmen, kommt wieder zu Bewußtsein, und in dieser Aufwachphase wird ihm verbal suggeriert, daß er – z. B. als hysterisch Gelähmter – wieder laufen kann, was dann auch wirklich eintritt.

Bei einem Konsistorialrat aus Berlin kam es nach schwersten Folterungen während der U-Haft zu einem erbarmungswürdigen Zustand. Er war blind, taub, stumm und gelähmt. Hier wurden mehrere Elektroschockbehandlungen erforderlich, die aber ebenfalls erfolgreich waren.

Mir wird sehr deutlich bewußt, daß es unendlich vieles gibt, was wir Menschen mit unseren fünf Sinnen und unserem 1.300 Gramm großen Gehirn nicht erkennen können.

Daß ich in dieser Phase meines Lebens das Wunder des Glaubens erleben darf, läßt mich mein Los als Inhaftierter und verurteilter Gefangener hinter hohen Mauern und Stacheldraht leichter ertragen. Ich glaube auch, daß ich als Mitmensch, der positiv zu seinem ungewöhnlichen Schicksal steht, vielen Mitgefangenen helfen kann.

Es soll keinen Tag mehr in meinem Leben geben, an dem ich nicht im Gebet Zwiesprache mit Gott halte und ihm auch täglich danke.

22

Silvesternacht 1954/55

Die Glocken der Kirchen und des Petersdoms von Bautzen läuten das Jahr 1955 ein. Ich liege auf meinem Strohsack und kann nicht schlafen. Mir ist heute wieder mal, wie all die Jahre, der Kopf geschoren worden. Ich freue mich immer, wenn meine Haare ein oder zwei Zentimeter lang sind. Aber dann kommt immer wieder das entwürdigende Glatzeschneiden.

Es ist nun schon die achte Silvesternacht, die ich hier hinter diesen gelben Mauern verbringe. Und ich wünsche mir im Gebet, noch viele Glocken an möglichst vielen verschiedenen Orten dieser großen Erde als freier Mensch hören zu dürfen. Wie groß ist doch die Welt! Fast acht Jahre bin ich nun schon lebendig begraben auf einem winzigen Areal von wenigen hundert mal hundert Metern, und selbst da darf ich mich nicht frei bewegen. Was hätte man in acht Jahren alles in Freiheit erleben können? Wohin hätte man überall reisen können? Wie schön sollen doch gerade diese Jahre zwischen 18 und 26 sein. Und immer wieder die bange Frage: Komme ich hier überhaupt noch einmal lebend raus?

Was ist eigentlich positiv in meiner Lage? Ich möchte diese besondere Nacht einmal nicht in wehmütiger Erinnerung an zu Hause verbringen, sondern fülle mein Bewußtsein in diesen Stunden mit den vielen Begebenheiten, die ich, zwar noch Schüler, in den letzten Jahren bei meiner Arbeit im sogenannten Gesundheitswesen im Gelben Elend erlebt habe.

Ich denke auch an den 31. März 1950 zurück. So furchtbar mir dieses grausame Erlebnis noch in Erinnerung ist, so brachte es mir doch noch Glück. Am Tage danach richtete mir Dr. Hamelmann, von dem ich auf dem Saal viel über Medizin gehört hatte und der dann als Mitgefangener im Lazarett eingesetzt wurde, die Nase wieder gerade. Das tat zwar außerordentlich weh und krachte mehrmals, aber die geschwollene und verunstaltete Nase war wieder gerade. Viele Monate hatte ich noch starke Kopfschmerzen und Schwindel mit Übelkeit. Aber als ich einigermaßen wiederhergestellt war, nahm er mich als Helfer in seinen HNO-Behandlungsraum. Viele Menschen schimpfen und ärgern sich oft, wenn sie arbeiten müssen. Viel schlimmer aber ist es, zum absoluten Nichtstun verurteilt zu sein. Ironischerweise waren wir alle ja zu 25 Jahren Arbeitslager verurteilt worden. Ich empfand es als ein großes Geschenk des Schicksals, nun arbeiten zu dürfen, und dann auch noch im medizinischen Bereich.

Der Behandlungsraum war sehr dürftig eingerichtet. Trotzdem war ich mit großem Eifer dabei. Ich mußte die wenigen Instrumente putzen, Köpfe halten und Verbände anlegen. Medikamente oder Betäubungsmittel gab es so gut wie keine. Da ich mich offensichtlich nicht ungeschickt anstellte, bekam ich nach kurzer Anlernzeit eine besondere Aufgabe zugeteilt.

Im Laufe der Zeit war die Verpflegung für die vielen Tbc-Kranken etwas verbessert worden. Man hatte die offenen Tuberkose-Kranken, diejenigen, die Tb-Bakterien ausschieden, im Haus 3 isoliert. Nun gab es immer wieder Fälle, die die bessere Verpflegung nicht missen wollten, selbst auf die akute Gefahr der Ansteckung hin. Es wurden deshalb Speichelproben (Sputum) vertauscht. Nicht offene Fälle mußten kontrolliert werden, ob sie auch wirklich keine Tbc Ausscheider waren. Ja, es hatte sich auch die Tatsache herumgesprochen, daß Smegma (Vorhautverunreinigung) säurefeste Stäbchen beinhaltet, die von echten Tuberkelbakterien nicht zu unterscheiden seien.

All diese Tricks wurden vereinzelt angewandt, um in den Genuß von etwas mehr Essen zu kommen. Ein Beweis dafür, wie wir unter dem Hunger litten. Um diese Möglichkeiten auszuschließen, vor allem aber um wieder zu kontrollieren, wer eine offene Tuberkulose hat, werden Kehlkopfabstriche erforderlich. Es wird schließlich meine Aufgabe, fast täglich diese Untersuchungen durchzuführen. Der Patient sitzt vor mir, zieht mit den Fingern der rechten oder linken Hand die Zunge raus, ich führe vorsichtig den Kehlkopfspiegel in die Mundhöhle, danach für den Bruchteil einer Sekunde den gebogenen Watteträger in den Kehlkopf ein. Natürlich hustet mich der Patient sofort kräftig an. Erst nach einigen Monaten erhalte ich eine Glasscheibe an den Untersuchungstisch montiert, so daß der Patient mich nicht mehr direkt anhusten kann.

Es wird mir bis an mein Lebensende unverständlich bleiben, weshalb ich als hochgradig unterernährter Häftling ohne vernünftige Kost und ohne längeren Aufenthalt an der frischen Luft bei dieser täglichen massiven Ansteckungsmöglichkeit nicht an einer Tbc erkrankt bin.

Nach dieser Untersuchung wird das Sekret von den Watteträgern auf einen kleinen Objektträger gestrichen, dann gefärbt und wieder von mir mit dem Mikroskop untersucht.

Später arbeite ich als Helfer beim Zahnarzt Dr. Vits. Ein sehr netter Mithäftling, von dem ich auch vieles aus der Zahnheilkunde lerne. Auch er hatte, wie fast alle mitgefangenen Ärzte, 25 Jahre bekommen. Seine Möglichkeiten sind sehr beschränkt. Aber ich engagiere mich mit Begeisterung und darf mit dem Einverständnis des Patienten auch dann und wann einmal einen wackligen Zahn ziehen.

Schließlich komme ich auch als unsteriler Helfer in den OP. All diese Besetzungen werden von den im Gesundheitswesen eingesetzten gefangenen Ärzten vorgenommen: Man muß dabei bedenken, daß wir ein Männerlager sind. Alle Funktionen, die normalerweise von Schwestern in einem Krankenhaus oder einem Lazarett ausgeführt werden, müssen im Gelben Elend in Bautzen von Männern ausgeführt werden. Wir alle werden in vorbildlicher Weise von den mit uns inhaftierten Ärzten angelernt. Alle Ärzte, mit denen ich arbeitete, verhalten sich beispielhaft. Meistens haben wir kaum eine Möglichkeit, mit Medikamenten zu helfen, da keine zur Verfügung stehen. Das gilt besonders für die ersten sechs bis sieben Jahre, also bis 1952. Dr. Behne ist Chirurg, klein von Statur, einige Schmisse im Gesicht, witzig und von vornehmer Bescheidenheit. Immer wieder setzt er sich, wie auch die Internisten Dr. Paul Hoffmann, Dr. Teuber und Dr. Boetzel, für das Wohl der Kranken ein, ohne Rücksicht auf eventuelle Nachteile. Dr. Behne war Mitglied einer schlagenden Verbindung gewesen und wollte nach Kriegsende Mitglieder seiner Verbindung aufsuchen. Beheimatet war er in Köthen. Beim Grenzübergang wurde er von den Sowjets gestellt. Man fand ein Adreßbuch mit den Anschriften seiner Freunde aus seiner studentischen Verbindung. Er wurde deshalb ebenfalls wegen illegaler Gruppenbildung zu 25 Jahren verurteilt.

In den wenigen Monaten, die ich im OP als unsteriler Helfer arbeite, fasziniert mich die Chirurgie. Einmal in der Woche, am Mittwoch, wird operiert. Leistenbrüche, chronische Blinddarmentzündungen, große Magengeschwüre, selten ein Kropf und besonders große, vor der Perforation stehende Grützbeutel. Bei Laparotomien, Baucheröffnungen, wird oft eine Bauchfelltuberkulose als Ursache der Bauchschmerzen festgestellt. Dickdarmresektionen sind wegen eines stenosierenden Krebstumors erforderlich. Daß fast keine Operationswundeiterungen auftreten, grenzt bei den ausgemergelten Patienten fast an ein Wunder. Das aber ist sicherlich ein Verdienst unseres sympathischen, stets hilfsbereiten und äußerst korrekten Mithäftlings Dieter Linke. Er ist für den OP und die Sterilität verantwortlich. Das OP-Team ist zusammen in einer Zelle im Lazarett untergebracht, Dr. Behne, Dr. Boetzel, Dr. Nebel und Dieter Linke. Bei Notoperationen sind sie somit sofort zur Stelle. Im Durchschnitt wird in acht bis zehn Tagen eine Notoperation erforderlich. Magenperforationen, eingeklemmte Leistenbrüche, akute Blindarmentzündungen, Blutungen und sonstige Notfälle.

Daß in dieser Zeit, der ersten Hälfte der fünfziger Jahre, die chirurgische Versorgung im Gelben Elend trotz großen Mangels an Medikamenten, trotz einfachsten Instrumentariums, trotz des oft unbegründet euphorisch gestimmten „Roten Barons“, Dr. von Wischhusen, der seine chirurgischen Fähigkeiten total überschätzt, den Umständen entsprechend korrekt ausgeführt wird, ist in erster Linie das Verdienst von Dr. Behne, seinen Helfern und auch besonders von Dieter Linke. Behne setzt sich oft energisch gegen die Anordnungen des Roten Barons durch, übernimmt Operationen, die von Wischhusen begonnen hat.

Voller Entsetzen beobachte ich, wie es bei einer Kropfoperation zu immer stärkeren Blutungen kommt. Wischhusen weiß nicht weiter. Obwohl Dr. Behne im letzten Moment die OP übernimmt, verstirbt der Patient an einer Nachblutung, was durch eine Sektion bestätigt wird.

An einem OP Tag passiert folgendes: Mehrere Volkspolizisten wollen bei einer Operation dabeisein. Wischhusen strahlt und will zeigen, was er kann. Die drei Vopos bekommen weiße Kittel angezogen und Hauben aufgesetzt. Mir fällt ein besonders bulliger Bewacher durch markige Sprüche und ein strenges Regiment unangenehm auf. Kurz nach Beginn der OP gibt Dieter durch Blickkontakt Behne zu verstehen, daß dem Riesen schlecht wird. Behne aber schüttelt kurz den Kopf, was soviel heißt wie abwarten. Wenige Minuten später gibt es einen Schlag, und der gehässige Bewacher liegt ohnmächtig am Boden. Behne zieht die Schultern unschuldig hoch, Wischhusen macht sich wichtig und unterbricht die OP. Wir übrigen können uns einer kleinen Schadenfreude nicht erwehren.

Die Situation im aseptischen OP in Bautzen ist irgendwie paradox. Die Lebensbedingungen für Tausende von Gefangenen sind so, daß man krank werden muß und es absolut sicher ist, daß unter diesen Umständen keiner seine Strafe von 25 Jahren überleben kann. Auf der anderen Seite hilft man hier den Gefangenen, sich von Krankheiten zu befreien.

Übt hier das sogenannte Gesundheitswesen eine Alibifunktion für die Täter aus? Oder ist doch ein Rest von Menschlichkeit bei ihnen vorhanden?

Übrigens hatten in den ersten Jahren nach Errichtung des sowjetischen Sonderlagers, von 1945 bis 1949, internierte Ärzte die Funktionen im Krankenhaus inne, d. h. also nicht verurteilte Häftlinge.

Septische Operationen, d. h. Operationen, die an infizierten Wunden und Geweben erforderlich sind, werden im septischen OP durchgeführt, wo Willi Schultze, ein Mithäftling, ebenfalls sehr sorgfältig OPs vorbereitet. Vor allem werden hier auch Tbc-Erkrankungen behandelt, die nur noch selten außerhalb eines solchen unmenschlichen Kerkers auftreten. Aufgrund der katastrophalen Lebensbedingungen, gerade in den Jahren 1945 bis 1950, ist jeder dritte im Lager Tuberkulosekrank. Da diese Kranken nicht behandelt werden, treten Tuberkuloseformen auf, die man in der Mitte unseres Jahrhunderts sonst in Europa kaum noch kennt.

Die jetzigen Möglichkeiten der Behandlungen stehen im Gegensatz zu den Zuständen bis 1949/50. In jener Zeit wurden nur Notoperationen durchgeführt. Es fehlte an Instrumenten, Verbänden und Narkosemitteln. Vorstellungen bei Fachärzten im Haftkrankenhaus waren rein formale Angelegenheiten, da fast keine Medikamente zur Verfügung standen. Dem sogenannten medizinischen Punkt, einer Art Ambulanzraum, standen manchmal für 4.500 Insassen zehn Aspirintabletten pro Tag zur Verfügung. Das war alles. Es gab nicht einmal ein Fieberthermometer.

Eine der schwersten Komplikationen, oft mit Todesfolge, ist der sogenannte Blutsturz oder die massive Hämoptoe. Bei dieser Lungentuberkulose-Komplikation kommt es zu einer durch diese spezifische Entzündung bedingte Arrodierung von Blutgefäßen in der Lunge. Die betroffenen „Blutadern“ zerreißen und der Patient spuckt viel Blut, ja, er kann sogar daran verbluten. Solche schwersten Komplikationen werden mit Baldriantropfen und Kalziumspritzen behandelt, da es nichts anderes gibt. Diese Therapie ist natürlich absolut unzureichend. Sie wird von den Ärzten nur deshalb durchgeführt, weil es sonst keine Medikamente gibt, der unwissende Patient aber psychisch beruhigt werden soll und bei solchen dramatischen Ereignissen an Tropfen und Spritzen glaubt. Solche Schwerstkranke wegen Haftunfähigkeit zu entlassen und einer normalen Krankenhausbehandlung zuzuführen, was z. B. im nahegelegenen Dresden oder auch in Görlitz ohne weiteres möglich wäre, ist verboten. Haftunfähigkeit gibt es für Häftlinge des Gelben Elends in Bautzen nicht.

Tuberkulose ist die akute Seuche hier. Bis 1.400 stationär behandlungsbedürftige Tuberkulosekranke gibt es Anfang der fünfziger Jahre in dieser Haftanstalt. Etwa jeder dritte Häftling leidet an dieser schrecklichen Krankheit.

Besonders niederschmetternd berichten die Ärzte, hinter vorgehaltener Hand, von der Streptomycin-Tragödie. Durch den verheerenden Gesundheitszustand der Häftlinge tritt auch tuberkulöse Hirnhautentzündung auf, eine tückische Komplikation der Tuberkulose, die ohne Behandlung meist zum Tode führt. Ein wirksames Medikament gibt es im Westen bereits. Einige Angehörige aus Westdeutschland schicken Streptomycin an ihre erkrankten Verwandten. Die Anstalt erreichen im ganzen etwa 100 Gramm Streptomycin. Bald aber wird diese Hilfe aus politischen Gründen verboten, und das Streptomycin wird beschlagnahmt und vernichtet.

Wegen der hochgradigen Unterernährung und des fast völligen Fehlens von Vitaminen in der unzureichenden Nahrung kommt es durch die darniederliegende Widerstandsfähigkeit gehäuft zu Furunkulosen, Phlegmonen und infektiösen Hautkrankheiten mit der Folge von Blutvergiftung (Sepsis) und schließlich auch zum Tod. Dazu gehört auch die Wundrose (Erysipel). Die Ärzte erzählen, daß es solche ausgeprägten schwersten Krankheitsbilder eigentlich sonst in Europa nicht mehr zu sehen gibt.

Dr. Wischhusen, der seine chirurgischen Fähigkeiten gelegentlich überschätzt, erlaubt seinen Sanitätern, intravenöse Injektionen (Spritzen) und vereinzelt auch Pneumothoraxfüllungen auszuführen. Der Hinweis unserer Ärzte, daß solche Behandlungen nur Ärzten erlaubt seien, bleibt ohne Erfolg. Widerspruch der Ärzte und des Lazarettpersonals wird kurzerhand mit Ablösung vom medizinischen Dienst und der Unterbringung im sogenannten Offizierskeller geahndet. Das bedeutet für den Betroffenen oft Schikane, noch schlechtere Lebensbedingungen und auch nicht selten eine Tuberkulose.

Dem ständigen Kampf unserer mitgefangenen Ärzte für eine bessere Versorgung der Kranken, insbesondere der Tuberkulosekranken, ist es zu verdanken, daß sich etwa sieben bis acht Jahre nach Kriegsende, also 1952/53, langsam und allmählich die Verhältnisse etwas verbessern. Die Verpflegung wird etwas reichhaltiger. Die Versorgung mit Medikamenten, z. B. TB1 und PAS, bessert sich ebenfalls. Von entscheidender Bedeutung ist auch, daß bei guter Führung vierteljährlich ein drei Kilogramm schweres Lebensmittelpaket empfangen werden darf. Schlimm ist es natürlich für die, die niemanden haben, der ihnen etwas schickt. Allerdings ist Kameradschaftlichkeit oft sehr hilfreich.

Die besonders verantwortliche Arbeit, die die gefangenen Ärzte unter den schwierigsten Bedingungen ausführen, schützt sie nicht vor härtesten Strafen auch bei Bagatellvergehen. So schickt z. B. Dr. Boetzel vom Krankenhaus einem schwer tuberkulosekranken Freund in das Tbc-Haus III ein paar Lebensmittel, die in einer sterilen medizinischen Trommel versteckt sind. Versteckt deshalb, weil es verboten ist, irgendeinem Mithäftling von einem Haus zum anderen etwas zuzusenden. Der überbringende Pfleger ist ein mieser Denunziant. Klaus Boetzel kommt für 14 Tage in einen Karzer im Westflügel bei Wasser und Brot. Auch er muß auf dem Betonfußboden ohne Zudecke die Nächte verbringen.

Haftunfähigkeit ist noch immer ein Fremdwort für unsere Bewacher, so etwas gibt es auch für Sterbende nicht.

Unvergeßlich ziehen auch in der heutigen Silvesternacht wieder die schrecklichen Bilder an mir vorbei, die ich täglich in der Morgen- und Abenddämmerung von meiner Zelle 16, West IV aus beobachtet hatte. Das Beerdigungskommando schob einen mittelgroßen, quietschenden Karren schweigend zum Torhaus, beladen mit mehreren, vielleicht bis zu einem Dutzend Leichen. Durch die Leichenstarre ragten Arme und Beine gespenstisch aus dem hölzernen Leichenwagen heraus. Jedes Mal überfiel mich ein fröstelnder Schauer. Wann werde ich wohl auf dem Karnickelberg mit viel, viel Chlorkalk verscharrt werden?

Ein verirrter schmaler Sonnenstrahl erhellt aber fast täglich mein graues Dasein. Anfang der fünfziger Jahre war es uns gestattet worden, Fotos von unseren Angehörigen und monatliche Briefe zu empfangen. Meine Mutter hatte mir von Hanni ein postkartengroßes Bild mitgeschickt. Dieses kleine Mädchen, mit dem ich öfter als Kind gespielt hatte, gelegentlich hatten wir auch vierhändig unser Klavier traktiert, war eine junge und schöne Frau geworden. Unglaublich starre ich dieses Schwarzweiß-Bild an. Wie lange muß ich nun doch schon hinter Gittern sein? Und sofort verliebte ich mich durch dieses Stück Papier in sie. Hanni war eine der Töchter eines Freundes meiner Mutter. Ihr Vater war jener Mann, den wir in den ersten Nachkriegstagen bei uns zu Hause versteckt hatten und der, nachdem er uns verlassen hatte, um seine Familie in Schlesien zu suchen, nie wieder gesehen wurde. Hanni war mit ihren Geschwistern und der Mutter nach dem Westen geflohen.

Fast täglich, manchmal mehrmals, betrachte ich in diesen langen und dunklen Jahren dieses besondere Bild. Es geht ein Zauber von ihr aus. Wehmütige Sehnsucht, hoffnungsvolle Freude, Traurigkeit und Glücksgefühle wechseln. Bald sehe ich sie leibhaftig vor mir, fühlte sie und betastete liebevoll ihren jungen Körper. Meine Fantasie, besonders auch nachts, läßt mich mit ihr in ferne Länder reisen. Wir küssen und lieben uns und sind glücklich. Immer wieder jäh in die düstere Wirklichkeit gerissen, schmiede ich häufig kleine und große Pläne, wie wir gemeinsam unser noch junges Leben gestalten wollen. Nicht selten stellte ich jedoch ernüchternd fest, daß ich vielleicht doch schon dem Wahnsinn verfallen bin und nicht mehr realistisch denken kann. Bin ich überhaupt noch normal? Oder ist mein Geist durch diese vielen schrecklichen Erlebnisse krank geworden oder zum Teil zerstört? Doch das kleine Bild wird immer wieder lebendig und gibt mir Hoffnung und Kraft. In meinen Tag- und Nachtträumen verschwindet sie oft in unendlicher Ferne, oder sie wird mir von finsteren Teufeln in Uniform aus einer liebevollen Umarmung gerissen. Nie werde ich wissen, wie viele unzählige Stunden dieses anmutige Bild in dieser dunklen und tristen Kerkerhaft mein Bewußtsein erhellt hat.

Draußen werden jetzt die Menschen das neue Jahr 1955 in fröhlicher Runde nach einem guten Essen und bei einem wohlschmeckenden Trunk begrüßen. Ach, wenn man doch wenigstens einmal, nach fast acht Jahren, an diesem besonderen Tag des Jahres ein Glas Bier mit schöner Blume oder ein Gläschen Wein haben könnte! Einmal einen kurzen Spaziergang im Wald erleben dürfen! Wer weiß, ob mir das in meinem Leben noch einmal vergönnt sein wird?

All die Gedanken in diesen letzten Stunden des alten und den ersten Stunden des neuen Jahres über Krankheiten hinter Gefängnismauern, über Hilfe, oder besser gesagt: Nichthilfe für die Leidenden und Sterbenden lassen mich ein Gelübde ablegen:

Wenn ich mit Gottes Hilfe doch noch mal als freier Mensch auf dieser Erde leben darf, werde ich mit allen mir zur Verfügung stehenden Mitteln versuchen, als Arzt meinen kranken Mitmenschen hilfreich zur Seite zu stehen.

23

Entlassung – Heimkehr – Flucht!

Heute ist der 7. April 1955. In drei Tagen werde ich den achten Geburtstag in Folge hinter den gelben Gefängnismauern begehen. Dann, 26jährig, kann ich sagen, daß ich fast ein Drittel meines jungen Lebens als rechtloser Strafgefangener lebendig begraben im freudlosen Kerker verbracht habe. Mehr vegetiert als gelebt, unter der brutalen Gewalt der Kerkermeister, deren Ziel es letztlich ist, mich und uns alle auszulöschen. Noch nicht einmal ein Drittel meiner mir zugedachten Strafe habe ich inzwischen verbüßt. Es ist für mich so sicher wie das Amen in der Kirche, daß ich nie und nimmer noch weitere 17 Jahre unter diesen extremen, menschenvernichtenden Bedingungen überstehen kann.

Gerade wegen der vielen unglaublichen Menschenrechtsverletzungen, die wir alle während der Haft erlebt haben, wird man uns als sprechende Augenzeugen auslöschen.

Der schlagende Beweis des schlechten Gewissens der skrupellos Herrschenden ist ja immer wieder die simple Tatsache der strengsten Geheimhaltung. Es hätte u. U. tödliche Folgen, wenn man irgendwelche Berichte an die Öffentlichkeit bringen würde, was aber für jeden von uns fast vollständig ausgeschlossen ist. Das war so während der Bewachung durch die Sowjets und ist jetzt in der kommunistischen DDR nicht viel anders.

Wie schwärmen doch die älteren Mitgefangenen von den besonders schönen Jugendjahren, gerade auch zwischen 18 und 26, die ich nun inhaltsleer und freudlos hinter eisernen Gitterstäben verbracht habe. Wie unendlich aufregend müssen doch diese besonderen Jahre sein! Die schöne Zeit der ersten Liebe oder des erfolgreichen Schulabschlusses, der Berufsausbildung, des interessanten Studiums und eventuell sogar der Gründung einer eigenen Familie ereignen sich normalerweise in dieser Zeit.

Unzählige blühende Blumen hätten mich genauso erfreut wie das helle Grün der Bäume im Frühling oder das in allen Farben schillernde bunte Laub im Herbst. Wie viele lustige Feste, bereichernde und gesunde Wanderungen, sportliche Erfolge und lukullische Mahle hätte ich erleben können. Aber für all diese denkbaren Ereignisse wird diese Zeit für mich für immer unwiederbringlich verloren sein. Auch die erregenden Gefühle der Glückseligkeit, mit einem liebenden Mädchen, einer jungen Frau vereint zu sein, sind verloren. Immer wiederkehrende sehnsuchtsvolle Träume darüber sind das einzige, was uns jungen Menschen in dieser sterilen, freudlosen Situation bleibt.

Ich sitze in dieser Woche wie immer allein in einer kahlen, im Souterrain gelegenen Zelle des sogenannten Lazaretts an einem alten Mikroskop und suche rotgefärbte Tuberkelbazillen. Auf gläsernen Objektträgern ist ausgestrichenes Sputum- und Kehlkopfabstrichmaterial, das ebenso hochinfektiös ist wie der gelb-blutige Eiter aus irgendwelchen tuberkuloseverdächtigen Abszessen.

Die geringen Lebensansprüche, die man hier im kalten Gefängnis hat, sind sehr bescheiden geworden. Trotzdem bin ich für diese Arbeit, die ich hier verrichten darf, die eintönig und wegen der großen Möglichkeit, sich mit Tbc zu infizieren, noch außerdem gefährlich ist, sehr dankbar.

Zu Arbeitslager sind wir verurteilt. Aber das Schicksal von fast allen ist es, keine Arbeit verrichten zu dürfen. Für jemanden, der es nicht erleben muß, ist es einfach unvorstellbar, sich jahrelang in einer öden Zelle aufhalten zu müssen. Ohne die geringste Abwechslung, ohne jegliche Arbeit, ohne ein Buch, immer hungrig und oft frierend eingesperrt zu sein, ist qualvoll.

Plötzlich knarrt die Zellentür. Ein beinamputierter langjähriger Mithäftling betritt mit aufgeregter Miene die dunkle Zelle. Er ist als Botengänger eingesetzt. Als Amputierter ist er in dieser Funktion besser zu überwachen.

„Du sollst deine Sachen packen. Du wirst entlassen!“

Ich lache ihm ins Gesicht. „Du, ich verstehe in dieser Sache keinen, aber auch absolut keinen Spaß. Was willst du wirklich, außer mich so unqualifiziert zu verscheißern?“

„Es ist wahr, es ist wirklich wahr!“ versichert er mir erneut.

Kopfschüttelnd wende ich mich meinem stark verkratzten Mikroskop zu. Er packt mich an der Schulter.

„Komm, es eilt. Ich muß noch einigen anderen Bescheid sagen!“

Ich wende mich ihm mit fragenden und zweifelnden Augen zu.

„Du, wenn das nicht stimmt, bist du für immer für mich gestorben!“

Nun, da er mich von meinem wackligen Hocker zieht, glaube ich, daß ich irgendwohin kommen soll.

Vom gelben, häßlich gebauten Lazarettgebäude werde ich mit wenigen anderen, die ebenso fassungslos sind wie ich, in die große Duschhalle des Kreuzbaus geführt.

„Alle Sachen ausziehen und liegenlassen!“ Während des Duschens beobachtet uns ein junger Volkspolizist, der auffallend freundlich ist. Auf der gegenüberliegenden Seite des feuchten, vom Wasserdampf eingehüllten Raumes geht es dann nackt wieder hinaus. Hier stehen zwei Blauuniformierte.

„Bücken und Arschbacken auseinander", danach „Mund auf und Arme hoch!"

Man sieht uns in alle Körperöffnungen, ob wir nicht irgendwelche Namenslisten oder sonstige Kassiber versteckt haben. Es ist einfach grotesk. Es zeigt aber wieder das übergroße schlechte Gewissen unserer Bewacher. Auf gar keinen Fall soll die unwissende Außenwelt etwas über das gewaltige Unrecht erfahren, das hier geschieht. Am meisten fürchten sie, daß irgendwelche Totenlisten nach draußen geschmuggelt werden. Zu viele sind hinter diesen gelben Mauern elendig umgekommen, ohne daß die Angehörigen benachrichtigt worden sind.

Nach dieser komischen Visitation erhalten wir einfache Kleidung und z. T. unsere sogenannten Effekten, d. h. unsere wenige Habe, die wir bei der Verhaftung bei uns hatten. Und dann werden wir in die Anstaltskirche geführt, wo ich vor Jahren konfirmiert wurde. Noch immer kann ich nicht glauben, daß ich entlassen werde. Wahrscheinlich werden wir in ein anderes gräßliches Lager verlegt, oder wir kommen gar nach Rußland. Stunde um Stunde vergeht. Warten, so denke ich, habe ich eigentlich gelernt in all diesen Jahren.

Das, was aber heute passiert, zeigt mir, daß Warten und Warten zweierlei sein kann. Warten, wenn man glaubt, daß eine schicksalsentscheidende Wende unmittelbar bevorsteht, ist weit schwerer.

Dann vergehen nochmals zwei oder drei Stunden. Immer wieder werden Mithäftlinge aufgerufen. Warum? Nach zehn oder 20 Minuten kommen sie zurück. Keiner sagt einen Ton. Gespannt lausche ich, aber mein Name fällt nicht.

Plötzlich, aus unserem jahrelangen, tristen und eintönigen Leben herausgerissen, sind wir etwa 100 Häftlinge, die in dieser Kirche versammelt sind. Obwohl uns keiner lautes Sprechen verboten hat, wird nur vereinzelt geflüstert, und wir alle befinden uns in einer fast unbeschreiblich spannungsgeladenen Atmosphäre.

Sollten sich wirklich für uns die Tore öffnen?

Aber was soll das Aufrufen von einzelnen von uns?

Da schießt mir plötzlich ein Gedanke durch den Kopf, der die seelische Anspannung noch verstärkt. Vor etwa einem halben oder einem Jahr war ich zum ersten und einzigen Mal in die Operative geholt worden. Die Operative ist vorn im Kreuzbau, dort wo die Verwaltung untergebracht ist. Das Wort Operative ist ein sozialistischer Begriff. Ich war damals natürlich sehr erschrocken, da ich ja von unseren Peinigern eigentlich immer nur Schlechtes und Schlimmes erwartete.

Ich werde in einen Raum geführt, wo zwei Zivilisten an einem Schreibtisch sitzen. Als ich den Raum betrete, erhebt sich der eine. Er kommt mir freundlich entgegen und fragt mich nach meinem Namen. Dann spielt sich folgende Unterhaltung ab.

„Strafgefangener Hardegen, haben Sie, falls man Sie entlassen sollte, noch immer die Absicht, Medizin zu studieren?“

„Vor meiner Verhaftung, und das ist nun schon sieben Jahre her, habe ich durchaus mit dem Gedanken gespielt und auch den Wunsch gehabt, Medizin zu studieren. Aber das ist doch jetzt für mich selbstverständlich vorbei. Als hochbestrafter Häftling habe ich doch keinen Zutritt mehr zu irgendeiner Universität!“

„Sehen Sie, das ist der Unterschied zwischen dem Kapitalismus im Westen und dem Sozialismus bei uns hier. Wer im Westen Gesetzesbruch begangen hat und inhaftiert war, ist für sein ganzes Leben gezeichnet und wird von der Gesellschaft ausgestoßen. Bei uns ist das natürlich alles viel besser und menschlicher. Wer die Gesetze übertreten hat, wird bestraft, aber nach Abbüßen seiner Strafe wird er als vollwertiges Mitglied wieder in die Gesellschaft integriert!“

Ich antworte ihm: „Das finde ich natürlich großartig, aber trotzdem kann ich mir nicht vorstellen, daß ich als Häftling, der zu 25 Jahren Zwangsarbeitslager verurteilt worden ist, nach Abbüßen meiner Strafe noch Medizin studieren kann.“

„Nun ja, Sie haben ja sicherlich schon mal gehört, daß es auch Amnestien gibt. Wir könnten uns gut vorstellen, daß Sie vorzeitig entlassen werden!“

„Das wäre natürlich großartig, aber trotzdem kann ich mir nicht denken, daß ich überhaupt noch Medizin studieren kann, nachdem ich jetzt sieben Jahre keine Gelegenheit hatte, meinen Geist zu trainieren, zu lesen und zu lernen. Außerdem habe ich ja noch nicht einmal das Abitur. Ich bin ja wenige Wochen vor meinem Abitur verhaftet worden.“

„Strafgefangener Hardegen, jetzt haben Sie wieder einmal gelogen!“

„Wieso?“

„Wir wissen genau über Sie Bescheid, und wir wissen auch ganz genau, daß Sie unbedingt Medizin studieren wollen. Wir können Ihnen versichern, daß wir über Sie wesentlich besser informiert sind, als Sie das annehmen!“

„Aber warum wollen Sie mir die Chance geben, Medizin zu studieren?“

„Wie wir Ihnen bereits sagten, hat bei uns in der DDR derjenige, der seine Strafe verbüßt hat, die Chance, vollwertiges Mitglied der sozialistischen Gesellschaft zu werden. Sie müssen uns aber natürlich beweisen, daß Sie gewillt sind, am Aufbau des Sozialismus in unserem Land mitzuhelfen!“

„Und wie kann ich das beweisen?“

„Wissen Sie, wir haben an unseren Universitäten gute, ja sehr gute Lehrkräfte, gerade auch im Bereich der medizinischen Fakultäten. Aber nicht alle diese Herren, die fachlich zwar gut sind, haben begriffen, daß die Lehren von Marx, Engels und Lenin die Grundlagen des menschlichen Zusammenlebens in unserer Gesellschaft sind. Sie haben aufgrund Ihrer Position einen großen Einfluß auf die Medizinstudenten und Studenten überhaupt. Sie können deshalb unter Umständen großen Schaden anrichten. Diese Personengruppe muß ganz besonders kontrolliert und überwacht werden. Wenn Sie bereit sind, uns in der Überwachung der Herren Professoren und Doktores behilflich zu sein, so ist das für uns ein eindeutiger Beweis, daß Sie sich am Aufbau unseres sozialistischen Staates beteiligen wollen. Und für solche Leute haben wir Studienplätze an unseren Universitäten!"

Ich bin von diesem infamen Angebot so schockiert, daß es mir erst einmal die Sprache verschlägt. Ich überlege, wie ich mich aus der Affäre ziehen kann.

Schließlich antworte ich: „Wissen Sie, nach all diesen Jahren traue ich mir einfach nicht mehr zu, das Abitur nachzuholen und zu studieren. Ich werde froh und dankbar sein, wenn ich irgendwo als Krankenpfleger Arbeit bekomme!"

Es folgen dann noch ein paar Hinweise, wie ich mich weiterhin führen soll und daß sie dann überzeugt seien, daß ich nicht mehr so lange in der Haft bleiben müsse. Bis zum Schluß unserer Unterhaltung sind die beiden Herren ausgesprochen freundlich zu mir.

Dieses eigenartige Gespräch tritt mir in diesem Moment sehr deutlich in mein Gedächtnis. Sollte ich etwa jetzt einen Spitzelauftrag bekommen? Doch der Kelch geht an mir vorüber, ich werde nicht aufgerufen und erhalte keinen Spitzelauftrag. Offensichtlich habe ich meine Rolle bei dieser Unterhaltung so gut gespielt, daß ich für Spitzeltätigkeiten als untauglich eingestuft wurde.

Die wärmende Sonne bricht durch die verschmutzen z. T. bunten Kirchenfenster. Man hört förmlich das gespannte Warten und die Ungewißheit. Gelegentlich flüstert einer. Es wäre ja wirklich gut, nicht aufgerufen zu werden. Zweifel, unbeantwortete Fragen, vorsichtige Hoffnung, skeptische Befürchtungen, ein Wechselbad der Gefühle. Leises Frösteln und aufsteigende Hitzewellen wechseln sich ab. Wie sehr regiert doch die sensible Psyche den empfindsamen und leider auch sehr zerbrechlichen Körper.

Der aufregende Tag neigt sich dem Abend entgegen. Da plötzlich dürfen wir in kleinen Gruppen von etwa zehn Häftlingen die Kirche verlassen, nachdem wir den kleinen, so unendlich wichtigen Entlassungsschein, 50 Mark und eine Fahrkarte erhalten haben. Seitens der heute freundlichen Bewacher fällt sonst kein Wort. Alles war in diesen acht Jahren kalt und gespenstisch. Auch diese letzten Minuten sind es.

Wir werden in einen Militär-Lkw verfrachtet. Unter einem Verdeck versteckt bringt man uns in die Freiheit, die ich in diesem Moment nicht realisieren kann.

Siebeneinhalb lange, inhaltsleere, freudlose, brutale und menschenverachtende Hungerjahre habe ich hinter diesen gelben Mauern und eisernen Gittern auf einem winzigen Fleckchen dieser so großen und schönen Erde verbracht. Mehr vegetiert als gelebt habe ich hier. Unwiederbringlich ist für mich, für uns diese lange Zeit für immer verloren.

Die Jahre vom 18. bis 26. Lebensjahr sollen ja wohl besonders inhaltsvoll, ereignisreich und schön sein, fällt es mir immer wieder ein.

Ein neuer Zweifel befällt mich jetzt. Wir müßten schon längst am Bautzener Bahnhof sein. Die Fahrt geht über eine holprige Landstraße. Sollte dies alles doch nur eine Finte sein? Aber schließlich dürfen wir doch aussteigen. Die letzten Sonnenstrahlen erhellen das kleine Städtchen Löbau, durch das wir vor zehn Jahren, von der Flucht zurückkehrend, mit unserem kleinen Handleiterwagen die Brücke passierten, an der sich die russischen Wachtposten über meine Lederhosen amüsiert hatten.

„Sie können jetzt mit der Bahn nach Hause fahren!" ist der einzige Satz dieses merkwürdigen Abschieds nach acht langen Jahren.

Ich stehe als freier Mann auf einer ganz normalen Straße vor dem kleinen Bahnhof. Abertausendmal habe ich mir in den zurückliegenden Jahren diesen unwahrscheinlichen Augenblick herbeigesehnt. Ich habe oft daran gezweifelt, solch ein unendlich schönes Ereignis je zu erfahren. Wieviel leichter hätte man diese schwere Zeit ertragen, hätte ich sicher gewußt, daß ich das doch noch einmal erleben werde. Ein unbeschreibliches Glücksgefühl überfällt mich. Ich möchte meine wunderbare Freude herausschreien und jeden Vorübereilenden dankbar umarmen. Leise lache ich vor mich hin, und Tränen steigen mir in die Augen. Warum gehen eigentlich all die netten Menschen achtlos an mir vorüber? Kaum einer schaut mich an. Keiner spricht mit mir. Keiner fragt mich, wo ich herkomme. Erstaunt muß ich feststellen, daß man mir offensichtlich nicht ansieht, woher ich komme, und daß in diesem Augenblick eine neue Seite im Buch meines kuriosen Lebens aufgeschlagen wurde. Ein junger Radfahrer fährt so nahe an mir vorüber, daß ich erst jetzt merke, daß ich noch immer mitten auf der Straße stehe.

Eigenartig berührt mich immer wieder die hohe Stimmlage der sich unterhaltenden Frauen. Eine ungewöhnliche Feststellung, die ich beim ersten Besuch meiner

Mutter im Zuchthaus besonders deutlich empfunden habe. Eine merkwürdige Tatsache, die keinem Menschen im normalen täglichen Leben auffällt, die aber sehr deutlich wird, wenn man viele Jahre keine weibliche Stimme gehört hat.

Die ersten Schritte in der lang ersehnten Freiheit gehe ich langsam und bedächtig. Da fällt schlagartig in mein überglückliches Gefühl ein eiskalter Gedanke. Unbewußt habe ich einen dunkel gekleideten, hageren kleinen Mann beobachtet, der etwas versteckt an dem abbröckelnden Bahnhofsgemäuer steht und immer wieder zu mir herübersieht. Man beobachtet mich. Auf die wenigen Minuten, in denen ich mich meiner eben gewonnenen Freiheit erfreut habe, folgen schon jetzt befürchtende Ängste, daß man mich wieder einfangen und einkerkern könnte.

Schnell eile ich in das alte Bahnhofsgebäude. Wann geht der nächste Zug nach Görlitz?

Endlich erscheint der lang erwartete Zug, schnell springe ich hinein. Den dunkel gekleideten Mann kann ich nicht mehr sehen. Offensichtlich ist er mir nicht gefolgt. Mir gegenüber sitzen zwei junge Frauen, die sich mit hoher Stimme über die kleinen Erlebnisse des heutigen Tages lachend unterhalten. Ich schmunzle mit ihnen. Ich muß mich anstrengen, um meinen herausfordernden Blick immer wieder mal von ihnen abzuwenden, um mich nicht zu aufdringlich an ihren weiblichen Formen zu erfreuen.

Lustig fliegt die bereits ins Dunkel getauchte Landschaft mit ihren heimelig leuchtenden Lichtern an mir vorbei. Unzählige Gedanken durcheilen meinen Kopf, und schon bald ist Görlitz erreicht. Der alte, im Jugendstil gehaltene Bahnhof grüßt mich. Die Kreisbahn fährt natürlich zu dieser späten Stunde nicht mehr, und so verbringe ich die erste Nacht endlich wieder in Freiheit auf dem Bahnhof. Zuerst rufe ich aber zu Hause an. Meine überglückliche Mutter kann es gar nicht fassen, daß ich frei bin. Warum laufe ich eigentlich die zehn Kilometer nicht nach Hause? Ich habe schlicht und einfach Angst, daß man mich alleine mitten in der Nacht auf der Straße antrifft und wieder verhaften könnte. Die eben noch belebte Bahnhofshalle wird immer leerer, und schließlich sind es nur noch wenige, die meist eilenden Schrittes vorbeihuschen.

Zu beobachten scheint mich hier aber wohl keiner. Ich verspüre weder Hunger noch Müdigkeit. Was wird der neue Tag bringen? Den zu Ende gehenden 7. April 1955 beschließe ich in Zukunft als meinen zweiten Geburtstag zu feiern.

Die alte gemütliche Kreisbahn stampft munter schnaubend Königshain entgegen. Der weißblaue Dampf pustet kräftig aus dem schwarzen Schornstein. Das rhythmische Rattern der eisernen Räder klingt in meinen lauschenden Ohren wie: „Ich bring dich nach Haus – ich bring dich nach Haus – ich bring dich nach Haus."

Auch der im April oft launische Wettergott scheint sich heute mit mir zu freuen. Die Frühlingssonne lacht vom Himmel. Das erste zarte Frühlingsgrün der Wiesen, Felder und Bäume zieht gemächlich an mir vorüber. Mein Herz schlägt freudig, schnell und aufgeregt. Immer wieder denke ich, ich träume. Ist das alles wirklich wahr? Weit lehne ich mich aus dem klapprigen Fenster, so daß der morgenkühle Fahrtwind mir Tränen in die Augen treibt, oder ist es die unfaßbare Freude, wieder zu Hause zu sein?

Königshain-Liebstein, Niederkönigshain und dann endlich Königshain-Hochstein. Das kleine rote Backsteinbahnhofsgebäude ist in den langen acht Jahren etwas heruntergekommen, und die im zarten Frühlingsgrün stehenden Bäume sind deutlich größer geworden.

Es muß doch eine lange Zeit vergangen sein. Hier begann alles. Vor acht Jahren minus 13 Tagen bin ich dort angekommen, wo man mich verhaftet hat. Welch Glück im Unglück, daß ich damals nicht wußte, was mir, was uns alles bevorstand.

Und nun soll wirklich alles vorbei sein? Nur wenige Mitfahrende steigen mit mir aus. Wie wird man mir nun in meinem Heimatdorf begegnen? Bin ich für sie ein Schwerverbrecher? Ein zu Recht Verurteilter? Bin ich für sie, meine Freunde, ein zu bewundernder Held? Oder bin ich für die meisten ein Mensch, den man meiden muß? Mit so einem darf man doch keinen Kontakt haben. Der eine wird mich vielleicht aus kommunistischer Überzeugung meiden, der andere vielleicht, weil er Angst hat, persönliche Nachteile zu haben, wenn er mit mir Kontakt hat. All das sind unmögliche Fragen, die aber meine große Freude über meine so ersehnte Freiheit kaum mindern. Immer wieder stelle ich fest, daß ich lache, lache vor Freude, zu Hause zu sein. Schnell springe ich neben dem Bahnhofsgleis meinem Heimathaus entgegen. Das hellrote Dach, es lacht mir entgegen. Wie friedvoll, wie wunderschön, wie ruhig, ja behäbig liegt unser langgestrecktes Dorf eingebettet zwischen den sanften Bergen, dem Hochstein und dem Kämpfenberg.

Die ersten 18 Jahre meines Lebens verbrachte ich hier, und nun bin ich 26 Jahre alt. Und was bin ich? Von Beruf noch immer Schüler. Lebenslauf: Acht Jahre Kerker, zu 25 Jahren verurteilt und nach dem sowjetischen Militärgesetz zweimal 25 Jahre und dazu nochmal zehn Jahre, gnädig zusammengefaßt zu 25 Jahren Arbeitslager, der Höchststrafe.

Nie würde ich diesen Tag erlebt haben, wäre ich ein Jahr eher oder drei Jahre später verhaftet worden, denn davor und danach gab es die Todesstrafe. All diese so oft angeschnittenen Gedanken fliegen mir durch meine aufgewühlten Sinne.

Doch mein geliebtes Heimathaus liegt nun endlich greifbar vor mir. Meine Schritte werden immer schneller, und schließlich laufe ich, so schnell ich kann, nach Hause.

Aus den weiß umrandeten Fenstern winken mir mit großen Handtüchern Mutter und Oma entgegen. Immer wieder glaube ich zu träumen. Beide Frauen kommen mir weinend und weißhaarig mit offenen Armen entgegen, und schließlich liegen wir uns in den Armen. Wir alle drei sind überglücklich, können es noch immer nicht fassen, daß ich wieder zu Hause bin. Und dann geht es ans Erzählen.

Unser wunderbarer Erdball ist so groß, warum liebt man seine Heimat so besonders? Warum fühlt man sich so unendlich stark dorthin gezogen, wo man seine Kindheit erleben durfte? Tausende und Abertausende erste Eindrücke verbinden für das ganze Leben. Zu Hause kann man an vielen Orten dieser Welt sein, Heimat aber ist einmalig, und sie gibt es nur an einem einzigen Ort.

Frühling, blauer Himmel, lustig wandernde weiße Wolken, das erste zarte Grün der vielen Bäume in unserem Garten, der zauberhafte Wald mit den vielen geheimnisvollen Erinnerungen, der gelbe Sandweg, das schützende gemütliche Haus, die beiden lieblichen Teiche, die grüne Wasserpumpe, der noch kahle Gemüsegarten, das weiße Birkenwäldchen, die kleine gepflasterte Steinstraße, die hochgewachsene Fichtenhecke im Süden, die knorrige Buchenhecke im Westen, die leuchtendgrünen Wiesen, der hölzerne Hühnerstall mit gackernden Hennen und dem majestätisch stolzierenden rotbekämmten Hahn, all das und noch viele andere kleine, so unwichtige, so unbedeutende Dinge lachen mir entgegen, füllen meine Seele und machen mich glücklich und unendlich dankbar. Ist das alles purer Zufall? Ist es göttliche Fügung? Wem soll, wem darf, wem muß ich danken, daß ich das alles noch einmal erleben darf?

Und dann der an unser Haus grenzende Wald, in dem ich tausendmal und mehr in den letzten acht Jahren nur in trauriger Erinnerung gewandert bin. Jetzt erst bedächtig und gemächlich, dann immer schneller werdend, laufe ich kreuz und quer, bergauf und bergab. Berühre die groß gewordenen grobrindigen Kiefern, die hohen Fichten und manchen Laubbaum mit seinem noch vorsichtigen Grün. Aus der Rinde jenes Baumes schnitzte ich einst kleine rotbraune Boote. Auf diesen bin ich oft geklettert, den nächsten hatte ich gestutzt, um eine Laubbude zu bauen. Wie oft hatte ich mir gewünscht, nur einmal, vielleicht eine halbe Stunde frei hier spazierengehen zu dürfen. Schnell führt mich mein Weg zu dem ertrunkenen alten Granitsteinbruch, Rubelsloch, wo ich einst schwimmen lernte. Auch hierher hatte ich mich so oft gesehnt, einmal nur baden zu dürfen, wenn es im Sommer heiß war und wir wochenlang nicht zum Schnellduschen durften und deshalb gräßlich stanken. In der Zelle gab es kein Wasser.

Weiter wandere ich vergnügt zum Hochstein und beschaue die grauen Granitfelsen, auf denen ich soviel herumgeklettert bin und mir auch die ersten großen

Platzwunden am Kopf geholt habe, Platzwunden, die sogar genäht werden mußten.

Alles ist wie im Traum, und noch immer kann ich es nicht fassen, daß ich wirklich frei bin. Ich scheue mich, Menschen zu treffen. Immer wieder schaue ich mich um, ob mich nicht doch einer beobachtet oder verfolgt. Da krächzt ein Eichelhäher, dort springt ein Eichhörnchen, schaut mich neugierig vom Baum herab an.

„Ja, ich bin wieder da!"

Meinen ersten Gang durch das Dorf beginne ich mit großer innerer Spannung. Wie werden mir meine Mitmenschen hier, meine guten Freunde von einst, die vielen Bekannten, die Schulkameraden begegnen? Es ist, unerwartet, fast wie ein kleiner Siegeszug. Gute alte Freunde, vor allem auch ältere Dorfbewohner, Nachbarn und viele andere kommen aus den oft kleinen Häusern und begrüßen mich herzlich. Kleine Fenster öffnen sich, und man ruft mir zu: „Wolfgang, schön, daß du wieder da bist! Komm ok rei!"

Und man bietet mir immer wieder etwas zu essen und zu trinken an. Manch einer umarmt mich und hat dabei Tränen in den Augen. Ich freue mich unendlich darüber.

Die folgenden Tage sind voller Freude und unerwarteter Überraschungen. Wie ein Lauffeuer verbreitet sich in unserem Dorf und in der Umgebung die Nachricht von meiner überraschenden Heimkehr. Ungezählte Freunde, Bekannte und vor allem auch mir nicht so nahestehende Dorfbewohner aus Königshain und aus unseren Nachbardörfern, aus Görlitz und aus Reichenbach, besuchen mich. Sie wollen mich persönlich begrüßen und überhäufen mich mit Geschenken. An meinem 26. Geburtstag, drei Tage nach der so lang ersehnten und dann doch unerwarteten plötzlichen Entlassung, ist unser Wohnzimmer voll von den verschiedensten Geschenken und Frühlingsblumen. Vor allem sind es Eßwaren, die mich erfreuen sollen. Selbstgebackene Streusel- und Mohnkuchen, Torten, ein geschlachtetes Kaninchen und ein Huhn, Eier, Butter, Speck, Würste, Gänsefett, Einmachgläser mit Kirschen, Pflaumen und Reineclauden. Auch Fotos von früher, ja selbst Stoff für einen ganzen Anzug sind dabei, ein Geschenk der Familie Dr. Stahr. Er ist einer der Nachfolger meines Großvaters und jetziger Arzt in unserem Dorf. Ich bin grenzenlos gerührt von der herzlichen Anteilnahme und dieser freudevollen Begrüßung. Taktvollerweise fragt mich kaum einer nach Einzelheiten meiner Haftbedingungen. Sie alle wissen, daß ich mich erneut in Gefahr bringen könnte, wenn ich die Wahrheit sagen würde.

Nun bin ich seit über drei Wochen ein freier Mensch. Ich bin überglücklich darüber. Ich denke wohl, daß sich niemand in die Psyche eines Menschen versetzen kann, der nicht selbst auf kleinstem Raum hinter Gittern eingekerkert war. Es war ja eben nicht nur der Tatbestand der Freiheitsberaubung. Die Situation, in der wir uns in Bautzen befanden, war in mehrfacher Hinsicht unmenschlich, ja bestialisch. Die Lebensbedingungen, unter denen wir unser Leben fristeten, hatte eine der sogenannten „guten Mächte“ diktiert, die das Böse im Krieg besiegt hatten. Wir empfanden eine solche Darstellung als blanken Hohn. Doch ich habe das Glück gehabt zu überleben. Ich bin fast frei. Frauen- und Mädchenstimmen empfinde ich nun nicht mehr als so besonders hoch. Es hat in dieser kurzen Zeit doch schon eine gewisse Normalisierung bei mir stattgefunden. Vor allem habe ich entdeckt, wiederentdeckt, daß das Weibliche, wie im Faust beschrieben, uns Männer, ich war ja inzwischen ein Mann geworden, unendlich stark anzieht.

Ich freue mich ganz besonders, wenn ich ein hübsches Mädchen, eine junge Frau oder überhaupt eine Frau sehe, und verweile mit meinen Augen nun oft etwas länger, als es die Höflichkeit gestattet. Eine unheimliche Sehnsucht übermannt mich, und mein größter Wunsch ist nun, eine Partnerin zu finden. Minderwertigkeitskomplexe sind es nicht, die mich Zurückhaltung üben lassen. Aber so sehr und so groß mein Wunsch ist, endlich mit 26 Jahren intimen Kontakt mit einer Frau zu haben, verbietet es mir meine Erziehung, egoistisch dieses Ziel zu verfolgen. Ich werde wahrscheinlich von hier weggehen, d. h. ich werde dieser Frau nie treu bleiben können. Denn wenn ich die acht jungen Jahre schon gezwungenermaßen darauf verzichten mußte, sexuellen Kontakt zu haben, so weiß ich, daß es mir jetzt unmöglich sein wird, auf all das zu verzichten. Fast unbeabsichtigt bin ich glücklich und freue mich auf jede Stunde, mit einem ganz lieben Mädchen aus unserem Dorf fast täglich zusammenzusein. Händchenhaltend gehen wir spazieren, umarmen uns, streicheln und küssen uns. Ich fühle mich wie im siebten Himmel. Unendlich groß ist mein Zwiespalt, ob ich sie bedrängen soll zu noch intimerem Zusammensein. Die heimlichen Treffen, glücklichen Stunden unseres Zusammenseins erschließen mir, so glaube ich, das Paradies.

Es wirbelt in meinen Gefühlen. Ein unbeschreibliches und ungeheures Bedürfnis bedrängt mich. Ganz besonders wird mir jetzt klar, was ich in den Jahren meiner Gefangenschaft versäumt habe. Nichtbetroffene registrieren, daß jemand im Gefängnis ist oder im KZ oder in einem Internierungslager jahrelang eingesperrt war. Sicherlich versucht auch der eine oder andere, sich in diese Situation hineinzuversetzen. Aber kaum einer denkt wohl daran, was gerade die sexuelle Abstinenz, die damit verbunden ist, bedeutet. Wenn man z. B. einen jungen Mann oder auch eine junge Frau allein dadurch bestrafen würde, daß man ein, fünf, acht oder mehr Jahre keinerlei sexuellen Kontakt haben dürfte, so wäre das doch allein schon für Normalveranlagte eine ungeheure Strafe. Daß Homosexualität in Bautzen keine besondere Rolle spielte, hing wohl offensichtlich damit zusammen, daß wir hochgradig unterernährt waren. Wird aber ein Langzeithäftling entlassen, so dürfte er, wenn er noch gesund ist, ein unwahrscheinlich hohes Nachholbedürfnis haben. Das bezieht sich nun keineswegs nur auf die vita sexualis. Zärtlichkeit, harmonisches und glückliches Zusammensein mit dem anderen Geschlecht, das gegenseitige Sichberühren, das Sicherfreuen an der wunderbaren Anatomie der Frau ist ein von der Natur unwahrscheinlich stark und unvorstellbar großer Wunsch des Betroffenen. Abertausende unerfüllter Träume und immer unerfüllter Wünsche und offener Hoffnungen waren es in der Gefangenschaft. Es ist wie bei einem mächtigen Damm, der jahrelang gewaltsam natürliche Gefühle zurückgehalten und zurückgedrängt hat, der zu brechen beginnt. Diese Betrachtungen scheinen vielleicht manchen sogenannten Normalbürger zu wundern oder ihm sogar unwichtig erscheinen, gerade auch deshalb, weil in unserer Welt in dieser Beziehung der Realität noch immer nicht die gebührende Aufmerksamkeit geschenkt wird. Aber auch gerade dieses Problem ist für den Gefangenen und besonders für den Langzeitgefangenen ungeheuer groß und findet in den Folgeschäden keinerlei adäquate Beachtung.

Im Spannungsfeld, zu Hause in meiner Heimat zu bleiben oder sie vielleicht für immer zu verlassen und in einer anderen Welt mein Leben neu zu beginnen, spielt für mich diese Frage jedoch eine unendlich große Rolle.

Es gibt nur zwei oder drei Dorfbewohner, bei denen ich glaube zu bemerken, daß sie sich abwenden oder hinter einer Hausecke verschwinden, wenn ich unsere holprige Dorfstraße hinuntergehe. Treibt sie das schlechte Gewissen davon? Waren sie die Denunzianten, oder sind sie fanatische Kommunisten? Kollaborateure von einst und jetzt?

Der alte Gasthof „Zum Hochstein“, das gelbe Doktorhaus meiner Großeltern, meine kleine alte Schule, der Fürstenstein, dort wo ich die Bilder entfernte, das alte, breit angelegte Rittergut, die auf einem kleinen Hügel stehende Kirche, der Friedhof, unser einfacher Sportplatz, dieser und jener Feldweg, dieses und jenes Wäldchen, alles das zieht wie im Traum an mir vorüber. Wie oft bin ich in den bitteren Jahren hinter Gittern die lange Dorfstraße in Gedanken hinuntergewandert, in fast jedes Haus eingekehrt, und nun ist es doch noch Wirklichkeit geworden.

Und noch immer gibt es, zehn Jahre nach Kriegsende, Lebensmittelkarten.

Aber immer wieder wird meine Glückseligkeit von einem finsteren Schatten bedroht. Verfolgt mich jemand? Beobachtet mich irgendwer? Schnell verdränge ich diese Gedanken und erfreue mich an unserem schönen und liebenswerten Dorf Königshain.

Bei meinen langen Spaziergängen durch Wald und Flur in der sich neu belebenden Natur drängt sich, immer deutlicher werdend, die Frage über meine Zukunft in mein Bewußtsein. Ich bin 26 Jahre alt, noch immer von Beruf Schüler und in diesem Teil meines Vaterlandes hoch vorbestrafter Verbrecher.

Mein in mir fest verankerter Wunsch, Arzt zu werden, ist hier in der sogenannten Deutschen Demokratischen Republik nur dann möglich, wenn ich Spitzeldienste versehe.

Ich bin überzeugt, wenn ich mich an einer Universität anmelde, wird man mir nur dann die Möglichkeit zum Studium geben, wenn ich diesem System als Denunziant diene. Daß ich das nie und nimmer tun werde, ist für mich eine Selbstverständlichkeit. Es gibt also nur eine Alternative: die Heimat, nach der ich mich acht Jahre gesehnt habe, möglichst bald für immer zu verlassen und nach dem Westen zu gehen.

So selbstverständlich es für mich ist, mich nie in dieses menschenverachtende Gesellschaftssystem zu integrieren, so schwer fällt es mir aber auch, meine Heimat und mein Zuhause sofort wieder zu verlassen. Andeutungsweise führe ich nur mit meiner Mutter Gespräche darüber. Aber sie spürt nur zu gut, was ich vorhabe.

„Wolfgang, ich kann dich ja verstehen, aber man wird dir jetzt hier bestimmt nichts mehr tun. Bleibe doch wenigstens noch ein halbes Jahr und entscheide dann, was du tun willst."

Meine Antwort sind Schweigen und ein fragender Blick. Außerdem beobachte ich in mir eine von Tag zu Tag zunehmende Befürchtung, ja Angst, eines Tages doch wieder verhaftet zu werden und hinter Gitter zu kommen. Sollte das je wieder geschehen, so weiß ich wirklich nicht, was ich tun würde. Sicher ist aber, daß ich mir dann den Vorwurf nie mehr ersparen könnte, nicht nach dem freien Westen geflohen zu sein. Angst vor einer gefährlichen Flucht nach dem Westen habe ich nicht. Auch habe ich keine Angst davor, als Schüler ohne Beruf meinen Lebensunterhalt auch ohne jegliche Hilfe zu bestreiten. Das sind keine Argumente in meinen Überlegungen. Wie viele Millionen und Abermillionen sind diesen Weg schon gegangen und haben es offensichtlich nicht bereut. Und wer einmal im Gelben Elend im schönen Bautzen lebendig begraben war, hat keine Angst vor jedweder noch so bedrohenden Lebenssituation. Ich glaube, daß diese Erfahrungen mein größter Reichtum sein werden, den ich durch diese Zeit der Gefangenschaft erlangt habe.

Ich freue mich tagsüber über die lang ersehnte Teilfreiheit und bin meinem Schicksal immer wieder dankbar. Um so mehr martern mich meine nächtlichen Träume.

Es ist eigentlich immer und immer wieder derselbe Traum, den ich oft mehrmals in einer Nacht erleiden muß.

Ich bin wieder im Gelben Elend eingekerkert, mir gelingt unter verschiedenen abenteuerlichen Bedingungen die Flucht aus dem Kerker. Ich jage zu Fuß über schier unüberwindliche steile Berge oder mit dem Fahrrad durch schlammige Straßen und Wege dahin. Oder ich eile mit einem Motorrad über holprige Landstraßen, oder ich sitze in einem vergitterten Zug, auf dem Anhänger eines Pkws zur Unkenntlichkeit verkleidet, und jage der innerdeutschen Westgrenze entgegen. Aber im allerletzten Moment tauchen uniformierte Fratzen vor mir auf, grinsen mich höhnisch an: „Nun, Bürschchen, jetzt haben wir dich wieder. Und dieses Mal für immer!“

Schweißgebadet wache ich dann auf. Angst läßt mich lange Stunden nicht mehr einschlafen. Gott sei Dank, daß in dieser Jahreszeit die Frühlingssonne die Nacht so früh vertreibt. Wenn mir tagsüber Männer in schwarzen Lederjacken begegnen, habe ich sofort die Assoziation, der könnte dich bespitzeln, der könnte auf dich angesetzt sein. In der anonymen Atmosphäre der Stadt, wo so viele Menschen sind, fühle ich mich wohler. Hier wäre es leichter zu entkommen. Hier ist es schwerer, beobachtet zu werden, hier ist es einfacher unterzutauchen.

Die mich zunehmend mehr bedrückende Situation behalte ich für mich. Ich kann nicht darüber sprechen, ich will es nicht, um meine mir nahestehenden Mitmenschen damit nicht zu belasten. Vielleicht habe ich ja auch wirklich unbegründete Angst, oder ich bin wirklich Opfer eines unnötigen Verfolgungswahns.

Während eines ernsten Spaziergangs zum Hochstein erkundige ich mich bei meiner Mutter, was eigentlich unmittelbar nach meiner so plötzlichen Verhaftung bei uns zu Hause passiert ist.

„Die Russen kamen öfters und haben genaueste Hausdurchsuchungen gemacht. Das ganze Haus haben sie auf den Kopf gestellt. Ich hatte immer eine riesige Angst. Aber sie waren korrekt, manchmal sogar auffallend höflich. Von dir haben sie einige Bücher und Zettel mitgenommen und deine kleine selbstgebastelte Chemikalienkiste. Du erinnerst dich an deine chemischen Versuche? Einmal war eine schwangere Dolmetscherin dabei. Vielleicht war die hübsche Frau die Gattin eines Offiziers? Als sie auf unserem Dachboden dein Kinderbett sah, glaubte ich zu beobachten, daß sie sehr daran interessiert sei. In der ganz großen Hoffnung, daß ich dir damit helfen könnte, schenkte ich der netten Russin schweren Herzens das kleine Bettchen, das ja dein Opi so künstlerisch selbst gebastelt hatte. Sie nahm es dankbar mit, und ich hatte so große Hoffnung, daß sie einen für dich hilfreichen Einfluß ausüben würde.“

Mein so lang überdachter Entschluß steht nun endgültig fest. Ich werde morgen früh versuchen, nach West-Berlin zu fliehen. Nur zu deutlich steht in meinem Bewußtsein die unumstößliche Tatsache, daß ich damit vielleicht für immer meine geliebte Heimat, mein Königshain, verlassen werde. Wie habe ich mich vor nicht einmal fünf Wochen gefreut, endlich wieder zu Hause zu sein. Das lange ersehnte Wiedersehen, auf das ich immer gehofft hatte, war mir nun endlich geschenkt worden. Bis hierher hatte ich mir unendliche Male alles genau ausgemalt. Doch da ich mir nie vorstellen konnte, unter welchen gewandelten Voraussetzungen, unter welchen neuen Bedingungen ich einmal zurückkehren würde, vielleicht in einer neuen Zeit, habe ich nie daran gedacht, so schnell und vielleicht für immer gleich wieder Abschied zu nehmen.

Mein Zuhause, meine Heimat zu verlassen, stimmt mich traurig und macht mir das Herz schwer. Die Angst, doch wieder einmal verhaftet zu werden und in das Gelbe Elend zurück zu müssen, wird von Tag zu Tag größer. Die widerlichen Träume nachts werden immer bedrängender. Mir wird immer deutlicher, daß ich unter diesem diktatorischen Regime, in diesem von vielen Spitzeln durchsetzten Überwachungsstaat nie und nimmer mein zukünftiges Leben aufbauen kann. Und es ist schon spät für mich.

So schön auch die blühende Natur in diesem herrlichen Frühling 1955 hier in meiner Oberlausitz ist, so fühle ich mich doch wie in einem großen Gefängnis. Schwer, sehr schwer belastet mich, daß ich meine Mutter, die jetzt acht lange Jahre um mich große Angst hatte und der ich ungewollt so viele und so große Sorgen bereitet habe, grenzenlos enttäuschen muß. Ich werde sie mit neuen großen Sorgen bedrücken. Auch alte Freunde zu verlassen, ist schwer. Meine Zukunft ist ungewiß. Ich bin Schüler, habe also keinen Beruf, noch nicht einmal den Schulabschluß, habe keinen Pfennig Geld, habe niemanden im freien Westen, auf dessen Hilfe ich bauen kann. Es wird also auch ein Sprung ins kalte, sehr kalte Wasser sein. Aber all diese Fakten, die keineswegs zu meinen Gunsten stehen, können mich nicht von meinem endgültigen Vorhaben abbringen. In wirklicher und wahrer Freiheit zu leben, bedeutet mir mehr als alles andere, ist für mich zu einer conditio sine qua non geworden. Daran glaube ich.

Es ist ein schöner warmer Maiabend. Überall lacht einem die Natur entgegen. Wie herrlich könnte doch alles sein! Ich bitte meine in den Jahren der Gefangenschaft gänzlich weißhaarig gewordene Mutter um einen Spaziergang, um mit ihr unter vier Augen reden zu können. Ich komme ohne große Umschweife sofort zum Thema.

„Mutti, morgen früh werde ich nach West-Berlin fliehen."

Ich merke, daß es ihr die Sprache verschlägt und ihr Tränen in die Augen steigen.

„Aber Wolfgang, bleib doch wenigstens mal ein halbes Jahr zu Hause, dann kannst du dich immer noch entscheiden", antwortet sie mir. „So lange haben wir auf dich gewartet, bitte, bitte, bleib doch noch. Drüben hast du ja niemanden und nichts."

Ich sehe, wie ihr die Tränen über die Wangen huschen. Fest klammert sie sich an meinen Arm, sie will mich nicht loslassen.

Nach kurzem Schweigen: „Mein Entschluß ist endgültig. Ich kann hier nicht leben, geschweige denn hier mein Leben aufbauen."

Langsam gehen wir durch die frischen Wiesen der untergehenden Sonne entgegen. Sie weiß schließlich, daß mein Vorsatz unumstößlich ist. Meine Bitte an sie ist, mit niemandem darüber zu sprechen. Mir ist klar, daß ich, wenn man mich auf der Flucht aufgreift, sofort wieder hinter Gitter gebracht werde. Ihre unbedachte, aber gutgemeinte Bitte ist, daß ich dann doch wenigstens die beiden großen Koffer mitnehmen soll, damit ich möglichst viel von meinen Sachen mitnehmen kann.

„Das geht auf keinen Fall. Ich muß unauffällig nach Berlin fahren."

Auf dem Dachboden suche ich den kleinsten Koffer heraus, braunschwarz, alt und abgewetzt. Einmal Unterwäsche, ein Hemd, ein Handtuch, Waschutensilien, meinen Tischtennisschläger und die Klaviernoten „Frühlingsstimmen" von Dvorak. Das ist alles, was ich einpacke. Mit diesem Köfferchen, so glaube ich, kann ich bei jeder Kontrolle beweisen, daß ich nur meine alte Tante in Ostberlin besuchen will.

Während der langen Nacht kann ich kaum schlafen. Meine traurigen Gedanken wandern aus dem mir so lieb gewordenen Heimathaus durch den großen blühenden Garten, durch das vertraute Dorf in die ungewisse Zukunft. Mein gräßlicher Traum befällt mich diese letzte Nacht nicht mehr. Ob das ein gutes Omen ist?

Viel zu zeitig stehe ich auf. Es folgt ein schneller Abschied. Meine ständig um mich sorgende Mutter winkt mit einem großen weißen Tuch. Sie blickt mir lange sehnsüchtig aus dem Schlafzimmerfenster nach. Nur noch wenige Male schaue ich mich um. Ich muß mich beeilen, denn um von möglichst wenigen gesehen zu werden, gehe ich so, daß ich im letzten Moment am Bahnhof Königshain-Hochstein ankomme.

Hier wurde ich verhaftet. Hoffentlich gelingt mir jetzt meine Flucht unbehelligt. Erst in Görlitz löse ich meine Fahrkarte nach Berlin. Mit Mutter hatte ich besprochen, falls jemand nach mir fragt, soll sie sagen, ich sei für einige Tage zu einer alten Tante nach Muskau gefahren. Bei ihr hatte ich mich auch telefonisch angemeldet, ohne den wahren Grund meiner Reise zu nennen. Schwer fällt mir auch der Abschied von meiner Heimatstadt Görlitz. Werde ich sie je wiedersehen?

Ich bin sehr froh, daß ich ohne Kontrolle in dem kleinen Städtchen Muskau ankomme. Meine alte Tante, eigentlich ist sie gar keine Tante, sondern eine Freundin meiner Großmutter, die uns früher oft besuchte, empfängt mich herzlich. Sie bewirtet mich gut, kann nicht verstehen, daß ich keinen Appetit habe.

„Sicherlich ist durch Bautzen dein Magen zusammengeschrumpft", meint sie.

Am Abend gehe ich zum Bahnhof und suche mir den günstigsten Zug nach Berlin raus. Traurig schauen mich die spitz in den Abendhimmel ragenden Ruinen des einst so herrlichen Schlosses des Fürsten Pückler an.

Nach Kriegsende wurde dieses kostbare Kleinod, ein besonderes Kulturgut, von den Russen oder Polen niedergebrannt und zerstört. Gerade auch dieser Anblick sagt mir noch einmal: Du mußt in den freien Westen, weg von hier.

Die gütige alte Frau ist sehr erstaunt, als ich ihr erkläre, daß ich morgen wieder fahre. Fragend schaut sie mich an.

„Du bist doch noch gar nicht richtig hier. Wolltest du nicht ein paar Tage hierbleiben?"

„Tante, sei mir nicht böse, aber ich muß morgen fahren."

„Ja, wohin denn?" Wieder schauen wir uns an, und dann sagt sie: „Ach so!"

Sie ist zu taktvoll, um weiter zu fragen. Sie kennt mein Ziel.

Von mir nahestehenden Menschen Abschied zu nehmen, ist mir immer schwergefallen. Deshalb bemühe ich mich, diese Zeremonie möglichst kurz zu halten. Ich überspiele mit lustigen, vielleicht aber auch ungeschickten Worten die Situation.

„Wolfgang, sei mir vorsichtig. Ich wünsche dir alles, alles Gute und Gottes Segen. Wir werden uns ja nie wiedersehen, schade."

Liebevoll umarmt sie mich und weint.

Um meine Flucht noch besser zu tarnen, kaufe ich mir die linientreue Zeitung „Neues Deutschland". Auffällig lesend setze ich mich ins Abteil und versuche einen gleichgültigen, gelangweilten Eindruck zu machen. Keiner soll merken, daß mir das Herz bis zum Hals herauf schlägt, daß ich zum Bersten angespannt bin, daß ich jeden Fahrgast mustere, ob er nicht ein Spitzel oder Verfolger sein könnte. Absichtlich habe ich mich in die Nähe einer Tür gesetzt, um eventuell aus dem Zug springen zu können. Und wirklich, da sitzt doch wieder einer in dunkler Lederjacke und Sonnenbrille direkt mir gegenüber. Ich muß mich zwingen, ihm freundlich zuzulächeln. Betont lese ich das „Neue Deutschland". Die Frühlingslandschaft fliegt an mir vorüber. Doch heute habe ich kein Auge dafür. Wäre ich bloß schon in

West-Berlin. Ein Königreich, so ich eins hätte, würde ich in diesem Augenblick dafür geben. Ich muß immer wieder aufpassen, daß mir die Hände nicht zittern. Bei jedem Halt stockt mir der Atem. Ich höre mein Herz schlagen.

Irgendwie glaube ich, daß meine Angst ein Verhängnis heraufbeschwört. Ich kann mich von diesem psychotischen Gedanken nicht befreien, obwohl ich mich innerlich beschimpfe und versuche, diesen Unsinn mit dem Verstand zu unterdrükken.

Und dann passiert es.

„Königswusterhausen! Alle Personen verlassen den eben eingefahrenen Zug und steigen um in die Wagen, die auf dem Gleis nebenan stehen“, ertönt es über den Bahnsteig mit fordernder Stimme. Warum das? Auffallend viele braun uniformierte Volksarmeesoldaten bevölkern den Bahnhof. Das kann nur eine gefährliche Kontrolle bedeuten. ‚Soll ich einfach abhauen?‘ schießt es mir durch den Kopf. Aber auch da könnte ich kontrolliert werden. Ich bemühe mich, einen möglichst desinteressierten Eindruck zu vermitteln, und steige in den bereitstehenden Zug. Nahe der Tür setzte ich mich in ein Abteil, in dem möglichst viele Fahrgäste bereits Platz genommen haben. Mein kleines Köfferchen stelle ich zwischen meine Füße. Demonstrativ nehme ich das „Neue Deutschland“ zur Hand. Nach einigen Augenblicken bemerke ich, daß ich die Zeitung verkehrt herum in der Hand halte.

Genauestens beobachte ich die Szenerie, die mir immer gefährlicher zu werden scheint. Der helle warme Frühlingstag paßt so gar nicht zu dieser von indoktrinierten Soldaten verdunkelten Situation.

Da plötzlich betreten zwei junge Uniformierte mein Abteil. Mir stockt der Atem. Wenn ich mich jetzt auffällig verhalte, wenn ich einfach abhaue, mache ich mich verdächtig. Also Ruhe bewahren und so tun, als ginge mich das alles gar nichts an. Die beiden blutjungen, eigentlich sympathisch aussehenden Volksarmisten stehen in der Tür. Sie unterhalten sich offensichtlich über Mädchen und junge Frauen, die auf dem Bahnsteig flanieren.

„Komm, wir müssen was tun“, stößt der eine den anderen an.

Der etwas höher Dekorierte bleibt gelangweilt in der Abteiltür stehen. Unter dem Arm hält er ein dickes Buch, die „Fahndungsbibel“. Der andere geht von einem Fahrgast zum anderen und bittet um den Ausweis. Ich schließe die Augen. Ich will das Unglück, das direkt auf mich zukommt, nicht sehen. Jedem gibt er nach kurzer Prüfung das Dokument wieder zurück. Ich bin an der Reihe, reiche zeitungslesend meinen Ausweis. Er sieht mich kurz an und geht mit dem Papier zu seinem Kameraden, der noch immer in der offenen Tür steht und sich über junge

Frauen amüsiert. Eine blondgelockte, langhaarige und aufreizend dekolletierte lachende junge Frau geht eben vorüber. Der Uniformierte mit dem Buch unter dem Arm lacht sie an und will mit ihr einige Worte wechseln. Da der andere meinem Kontrolleur die „Bibel“ nicht geben will, stößt dieser jenen unsanft an, so daß der desinteressiert Flirtende beinahe aus dem Zug fällt. Die Blonde lacht herzhaft über den kleinen Streit. Beide fühlen sich vor der jungen hübschen Frau in ihrer Manneswürde getroffen und fangen an, sich im Scherz zu raufen. Im hohen Bogen schmeißt nun mein Kontrolleur meinen Ausweis zurück, und die beiden steigen aus und flirten mit der hübschen Frau auf dem Bahnsteig weiter.

Ist das alles Zufall, oder schickte mir der Herrgott in der größten Gefahr einen helfenden Engel? Ich bin davon überzeugt, daß ich in dem umfangreichen Fahndungsbuch stehe und in meinem Ausweis irgendein versteckter Hinweis ist, daß bei mir Fluchtgefahr besteht.

Bei genauer Durchsicht meines Personalausweises entdecke ich, daß das Gültigkeitsdatum nicht ausgefüllt ist. Das ist das versteckte Zeichen für jemanden, der besonders beobachtet werden soll.

Der Zug rollt endlich weiter. Meine innere Anspannung löst sich. Ich bin überzeugt, daß ich unglaubliches Glück gehabt habe.

Als Achtjähriger war ich mit meinem Stiefvater einmal in der großen Reichshauptstadt Berlin. Ich, der kleine Bub, hatte nur gestaunt über die große, lachende, fröhliche, reiche und elegante Welt.

Jetzt empfangen mich Ruinen, Armut, verstörte, ängstliche und ärmlich gekleidete Menschen. Mühsam finde ich die kleine Wohnung der alten Bekannten meiner Großmutter, die offensichtlich weiß, daß ich komme. Irgendwie hat es meine Mutter fertiggebracht, sie innerhalb eines Tages zu informieren, daß ich sie wahrscheinlich besuchen komme. Die weißhaarige, über 80jährige alte Frau empfängt mich mit Tränen in den Augen. Ihre kleine Wohnung, ärmlichst eingerichtet, liegt im dritten Stock eines großen, aus Ziegelsteinen gebauten häßlichen Hauses. Rundherum Trümmer, Ruinen und Verfall.

Ein schweres Gewitter ist aufgezogen. Es blitzt und donnert. Man meint, in dieser Trümmerwelt würde noch immer der Krieg toben. Die alte Frau möchte mich bewirten.

Ob sie mir nicht etwas kochen kann? Sicherlich hätte ich doch großen Hunger nach der langen Gefangenschaft und der weiten Reise, meint sie. Ich will sie eigentlich nicht enttäuschen.

„Ich will nur eines, Tante, rüber und das so schnell wie möglich.“

„Aber das ist doch gar kein Problem. Du setzt dich in die S-Bahn und steigst Anhalter Bahnhof wieder aus.“

Ungläubig schaue ich sie an.

„Findest du es nicht besser, wenn ich ganz ohne Koffer fahre?“

Sie schüttelt den Kopf. „Aber nein, das ist wirklich nicht nötig!“

Penetrant frage ich nochmals: „Ist es nicht besser, ich fahre ohne alles, und du bringst mir den kleinen, leichten Koffer nach?“

Sie lächelt und sieht mich mit ihren alten Augen an. Fast schäme ich mich ihr gegenüber. Aber so wenige Meter vor der seit so vielen Jahren so sehnsuchtsvoll herbeigesehnten Freiheit, da darf im letzten Moment nichts schiefgehen. Meine furchtbaren Träume rücken mir wieder ins Gedächtnis. Im letzten, oft im allerletzten Moment fing man mich jede Nacht wieder ein, oft mehrmals.

Sie fragt mich über Bautzen, wie ich das alles acht Jahren lang ertragen konnte, warum ich eigentlich noch lebe, wie es meiner Mutter und meinen Angehörigen geht und wie ich weiterleben will.

Um mich zu beruhigen, zwinge ich mich dazu, ruhig und ausführlich ihre anteilnehmenden Fragen zu beantworten. Plötzlich aber stehe ich auf.

„So, Tante, jetzt gehe ich!“

Genau lasse ich mir erklären, wo ich in die S-Bahn einzusteigen habe, wie viele Stationen ich fahren muß und ob Anhalter Bahnhof wirklich auch in West-Berlin ist. Ich umarme sie herzlich und dankbar.

„Es wird schon alles gutgehen“, sind ihre letzten Worte an mich.

Schnell haste ich, mich immer wieder nach eventuellen Verfolgern umsehend, zur S-Bahn. Gott sei Dank, ich muß nicht lange warten. In einer Ecke sitzend, das Köfferchen unter dem Sitz verstaut, fliegen die Häuser und Ruinen an mir vorüber. Alles geht minutenschnell.

„Anhalter Bahnhof!“ höre ich und sehe auch die Schilder. Wie im Traum steige ich aus. Ich bin frei! Laut möchte ich es herausschreien. Menschen möchte ich umarmen.

Es kann doch gar nicht wahr sein, ich bin frei!

Ist denn niemand hier, dem ich sagen kann, wie ich mich freue? Mir laufen die Tränen über die Wangen, und ich bin wie in Trance. Ich laufe durch die belebten Straßen mit ihren vielen hastenden Menschen. Keiner nimmt Notiz von mir.

Das Gewitter und der Regen sind vorüber. Alles glänzt, und ich bin glücklich.

Ein letztes Mal schaue ich mich um, ob mich vielleicht doch noch jemand verfolgt. Jedoch keiner interessiert sich für mich. Die Menschen haben es eilig. Alles bestaunend laufe ich glücklich und dankbar die langen Straßen hinauf.

Im Buch meines Lebens beende ich ein langes, dunkles Kapitel. Nun schlage ich eine neue Seite auf. Was wird mir nun die unbekannte Zukunft bringen?

Voller Optimismus gehe ich ihr freudig entgegen.

24

Elena aus Kiew

Ob im Radio, in den Zeitungen oder auf dem viel zu oft flimmernden Fernsehschirm, überall spricht man vom Jahrhundertsommer, und das wahrscheinlich auch zu Recht. Es ist wunderschönes Wetter, warm, manchmal sogar sehr heiß, und die Seen in unserem so herrlichen Allgäu laden zum Bade ein.

Der mit undeutlicher Furcht ausgesprochene Treibhauseffekt scheint dem lieben Allgäu entgegenzukommen, denn diese einmalige Landschaft, die zu den schönsten Gegenden Deutschlands gehört, hat nur ein Manko: Es ist oft zu kalt hier, und der Winter kann sehr lang sein. Anfang Mai hat es hier schon Schneeschauer gegeben, so daß Bäume und Sträucher unter der Schneelast umgebrochen sind.

An diesem herrlichen Augusttag wandern Elena, Ron und ich in den Allgäuer Bergen. Doch wer ist Elena? Wer ist Ron?

Wir haben gerne und oft ausländische Gäste bei uns zu Hause, viele auch aus Übersee. Meine Frau nennt deshalb unser bescheidenes Haus scherzhaft „Gasthof zum geduldigen Lamm". Natürlich hat sie dadurch oft viel Arbeit. Ich bin ihr dafür sehr dankbar und helfe, so gut ich kann. Mit Ron und Pat verbindet uns ein besonderes Verhältnis. Zwei Wochen im Jahr machen wir gemeinsamen Urlaub, ein Jahr bei ihnen in England, das nächste Jahr bei uns. Sehr interessante Gespräche, auch über die jüngere Geschichte, lassen uns gegenseitig manches richtigstellen. Daß wir uns kennenlernen konnten, haben wir dem Konrektor unserer Dorfschule, Dieter Wehnert, zu verdanken. Mit bewundernswertem Elan baute er eine Partnerschaft zwischen unserem idyllisch gelegenen Dorf im Allgäu und einer Kleinstadt in England nahe der Nordseeküste auf. Jährlich finden abwechselnd Besuche in den Partnerschaftsgemeinden statt. Sprachschwierigkeiten spielen keine Rolle. Viele Freundschaften wurden geschlossen, besonders auch unter der Jugend. Ein kleinstes Mosaiksteinchen im wachsenden Bild der Nachkriegsvölkerverständigung. Manches wird heute als nur zu selbstverständlich gesehen. Haben nicht unsere Väter und Großväter noch befehlsgemäß aufeinander geschossen? Wurden nicht gegenseitig unendlich viele Menschen getötet, und wurden nicht Städte und unwiederbringliche Kulturwerte zerbombt?

Durch mein besonderes Schicksal trage ich als Überlebender an einer moralischen Bürde einerseits und empfinde eine besonders beispielgebende Verpflichtung andererseits. Meinem Schicksal, was auch immer das sein möge, bin ich sehr dankbar, daß es mir vergönnt war, noch 33 Jahre als Arzt und Chirurg ein erfülltes Berufsleben zu erfahren. Mein viele Jahre lang gehegter Traum ging somit doch noch in Erfüllung.

Doch zu Elena. Sie ist ein sehr interessantes, hübsches Mädchen von 16 Jahren, blond, langhaarig, und sieht aus wie 14. Sie hat eine geistig-seelische Reife wie eine 20jährige, manchmal sogar wie eine 25jährige. Zu jedem Thema, ja zu allem hat sie etwas zu sagen und überrascht oft mit einem überdurchschnittlichen Allgemeinwissen. Zu vielen unerwarteten Situationen, Erlebnissen, Fakten, Gegebenheiten auf den verschiedensten Gebieten hat sie eine eigene, oft eigenwillige Meinung. Sie spricht am besten Russisch, offensichtlich weniger gut Ukrainisch, erstaunlich gut Englisch und auch ein kleines bißchen Deutsch. Elena lebt in der Hauptstadt der Ukraine, Kiew, die nach ihrer Aussage zweieinhalb Millionen Einwohner hat. Sie wohnt mit ihrer geschiedenen Mutter zusammen in einer 3-Zimmer-Wohnung an einer der Hauptstraßen Kiews, gegenüber einer Kaserne, im fünften Stock. Sie erklärte uns bei ihrem ersten Besuch vor einem Jahr, daß die Wohnung 32 Quadratmeter groß sei, ein kleines Wohnschlafzimmer, eine Küche und ein kleines Bad. Das also nennt sie eine 3-Zimmer-Wohnung. Im Winter, wenn es windig oder gar stürmisch ist, zieht es durch die undichten Fenster, und da sie dann recht oft friert, setzt sie sich in die warme Badewanne. Genügend heißes Wasser fließt immer. Dabei macht sie dann ihre Hausaufgaben.

Alle unsere Freunde überrascht sie durch ihr heiteres, aufgeschlossenes Wesen und ihr brillantes Klavierspiel: Beethoven, Tschaikowsky, Debussy und viele andere mehr. Sie scheint keine Hemmungen oder Komplexe zu haben, erzählt mir aber öfters das Gegenteil. Ihre Welt ist die des Theaters, des Films und der Musik. TV-Reporterin will sie werden. Ihr Traum wäre Schauspielerin, aber dazu sei sie nicht schön genug und zu abhängig, und eine Karriere durch das Bett lehnt sie ab.

„Ist deine Mutter nicht besorgt oder traurig, daß du nun vier Wochen weit weg in einem anderen Land bist?“ frage ich sie.

„Sie wird glücklich sein, sich von mir erholen zu können, denn ich bin sehr anstrengend für sie!“

Die Schule macht ihr mal mehr, mal weniger Freude. Ungerechte Beurteilungen erregen sie furchtbar. Große Freude machte ihr noch vor einem Jahr die School of Art, die sie freiwillig am Nachmittag besuchte und wo sie Klavierspielen, Tanzen, Theaterspielen und das Ballett erlernt hat. Das alles ist nur ein Teil des Lebens von diesem Persönchen.

Meine liebe Frau Evita las vor einem Jahr in unserer Tageszeitung einen kleinen Artikel, in dem Gasteltern für Tschernobylkinder gesucht wurden. Wir unterhielten uns darüber. Ich war hocherfreut über ihre Bereitschaft, ein solches Kind für vier Wochen aufzunehmen.

Gerade ich, der ich soviel Leid, Unmenschliches und Furchtbares von den Sowjets erfahren habe, will ein Beispiel geben.

Nicht das alttestamentarische „Auge um Auge, Zahn um Zahn“ sehe ich als das Richtige an, denn die letzte Konsequenz einer solchen Verhaltensweise wäre eine zahnlose und blinde Menschheit.

Vielleicht war einer ihrer Verwandten einer meiner Bewacher oder der gewesen, der mich zusammengeschlagen hat. Wer weiß das schon, und Zufälle gibt es viele. Aber was kann das Enkelkind dafür, das ja erst über 30 Jahre nach dem Kriegsende geboren wurde? Es hat nichts, aber auch gar nichts mit dem zu tun, was im Krieg und danach geschah oder was man mir angetan hat. Kinder sind für die Untaten ihrer Eltern, geschweige denn ihrer Großeltern, nicht verantwortlich. Auch keinerlei moralische Erblast sollte sie bedrücken. Jede Generation, ja jeder einzelne, ist für das verantwortlich, was er getan hat, aber niemals die Nachfahren. Kinder und nachfolgende Generationen für die Taten ihrer Vorfahren mit moralischer Schuld zu belegen, ist ungerecht, unchristlich und verwerflich. Es gibt keine Kollektivschuld. Schuldig sind immer nur der einzelne oder die Gruppe von Menschen, die sich persönlich menschenrechtsverletzend verhalten, Unrecht begehen und Böses tun. Wer von Söhnen und Töchtern, ja sogar Enkelkindern verlangt, für die Untaten irgendwelcher Väter zu büßen, sich dafür zu schämen, und ein schlechtes Gewissen von ihnen fordert, macht sich schuldig. Die Praxis der Sippenhaft des Dritten Reichs war im höchsten Maße verwerflich.

Aber es genügt eben nicht, diese Verhaltensweise verbal anzuprangern. Mir geht es darum, ein tätiges Beispiel zu geben. Nur das zeigt Ehrlichkeit.

Und so kam Elena in unsere Familie.

Natürlich erwähnen wir mit keinem Wort meine Gefangenschaft, meine acht Jahre Bautzen. Wenn sie erwachsen und unabhängig ist, werden wir uns detailliert darüber unterhalten.

Ich erinnere mich immer und oft ungewollt, daß ich die Kleidung, in der ich verhaftet wurde, zwei bis drei Jahre tragen mußte, zerlumpt, zerrissen und sehr bald stinkend. Das war höchst unangenehm. Noch schlimmer war es im Winter. Nur dünne Kleidung und zum Skelett abgemagert, das ließ mich monatelang frieren, entsetzlich frieren.

Meine Antwort nun: Es ist mir eine besondere Freude, Elena dreimal neu einzukleiden, Teenager-like. Ihre dankbaren Augen, ihre sichtbare Freude lassen im nachhinein das große Frieren in einem wärmeren Licht erscheinen. Haben die uns bewachenden sowjetischen Soldaten und Offiziere auch soviel Freude daran gehabt, uns Skelette so frierend zu sehen?

Elena, das lustige und oft lachende Mädchen, hat einen dunkel verfärbten Schneidezahn. Er ist devitalisiert. Immer wieder hält sie die Hand vor ihren lachenden Mund, der sonst hellweiß leuchtende Zähne zeigt. Sie schämt sich oft des faulen Zahns.

Als ich von der Straße weg verhaftet wurde, war ich am Tage vorher beim Zahnarzt gewesen. Zwei Wurzelbehandlungen waren erforderlich. In drei Tagen sollte ich mich wieder vorstellen zur weiteren Sanierung. Doch es dauerte drei Jahre. In diesen drei schrecklichen Jahren litt ich oft an Zahnschmerzen. Es bildeten sich Zahnfisteln. Außerdem wurden mir in dieser Zeit noch zwei Zähne ausgeschlagen.

Meine Antwort jetzt: Elena beschreibt ihre letzte schulzahnärztliche Untersuchung folgendermaßen: „Der Schularzt untersuchte wenige Wochen vor Abreise zu euch mein Gebiß. Alles in Ordnung, war sein Kommentar.“

Ich bitte unseren mit uns befreundeten Zahnarzt, Elena zu untersuchen. Ergebnis: Neun Zähne müssen plombiert werden, der devitale Schneidezahn hat ein erbsgroßes Granulom. Auf meine Bitte hin saniert er das Gebiß. Selbstverständlich will ich die Rechnung dafür aus eigener Tasche bezahlen. Er lehnt jegliche Bezahlung dafür ab, und seine Familie lädt unseren Gast aus Kiew zu sich nach Hause ein. Das Granulom entfernt ein ihm befreundeter Kieferchirurg. Während des Eingriffs ist unsere Patientin furchtbar aufgeregt. Aber meine Frau hält Händchen. Schließlich erhält sie kostenlos eine wunderbare Jacketkrone. Trotz all der durchgemachten Schmerzen strahlt sie vor glücklicher Dankbarkeit.

Sie glaubt auch, daß dadurch Berufswünsche eher in Erfüllung gehen. Hat wohl der sowjetische Bewacher, den ich bat, mich einem Zahnarzt vorzustellen, ebensoviel Freude gehabt, als er mich mit einer dicken Backe sah, mit fast zugeschwollenem Auge? Er gab mir den Rat, so lange fest auf die geschwollene Backe zu schlagen, bis sie wieder normal ist.

„… und dann spritzt der Eiter bestimmt heraus!“

Wochenlang spuckte ich blutigen Eiter, und anschließend hatte ich jahrelang Zahnfisteln.

Im April 1947 wurde ich verhaftet. Damals war ich etwa in dem Alter, in dem Elena jetzt ist. Zwei Jahre erhielten meine Angehörigen kein Lebenszeichen von mir. War ich erschossen oder aufgehängt worden? Hatte man mich nach Sibirien verschleppt?

Meine Antwort heute: „Elena, du mußt noch heute deine Mutter in Kiew anrufen. Hier hast du eine kleine Sanduhr, die drei Minuten läuft. Jede Woche darfst du einmal nach Hause telefonieren, ungefähr fünf bis sechs Minuten. Außerdem solltest du Karten und Briefe schreiben."

Das Schlimmste in der achtjährigen Haftzeit war eigentlich – neben dem Entzug der Freiheit, den Schikanen, der Ungewißheit, der Eintönigkeit – der Hunger. Essen war deshalb immer Thema Nr. 1.

Elena ist in einem körperlich reduzierten Allgemeinzustand. Es ist uns beiden eine große Freude zu sehen, wie sie ohne jegliche Hemmungen von dem Angebot Gebrauch macht, immer und zu jeder Zeit alles zu essen und zu trinken, was im Haus und vor allem im vollgefüllten Kühlschrank steht. Auf das Brot legt sie immer mehrere Scheiben Wurst und Käse, ständig kaut sie Obst. Süßigkeiten sind vor ihr nicht sicher. Nur Butter lehnt sie ab. Durch Tschernobyl habe sie eine schwer geschädigte Leber. Oft müsse sie zu Hause erbrechen. Deshalb dürfe sie keine Butter essen. Selbstverständlich respektieren wir diese eigensinnige Meinung und schmunzeln, wenn wir sie sehen, wie sie genüßlich ihr Eis mit viel Sahne schleckt.

Auf die Frage, was sie von der Freundschaft des russisch-ukrainischen Volkes mit den Deutschen hält, erwidert sie, daß sie sich sicher sei, daß diese Völker, wie auch andere, sehr gerne in Freundschaft miteinander leben würden, und das bezieht sich auf Vergangenheit, Gegenwart und Zukunft.

Die verantwortlichen Politiker aber, die die Macht besitzen und vor allem besaßen, sind die Verhinderer dieser Völkerfreundschaften.

Immer wieder fällt mir auf, daß sie meint, alles, was in der Ukraine schlecht ist, sei in Rußland viel besser. Das Hauptübel sei die Korruption. Die Menschen in der Ukraine hätten so wenig Geld, daß die Korruption auch für viele eine Überlebensnotwendigkeit sei. Vor allem sehe sie für die Zukunft keine Möglichkeit, daß sich daran etwas ändert.

Viele, die Verwandtschaft im Ausland haben oder die finanziell gut gestellt sind, wandern aus. Kanada und Australien seien die bevorzugten Länder.

In Kiew gäbe es viele Juden. Ihr Lebensstandard sei im Durchschnitt höher, und ihr Zusammenhalt sei sehr eng. Viele würden nach USA, Israel oder Deutschland ausgewandert sein und noch auswandern wollen.

Über Katyn kennt sie die Wahrheit. „... das war Stalin, und man hat es den Deutschen in die Schuhe geschoben. Stalin ist ein paranoider Diktator gewesen, der viele Menschen umgebracht hat, viele Millionen! Aber das ist Vergangenheit. Das Schönste jetzt in meinem Leben sind die Ferien in Deutschland!"

Ich frage Elena, was sie über Deutschland bisher in ihrem Leben gehört hat, und sie antwortet folgendes. (Ich bitte sie aber vorher um keine höfliche, sondern um eine ehrliche Antwort, was ihr aber offensichtlich schwerfällt und sie in einen gewissen Zwiespalt bringt, da sie mich nicht verletzen will.)

„In der Schule hörte ich eigentlich vornehmlich nur etwas über die bösen deutschen Faschisten, die unser Land überfallen haben! Dies paßte aber gar nicht zu dem Bild, das meine Großeltern, die in den sechziger Jahren für ein oder zwei Jahre in Deutschland waren, mir erzählten. Großvater hatte als Soldat gegen die Deutschen gekämpft. Er hat mehrere Orden dafür bekommen. Als Panzerfahrer wurde er schwer verwundet. Er spricht vornehmlich positiv von den Deutschen."

Sie war sehr erstaunt zu hören, daß sich Großvater und Großmutter deutsche Verhältnisse wünschten.

„Die Deutschen lieben Ordnung, Fleiß, Sauberkeit und Anständigkeit."

Als sie nach Beginn der Perestroika noch mehr Positives, besonders über Westdeutschland, hörte, wünschte sie sich, 15 Jahre alt, daß die Deutschen oder auch die Amerikaner, Engländer und Franzosen kämen, um ihr Land unter ihre Fittiche zu nehmen, und ihre Verhältnisse auf ihr Land übertragen würden.

Nachdem sie nun Deutschland – oder das, was von diesem Land übriggeblieben ist – persönlich kennengelernt hat, würde sie am liebsten, wie viele ihrer Landsleute, auswandern und irgendwo in der westlichen Welt leben. Dieser Wunsch wird besonders verständlich, wenn sie immer wieder zum Ausdruck bringt, daß sie für ihr Land keine Zukunft sieht. Das Hauptübel sei immer wieder die Korruption überall im Lande. Die Kriminalität versetzt sie häufig in Angst und Schrecken.

Sie träumt als junges Mädchen nicht vom Reichtum, einem Dolce vita, sondern von einem Leben, das ihr ermöglicht, sich mit viel Fleiß und Arbeit eine lebenswerte Zukunft aufbauen zu können und einmal so viel Geld zu verdienen, daß sie sich eine kleine Wohnung leisten kann und daß dann noch so viel übrig bleibt, daß sie öfters mal ins Theater, Konzert oder in eine sonstige kulturelle Veranstaltung gehen kann. Auch möchte sie in der finanziellen Lage sein, das zu essen und zu trinken, was gesund für sie ist und was ihr schmeckt, und sie sich nicht nur von dem ernähren muß, was billig ist und nur den Hunger stillt.

Wie jedes normale Mädchen wünscht sie sich einen netten „boy friend", der anständig ist, nicht trinkt und mit ihr gemeinsam ein Familienleben aufbaut.

„Schön muß er nicht sein, aber häßlich muß er nun gerade auch nicht aussehen. Sehr wichtig ist, daß er gut erzogen ist und anständige Manieren hat."

Zu gerne würde sie als Stipendiatin ein oder zwei Semester in Deutschland studieren. „Das wäre auch gut für mein weiteres Fortkommen in der Ukraine, falls ich doch dort bleiben muß.“

Da sie gerne von ihrer großen Familie spricht und ich interessiert bin, etwas von ihren Angehörigen zu hören, führen wir ein reges Frage-und-Antwort-Spiel.

Ihr Urgroßvater, so erzählt mir Elena, als wir uns über die vielen Fehlleistungen des Kommunismus besonders in der Stalinzeit unterhalten, war Vorsitzender einer Kolchose in der Ukraine. Er wurde drohend aufgefordert, alles, aber auch wirklich alles von den erwirtschafteten Nahrungsmitteln abzuliefern. Er dürfe nichts zurückbehalten. Dagegen habe er sich energisch gewehrt und die seiner Meinung nach unsinnige Anordnung abgelehnt. Zumindest müsse die Kolchose das Saatgut für das nächste Jahr behalten. Da er bei seinen Arbeitern beliebt war, wurde er nach dieser Ablehnung gewarnt. Er müsse unbedingt sofort untertauchen, da man ihn verhaften wolle. In der gleichen Nacht floh er und ging schließlich nach Murmansk. Er konnte sich somit einer Strafverfolgung und einem Gulag-Aufenthalt entziehen. Er sollte seine Heimat nie wiedersehen.

Interessiert höre ich nochmals die Schilderung über das Schicksal ihres Großvaters. Er wollte Ingenieur werden. Vom 15. bis 17. Lebensjahr erfuhr er eine entsprechende Ausbildung. Gleichzeitig wurde er als Panzerfahrer geschult. Unmittelbar danach, also 17 Jahre alt, wurde er zum Militär eingezogen und als Panzerfahrer eingesetzt. 1943 kämpfte er als Soldat in seiner russischen Heimat gegen die deutschen Eroberer. Sein Panzer wurde abgeschossen. Die Besatzung sprang heraus, und alle wurden im Kampf getötet. Er aber überlebte mit einem Hirnsteckschuß, da er sich im Panzer versteckt hielt. Stolz berichtet Elena, daß ihr Opa später hochdekorierter Offizier wurde. Er würde auch jetzt noch gelegentlich Vorträge in Schulen über den „Großen Vaterländischen Krieg“ halten. Am Schluß einer solchen Veranstaltung bedanken sich die Kinder bei ihm mit Blumen.

Manchmal habe ich den versteckten Eindruck, daß Elena großen Wert darauf legt, mir zu beweisen, daß ihre Familie mit den Kommunisten nichts zu tun hatte, besonders auch jetzt nicht, in der nachkommunistischen Ära. Ich erkläre ihr sehr deutlich meine Denkungsart.

„Auch wenn Stalin dein Großvater, Lenin und Berija deine Großonkel gewesen wären, so hätte das nie etwas mit unserer freundschaftlichen Beziehung zu tun. Jeder Mensch ist ein eigenes Individuum, und es ist ein Akt der Ungerechtigkeit, jemanden wegen verwandtschaftlicher Verhältnisse Vorwürfe zu machen.“

Wir unterhalten uns oft über die Zukunft ihres Landes. Dabei kommt es immer wieder zu der Frage, ob sie auswandern soll oder mithelfen soll, ihr Land aufzubauen.

Ich erkläre ihr anhand der jüngsten Geschichte Deutschlands die Möglichkeit, ihr Heimatland zu stabilisieren und voranzubringen. Deutschland hat den Ersten Weltkrieg verloren, und das Versailler Diktat hatte nicht nur Gebietsabtretungen von über 70.000 Quadratkilometern zur Folge, sondern vor allem wurden uns Deutschen unglaublich hohe Reparationskosten angelastet. 1923 verloren alle Deutschen ihr gesamtes Geld durch eine riesige Inflation. Nach dem Zweiten Weltkrieg wurde Deutschland noch kleiner. Zusätzlich wurde es geteilt, und es war total zerstört. Demontage von Fabrikanlagen und von dem, was sonst noch übriggeblieben war, war an der Tagesordung. Trozdem hat sich Deutschland in wenigen Jahrzehnten wieder zu einer führenden Wirtschaftsmacht und einem Land mit hohem Lebensstandard emporgearbeitet.

„So etwas müßte doch eigentlich auch in deinem Heimatland, in der Ukraine, möglich sein!"

Inzwischen ist Elena 20 Jahre alt und studiert in Kiew im fünften Semester Zahnmedizin. Sie ist offensichtlich eine der besten Studenten. Sie freut sich sehr, diese Möglichkeit zu haben. Ohne finanzielle Hilfe unsererseits wäre das aber wohl kaum möglich.

Monatlich habe sie umgerechnet etwa 120 US-Dollar an ihr Institut zu entrichten. Eigentlich seien es fast 180 US-Dollar. Da sie aber in allen Fächern ein „Exzellent" habe, hat man ihr ausnahmsweise 30 Prozent als Teilstipendium gewährt. Sie lebt in der ständigen Angst, diese Vergünstigung zu verlieren. Wenn sie nur in einem Fach „Gut" hat statt „Exzellent", muß sie wieder den vollen Betrag bezahlen. Damit wäre ihr Studium wiederum gefährdet – aus Geldmangel.

Die geschiedenen Eltern haben nur ein geringes und unregelmäßiges Einkommen. Zur Zeit verdient die Mutter umgerechnet etwa 100 DM im Monat. Elena erzählt uns, daß die Mutter im letzten Jahr ihren Ehering verkaufen mußte, um sich die unbedingt notwendigen Winterschuhe zu beschaffen. Der Vater hat keinen sicheren Arbeitsplatz und kein regelmäßiges Einkommen. Elena wohnt bei ihren liebevoll für sie sorgenden Großeltern, die sie aber in streng klösterlicher Askese betreuen. Eigentlich würde sie lieber bei ihrer Mutter wohnen. Das ist aber nicht möglich, da sie dann umgerechnet etwa 3 DM am Tag als Fahrgeld benötigt. Dieses Geld haben sie einfach nicht.

Seit sechs Jahren verbringt sie nun jeweils mehrere Wochen im August ihre Ferien bei uns im schönen Allgäu und erholt sich dabei prächtig. Mit leeren Taschen kommt sie. Mit viel Übergepäck fliegt sie wieder zurück. Meine Frau und ich sammeln für sie und ihre Familie Kleider und Geld und manch anderes, was sie dringend gebrauchen können.

Das Geldsammeln für ihr Studium war und ist für mich eine sehr interessante Angelegenheit mit größeren Überraschungen. Mitmenschen, gute Freunde und Bekannte, die jahrelang viel von ihrer sozialen Hilfsbereitschaft mir gegenüber schwärmten, sind plötzlich zugeknöpft bis obenhin. Andere wieder, die uns vielleicht gar nicht so nahestehen, überraschen mich mit einer fast beschämenden Großzügigkeit. Ich denke dabei besonders an Walter und Rudi, die beide einmal ganz klein angefangen haben und es mit größtem Fleiß und Glück zu etwas gebracht haben. Wie gesagt, andere mir oft sehr nahestehende Mitmenschen zeigen eine unerwartete Hartherzigkeit.

Interessant sind dann auch die Ausreden:

„Ich habe schon soviel gespendet!"

„Jetzt bin ich's aber endgültig leid! Das Geld wird ja doch nur für unnütze Zwekke ausgegeben!"

„Wieviel ich schon gegeben habe – und wahrscheinlich ist die Spende nie an der richtigen Stelle angekommen!"

„Ja, man verlängert ja nur grausames Leben, was sowieso zum Untergang verurteilt ist!"

„Wieviel ist von dem doch wieder zerstört worden, was mit meinem Geld aufgebaut wurde!"

„Die sollen sich doch selber helfen, wir haben ja auch mit Null angefangen ..."

Wirklich ärgere ich mich über die, die sofort versprechen zu helfen und hinterher sagen: „Ach nein, ich habe meine Meinung geändert."

Möglichst schnell wird dieses Thema von dieser Sorte Mensch dann beendet, und wenn ihnen nichts Besseres einfällt, wird schnell vom Wetter gesprochen oder vom letzten Urlaub, der mehrere tausend Mark gekostet hat, oder von einem größeren Auto, vom Zweitauto, das ja eigentlich sehr klein ist und nur 20.000 bis 25.000 gekostet hat.

Manch einer überhört auch einfach eine solche bittende Frage. Bei so Hartherzigen frage ich dann beiläufig, ob sie „Jedermann" von Hugo von Hoffmannsthal in Salzburg gesehen haben. Fast alle antworten dann mit Begeisterung, wie oft sie schon dort waren und wie wunderschön doch diese Aufführungen in dieser einmaligen Kulisse seien. Dazu gehört dann die kritische, von angeblichem Kunstverständnis geprägte Unterhaltung, ob die Aufführung mit Brandauer, Curd Jürgens, Helmut Lohner, Maximilian Schell oder Gerd Voss die bessere war. Keiner spricht jedoch davon, ob Inhalt und Aussage dieses Theaterstückes ihn oder sie bewegt haben.

Doch die wirklichen Freunde überraschen, unerwartet positiv, mit Großzügigkeit, Unauffälligkeit und Hilfsbereitschaft. Ich empfinde ihnen gegenüber Dankbarkeit.

Acht lange Jahre verwehrten mir sowjetische und stalinistisch-kommunistische Kerkermeister und Machthaber meine berufliche Ausbildung. Daß ich jetzt wenigstens einem jungen Menschen aus der Ukraine zu einem Studium verhelfen kann, ist hoffentlich ein kleines Mosaiksteinchen im Element der Ausssöhnung zwischen unseren einst unnötig verfeindeten Völkern.

25

Rehabilitation

Im Jahre 1990 bricht die kommunistische Sowjetunion unerwartet zusammen. Ein Weltreich, die zweitgrößte Weltmacht der Neuzeit, zerfällt ohne Krieg, ohne Gewalt von außen und ohne Bürgerkrieg. Über 70 Jahre hat diese Diktatur bestanden.

Während der Schreckensherrschaft Stalins erlebten die Völker, die er regierte, ihre grausamste Periode, den Bolschewismus. Bolschewismus = Kommunismus + Stalinismus. Viele Millionen Tote waren die Folge. Viele Millionen erlitten Kerkerhaft und ein Sklavenleben im Gulag.

Anerkenneswerterweise erließ die neu gebildete russische Regierung sehr schnell ein Gesetz „Über die Rehabilitation von Opfern politischer Repressionen".

Bereits am 18. Oktober 1991 erfuhr diese Gesetzesregelung Gültigkeit. In den Jahren 1992 und 1993 wurden die Rehabilitierungsgesetze dahingehend ergänzt, daß sie auch für Ausländer Gültigkeit bekamen, z. B. in den ehemaligen Besatzungsgebieten der Sowjets.

Nach russischen Angaben sind in der damaligen sowjetisch besetzten Zone, der späteren DDR, etwa 50.000 deutsche Zivilisten durch sowjetische Militärtribunale verurteilt worden. Dazu kommen etwa 30.000 deutsche Kriegsgefangene in der Sowjetunion, die ebenfalls durch Militärtribunale verurteilt worden sind.

Zur näheren Erläuterung der praktischen Anwendung dieser Rehabilitierungen seien Zitate aus einer Rede von Herrn Oberst Kopalin aufgeführt, einem leitenden Mitglied der Rehabilitierungsbehörde in Moskau, die er im Februar 1994 in Halle gehalten hat.

Auszüge aus dem Text:

Rußland war nie ein Rechtsstaat.

Schon der berühmte russische Satiriker Saltykow-Schtschechin hat deshalb im 19. Jahrhundert geschrieben: „Rußland wird nur dadurch gerettet, daß seine schlechten Gesetze noch schlechter befolgt werden."

Zwang und Unterdrückung ersetzen als tragende Säulen des gesamten Staatsapparates und des gesamten Verwaltungssystems jeden Rest von Gesetzlichkeit.

Die Straforgane hatten ein wachsames Auge darauf, daß der Stalinkult sich ungestört entwickeln konnte.

Wer von den Mitarbeitern der Staatsanwaltschaft bis hinauf zu den Staatsanwälten dieser Willkür und Ungesetzlichkeit Einhalt zu gebieten versuchte, wurde selber verfolgt.

In nur zwei Jahren, von 1936 bis 1938, wurden in der damaligen SU 30.514 Personen durch Genickschuß hingerichtet.

Besonderer Höhepunkt der Gewalt- und Gesetzlosigkeit, wie der Fall Tuchatschewski 1937, mit dem der gesamte Generalstab ausgerottet wurde, erregte internationales Aufsehen.

… weil Zweckmäßigkeit der „körperlichen Einwirkung“, wie von Stalin die Folter euphemistisch genannt wurde, ausdrücklich als genehmigt bestätigte und für die Zukunft als obligatorisch erklärte. (Stalin)

Ein anderer großer Komplex sind die jungen Leute, manchmal sogar noch minderjährig, die so hart verurteilt wurden, als hätten sie die schwersten Verbrechen begangen. Dabei bestand doch der Sachverhalt darin, daß sie Waffen aufbewahrten, die sie an ehemaligen Gefechtsorten gefunden hatten.

Zum Beispiel handelt es sich um die Geburtsjahrgänge 1928 bis 1931, also bei der Verurteilung 1946 15 bis 18 Jahre alt, die rehabilitiert wurden. Da es sich in solchen Fällen wirklich um Waffenbesitz gehandelt hatte, prüfte ein Militärgericht die Sache erneut.
Das heutige Urteil: Die jungen Leute, als Werwölfe zu je 15 Jahren verurteilt, hatten zufällig aufgefundene Waffen aufbewahrt und aus patriotischem, unbewußtem Jugendgefühl die Vorstellung, damit irgendwann einmal, in unbestimmter Zukunft, gegen die Besetzung Deutschlands gegen die Alliierten zu kämpfen.
Nach Würdigung aller Umstände kam das jetzige Gericht zu dem Schluß, daß die Verurteilung unbegründet und rein politisch motiviert war. Daher erfolgte Freispruch, also Rehabilitation nach dem Rehabilitationsgesetz Paragraph 2, der für Ausländer zuständig ist …

Außerdem wurde das beschlagnahmte Vermögen verurteilter Deutscher in den allermeisten Fällen nicht von der UdSSR, sondern von der damaligen DDR in Besitz genommen, könnte also von meinem Land gar nicht zurückerstattet werden.

Ende der Auszüge

Diese Rehabilitierungsgesetze der russischen Föderation sowie ihre Ausführungen sind in Rußland nicht unumstritten. Ein Teil derjenigen, die dem alten kommunistischen System noch verhaftet sind, lehnen diese Rehabilitierungen ab nach dem Motto: Ungerechte Bestrafungen bzw. Unrechtsurteile oder eine ungerechte Justiz hat es in der Sowjetunion nicht gegeben.

Wir sechs Mitglieder unserer sogenannten Gruppe wurden am 12. Oktober 1994 rehabilitiert.

Zitate aus der beglaubigten Übersetzung aus dem Russischen der Rehabilitierungsurkunde:

Ich bestätige: Der Leiter der 2. Abteilung der 5. Verwaltungsbehörde der Assistenten des obersten Militärstaatsanwaltes, Oberst der Justiz, Oktober 1994, L. P. Kopalin.

Schlußfolgerung:
Zum Archivstrafverfahren gegen sechs deutsche Staatsbürger – W. Hardegen und andere.

In Übereinstimmung mit den Forderungen in Punkt „a" des § 3 und des § 8 Abs. 2 des Gesetzes der Russischen Föderation „Über die Rehabilitation von Opfern politischer Repressionen" vom 18. Oktober 1991 sind Wolfgang Hardegen, Walter Hamann, Rudi Kahl, Lothar Ruf, Werner Lätsch und Hilde Lätsch als rehabilitiert bei voller Wiederherstellung ihrer Rechte zu betrachten.

(Namen vereinzelt geändert)

26

Ein Interview – Nachwort

Herr W.: Herr Dr. Hardegen, nachdem ich nun vieles aus Ihrem Leben kennengelernt habe, hätte ich doch einige Fragen an Sie, den jetzt fast 70jährigen. Wie sehen Sie dieses oder jenes aus Ihrer heutigen Sicht? Zum Beispiel, was denken Sie heute über Ihre Kerkerzeit in Bautzen?

Dr. H.: Als erstes möchte ich folgendes feststellen: Die in diesem Buch niedergeschriebene Geschichte von Jungens, die in einem Dorf in Schlesien lebten, abseits der großen Politik, habe ich aus *damaliger* Sicht und dem *damaligen* Wissen geschildert. Es soll zeigen, wie bei einseitiger Information Menschen und besonders die Jugend beeinflußbar sind. Wer das verstehen will, wird erkennen können, wie ungewollt man auf falsche Lebenspfade und zu ungewollten Zielen geführt werden kann. So etwas passiert täglich auch heute noch an nicht wenigen Orten dieser Erde.

Wer über diese Zeit unserer Geschichte berichtet, muß selbstverständlich auch darauf hinweisen, daß damals von deutscher Seite, besonders während des Krieges, Menschenrechtsverletzungen, Untaten und Unrecht begangen wurden. Besonders das Grauenvolle, das sich in den Konzentrationslagern auch vor 1945 ereignete, darf nicht vergessen werden. Die Schilderungen und Dokumentationen all dieser furchtbaren Untaten sollen mit dazu dienen, Wiederholungen zu vermeiden, und sie sollen eine deutliche und scharfe Warnung an Täter oder gar Mörder von morgen sein. Es gibt über die Ereignisse bis zum Kriegsende 1945 eine fast unübersehbare Literatur und Dokumentation auf der ganzen Welt. Es muß aber auch gestattet sein, noch eingehender darüber zu forschen und zu schreiben, was an Untaten, Unrecht und Menschenrechtsverletzungen von den einstigen Feindmächten an Deutschen begangen wurde, ebenfalls um Wiederholungen zu verhindern und um zukünftige Unmenschen deutlich und scharf davor zu warnen, gleiches oder ähnliches Unrecht zu befehlen, anzuordnen oder zu begehen.

In der Neuen Zürcher Zeitung vom November 1997 hat mich ein Artikel von W. G. Sebald nachdenklich gestimmt: „Operation Gomorrah – Der Luftkrieg und das Schweigen der deutschen Literatur".

Zitat: „Das Bemerkenswerte an solchen Notizen ist ihre Seltenheit. Tatsächlich scheint es, als sei keiner unter den deutschen Schriftstellern, mit der einzigen Ausnahme Nossack, in jenen Jahren bereit oder imstande gewesen, etwas Konkretes zu Papier zu bringen über den Fortgang und die Auswirkung der lange anhaltenden, gigantischen Zerstörungskampagne. Daran änderte sich auch nichts, als der Krieg zu Ende war.“

Weiteres Zitat: „Diese Stummheit, dieses Verschlossen- und Abgewandtsein ist der Grund, weshalb wir sowenig wissen von dem, was die Deutschen gedacht und gesehen haben in dem halben Jahrzehnt zwischen 1942 und 1947. Die Trümmer, unter denen sie lebten, bleiben die Terra incognita des Krieges.“

Und der Artikel schließt, Zitat: „So ungefähr muß es ausgesehen haben, das deutsche Vaterland, im Jahr 1945. Viel wissen wir davon nicht und wüßten weniger noch, wenn nicht die ausländischen Berichterstatter gewesen wären.“

Nun zu meiner Kerkerzeit. Ich darf Ihnen sagen, daß ich trotz der acht Jahre Begrabenseins ein lebensbejahender, mehr oder weniger realistischer Optimist geblieben bin. Wieso das so ist, kann ich Ihnen nicht erklären. Heute bietet sich an, daß es auch genbedingt sein könnte. Aber nun zu Ihrer Frage.

Ich weiß selbstverständlich genau, daß ich acht Jahre minus 13 Tage hinter Gittern vegetiert habe. Das sind immerhin 97 Monate oder 2.909 Tage. Wenn man davon ausgeht, daß heute ein Mensch bei uns im Durchschnitt 900 Monate oder 27.000 Tage lebt, ist die Zeit meiner Gefangenschaft doch recht lang gewesen. Ich halte es fast für unmöglich, daß ich so lange inhaftiert war. Die Zeit war inhaltsleer. Je länger man inhaftiert war, um so mehr kam es zu einer Realitätsverfremdung.

Man wartete nur von einer Essensausgabe auf die andere und träumte nach Möglichkeit von besseren Zeiten. Deshalb erscheint mir dieser ungewollte Aufenthalt wesentlich kürzer.

Aber weiter.

Wenn es je noch eines weiteren Beweises bedurft hätte, um das kommunistische System in der besonders perfiden Form des Stalinismus in seiner Schrecklichkeit zu erkennen, so war es das Erlebnis Bautzen. Vor meiner Verhaftung, die ja zehn Tage nach meinem 18. Geburtstag erfolgte, hatte ich nicht geglaubt, daß Menschen so mit Menschen umgehen können. Ich kann mir jetzt nach dieser Erfahrung sehr gut vorstellen, was besonders in den Kriegsjahren in den KZs alles passiert ist.

Ich finde es heute durchaus positiv, daß ich mich als Jugendlicher gegen die stalinistische Okkupation gestellt habe. Sicher waren dabei auch jugendliche Abenteuerromantik und Unerfahrenheit im Spiel.

Etwas ganz anderes erlebe ich oft auch heute noch, über 43 Jahre nach meiner Entlassung. Wenn ich nichts habe, worüber ich mich freuen kann, so gibt es vieles, was mich sofort positiv stimmt und was für einen „Normalen“ überhaupt kein Anlaß zur Freude ist.

Zum Beispiel, daß ich jederzeit das Haus verlassen kann, um spazierenzugehen, oder daß ich mit dem Auto wegfahren kann, wann immer ich will.

Ich kann immer etwas essen oder trinken, wenn ich Durst oder Hunger habe.

Jederzeit kann ich mich hinlegen, wenn ich müde oder faul bin.

Auch freut mich, daß ich, wenn ich möchte, ein Radio einschalten oder ein Buch lesen kann.

Keinem normalen Menschen bedeutet das alles etwas Besonderes, so daß es Anlaß zur Freude wäre. Da ich das aber acht Jahre lang nicht durfte, ist es auch jetzt noch etwas Besonderes für mich.

Und um die Antwort hier zu Ende zu bringen, noch folgendes.

Es ist ein großes Geschenk oder eine reiche Gnade, wenn ein Mensch in aussichtsloser Lebenssituation das Glück hat, glauben zu können, daß man in der Hand Gottes ist, daß Er mich führt und auch, wenn es sein muß, zu sich. Daß man mit ihm jederzeit sprechen, d. h. beten kann. Leid bekommt dadurch Sinn.

In unserer so aufgeklärten und realistischen Zeit fällt uns besonders im Wohlstand das Glauben an Gott schwer. Glauben heißt nun einmal nicht wissen, und wir wollen doch immer nur das glauben, was wir auch wissen können.

Ein gläubiger Mensch trägt schwere Schicksalsschläge viel leichter als ein ungläubiger. Und daß ich diese acht Jahre soweit gesund überstanden habe, verdanke ich der Tatsache, daß ich mein Schicksal angenommen habe und dazu meinen Humor meistens behielt.

Herr W.: Gibt es etwas, das Sie besonders traurig stimmt, wenn Sie an Bautzen denken?

Dr. H.: O ja, leider. Unser Jüngster, Walter Hamann, 16 Jahre jung bei seiner Verhaftung, verstarb nach dreijähriger unmenschlicher Haft und langem qualvollen Krankenlager ohne Behandlung am 12.4.1950 an Tuberkulose im Gelben Elend in Bautzen. Er soll mit 26 anderen Kameraden in einem Massengrab auf dem Karnickelberg verscharrt sein. Auch er war zu 25 Jahren Zwangsarbeitslager verurteilt worden. Die tödliche Krankheit hatte er aufgrund der menschenverachtenden Verhältnisse im Kerker bekommen.

Natürlich stimmt es mich auch traurig und nachdenklich, wenn ich an die vielen tausend weiteren Toten denke und an ihre unendlichen Leiden, die sie erleben mußten, ehe sie erlöst wurden. Oder wenn ich an all die mit schweren gesundheitlichen Schäden denke, die nach jahrelanger Haft endlich entlassen wurden. Ich bin davon überzeugt, daß die Toten von damals mein Leben, unser Leben von heute, noch immer beeinflussen.

Herr W.: Was ärgert Sie heute noch, wenn Sie an Bautzen erinnert werden?

Dr. H.: Daß ich von meinem 18. bis 26. Lebensjahr lebendig begraben war. Gerade dieser junge Lebensabschnitt soll ja besonders schön sein. Erste junge Liebe, Erfolge bei der Berufsausbildung, größer werdender Aktionsradius, erste Selbständigkeit, Freude an sportlicher Betätigung usw. usw.

Achtmal den Frühling, achtmal den Sommer, achtmal den Herbst und achtmal den Winter verpaßt zu haben, das ist schon sehr schade. Aber das ist Vergangenheit. Jetzt ärgert mich aktuell, daß man den Teil der Nachkriegsgeschichte, die uns politisch Verfolgte und die, die im Widerstand waren, betrifft, sehr stiefmütterlich behandelt und kaum zur Kenntnis nimmt. Unverständnis begegnet uns immer wieder.

Den Verfolgten und den Opfern der Hitler-Diktatur wird, wie Sie wissen, sehr viel Aufmerksamkeit geschenkt mit der wichtigen Begründung, daß sich so etwas nicht wiederholen darf. Es ist aber historische Tatsache, daß sich sofort danach gleiche und ähnliche Grausamkeiten ereignet haben. Auch diese dürfen genauso nicht vergessen werden, auch in der Hoffnung, daß sie sich ebenfalls nicht wiederholen.

Das Tragische ist ja, daß trotz des Wissens um die Menschenrechtsverletzungen im Dritten Reich unmittelbar danach in einem Teil unseres Vaterlandes wiederum die Menschenrechte mit Füßen getreten wurden.

Herr W.: Wie denken Sie über die jüngste Geschichte Ihres Heimatdorfes Königshain?

Dr. H.: Es wäre außerordentlich wichtig und mein großer Wunsch, die besonderen Ereignisse meines Heimatdorfes Königshain, besonders aus diesem Jahrhundert, zu dokumentieren. Noch leben Zeitzeugen.

Nahe der Hochsteinbaude ist ein Ausblickfelsen, genannt von Heynitz-Blick. Familie von Heynitz hatte mit dem Nationalsozialismus überhaupt nicht das geringste zu tun. Herr von Heynitz wurde aufgrund einer Denunziation von den Sowjets verhaftet und nach Bautzen gebracht. Er verstarb dort im Gelben Elend wie tausend andere. Irgendwelche fanatisierten Kommunisten meißelten aus dem Felsen den Namenszug von Heynitz heraus.

Herr von Heynitz ist ein unschuldiges Opfer kommunistischer Gewaltherrschaft. Er wurde lediglich deshalb umgebracht, weil er ein Rittergutsbesitzer war.

Die Gemeinde sollte diesen Felsen wieder als einen schönen Aussichtspunkt herrichten.

Der Gedenkstein von Daniel Flechs sollte restauriert und gepflegt werden.

Außerdem sollten alle Verschleppten der Nachkriegszeit aus unserem Dorf, die nie wieder heimkehrten und irgendwo umgebracht wurden, registriert werden. Auch das ist Aufarbeitung von Geschichte.

Ich würde mich freuen und es sehr begrüßen, wenn sich die heutige Generation in meinem Heimatdorf Königshain für die Geschichte unseres Dorfes überhaupt interessieren würde. Es gibt einen schönen Beweis dafür, daß durchaus Geschichtsinteresse besteht. Im Jahr 1998 feierten die Königshainer die 700-jährige Geschichte ihres Dorfes mit Begeisterung.

Herr W.: Gibt es außer Ihren eben dargestellten Ärgernissen weitere Enttäuschungen, die Sie als Verfolgter stalinistischer Gewaltherrschaft erleben?

Dr. H.: Das muß ich bejahen. Ehemaligen Opfern und Verfolgten des stalinistischen Terrorregimes widerfährt meiner Ansicht nach bis zum heutigen Tage Unrecht. Berechtigte materielle Ansprüche werden den Betroffenen verweigert. Ein mir persönlich gut bekanntes Beispiel möge erläutern, was ich damit meine.

Ein jugendlicher Verfolgter, der sich gegen die Okkupanten und das aufkeimende kommunistische Unrechtssystem in der SBZ gestellt hatte, also im Widerstand war, flieht nach langjähriger Haft nach Westdeutschland. Jahrzehnte später muß er seine alten und gebrechlichen Eltern aus der DDR nach dem Westen holen, damit er sich um die Hilfsbedürftigen persönlich kümmern kann. Bei alldem, was er in der SBZ/DDR erlebt hatte, war ihm nicht zuzumuten, daß er noch einmal freiwillig den Boden der sogenannten Deutschen Demokratischen Republik betritt. Seine Eltern besaßen ein schön gelegenes Haus mit einem weit über 5.000 Quadratmeter großen Grundstück, also ein stattliches Anwesen. Damals war es Rentnern erlaubt, einmal im Jahr nach Westdeutschland zu reisen, dabei hoffte die DDR-Regierung, daß möglichst viele im Westen bleiben würden. Rentner waren ja nur unproduktiver Ballast. Sie kosteten den immer mehr in die Pleite rutschenden Staat nur noch Geld.

Nun wäre es möglich gewesen, daß bei einem solchen Westbesuch seine Eltern bei ihm geblieben wären. Das Haus, das Grundstück und alle bewegliche Habe hätten sie dann verloren, und irgendwelche Bonzen hätten sich daran bereichert, bzw. es wäre dem Staat zugefallen. Um das zu verhindern und um wenigstens das bewegliche Gut zu erhalten, beantragten sie einen offiziellen Umzug nach Westdeutschland. Es mußten umfangreiche Listen aufgestellt, Genehmigungen eingeholt werden. Viele unangenehme Kontrollen mußten sie über sich ergehen lassen. Das Haus mit dem Grundstück wurde pro forma für einen Spottpreis von etwas über 30.000 Ostmark, das entsprach damals etwas über 8.000 DM West, verkauft. Es sollte auf gar keinen Fall in falsche Hände fallen, z. B. SED-Parteigrößen. Dieser Pro-forma-Notverkauf, extrem weit unter dem eigentlichen Wert, wurde unter dem Zwang der politischen Verhältnisse, die in der DDR herrschten, erforderlich. Seine Eltern sind inzwischen verstorben. Dem Sohn, der acht Jahre inhaftiert war, ist es bisher nicht möglich gewesen, sein ererbtes Eigentum zurückzuerwerben. Daß ihm nach langjähriger Haft noch zusätzlich materieller Schaden zugefügt wird, empfinde ich als Ungerechtigkeit. Durch die schmerzhafte und unglückliche Teilung unseres Vaterlandes wurde es möglich, daß Menschen vom Unglück anderer, nach kommunistischem Recht legal und jetzt nach demokratischen Gesetzen sittenwidrig, profitieren können. Der Inhalt des kommunistischen Eigentumsbegriffes ist bekanntlich ein anderer als der eines Rechtsstaates. Die Teilung unseres Landes ist aber glücklicherweise überwunden.

Gerechtigkeit kann und muß in unserem Rechtsstaat nun endlich für diese Fälle geschaffen werden.

Hier ist vor allem auch der Gesetzgeber gefragt und gefordert.

Ich hoffe, daß darüber nicht das letzte Wort gesprochen worden ist.

Herr T.: Haben Sie manches Mal Rachegedanken, oder empfinden Sie Haß gegenüber den Menschen, die Ihnen Leid zugefügt haben?

Dr. H.: Haß und Rache sind für mich fremde Worte. Sehen Sie, diejenigen sowjetischen NKWD-Angehörigen und Bewacher, die damals die Täter waren, sind z. T. schon verstorben oder sind inzwischen alte Männer und alte Frauen. Auch halte ich gar nichts von dem alttestamentarischen Spruch: Auge um Auge, Zahn um Zahn. Würden sich die Menschen so verhalten, wäre die logische Konsequenz, daß die Menschheit bald blind und zahnlos wäre. Das kann nicht der Sinn menschlichen Zusammenlebens auf dieser Erde sein.

Ich bin nicht an Recherchen über die sowjetischen Täter interessiert. So etwas würde nur Irritation im hoffentlich erfolgreichen Aussöhnungsprozeß zwischen unseren beiden Völkern hervorrufen.

Es ist keine zwingende Aufgabe für uns Deutsche. Die Russen selbst sollten ihre kommunistisch-stalinistische Vergangenheit aufarbeiten. Interessant ist doch, wie die Völker verschieden zur Aufarbeitung ihrer jüngsten Geschichte stehen. Wir

Deutsche bemühen uns, möglichst alles aufzudecken. Warum haben eigentlich die Engländer ein Gesetz erlassen, daß die vielen Geheimdokumente, die sie besitzen, nicht 30 Jahre nach Kriegsende, sondern erst 75 Jahre danach, nämlich im Jahre 2015, veröffentlicht werden? Warum öffnen Polen und, soweit nur bekannt ist, auch andere ehemalige Ostblockländer nicht ihre Stasiakten?

Herr W.: Hat man versucht, Sie während Ihrer Haftzeit politisch umzuschulen und im Sinne des Kommunismus zu beeinflussen?

Dr. H.: Sie werden erstaunt sein, niemals. Weder Umschulungsvorträge noch die Auflage, politische Bücher zu lesen, noch Diskussionen noch sonstige Möglichkeiten einer politischen Beeinflussung hat es gegeben.

Herr W.: Es fällt auf, daß Sie damals, als 16jähriger, die Vergewaltigungen ganz besonders schrecklich erlebten und emotionell aufgewühlt waren, was natürlich nur allzu verständlich ist. Gerade auch das Horrorerlebnis mit Ihrer Mutter.

Dr. H.: Vielleicht mag der eine oder andere denken, daß dieses Unglaubliche und Furchtbare zu deutlich gezeichnet wurde. Ich darf in diesem Zusammenhang auf ein Buch hinweisen, das 1992 im Kunstmann Verlag München erschienen ist: „Befreier Befreite". Herausgeberinnen: Helke Sander, Professorin an der Hochschule für bildende Künste in Hamburg und Co-Direktorin am Brenner Institut Film und Fernsehen, und Barbara Jahr, geb. 1950, Studium der Germanistik und Geschichte in Berlin und Bremen. Tätigkeit als Lehrerin. Seit 1987 wissenschaftliche Mitarbeiterin am Brenner Institut Film und Fernsehen.

Hier einige Zitate aus diesem traurig interessanten Buch, das offensichtlich nach sehr sorgfältigen Recherchen geschrieben wurde:

„Das Ergebnis unserer Arbeit: Als 1945 über 450.000 Soldaten der Roten Armee in Berlin kämpften, lebten 1,4 Millionen Mädchen und Frauen in der Stadt.

Zwischen Frühsommer und Herbst 1945 wurden mindestens 110.000 dieser Mädchen und Frauen von Rotarmisten vergewaltigt (7,1 Prozent). Die meisten Vergewaltigungen, mindestens 100.000, geschahen im April, Mai und Juni 1945.

Die Zahl der vergewaltigten Mädchen und Frauen ist im übrigen *nicht* identisch mit der Zahl der Vergewaltigungen. Nach allen Unterlagen, die wir ausgewertet haben, wurden über 40 Prozent mehrfach vergewaltigt. Die meisten zwei- bis viermal, aber auch viel häufiger. Für Berlin liegt die Zahl der Vergewaltigungen daher um ein Vielfaches höher als die der Opfer. – Ein Teil der Opfer überlebte die Tat nicht, viele litten lebenslang. Reichling schätzt, daß in Berlin etwa 10.000 Mädchen und Frauen die Vergewaltigungen mit dem Leben oder einer bleibenden gesundheitlichen Schädigung bezahlt haben (Krankheit mit Todesfolge, Selbstmord, Mißhandlung mit Todesfolge, Tötung).

Nach Reichling wurden 1,9 Millionen deutsche Frauen und Mädchen während des Vormarsches bis Berlin von Männern der Roten Armee vergewaltigt. 1,4 Millionen in den ehemaligen deutschen Ostgebieten und während der Flucht und Vertreibung, 500.000 in den späteren sowjetischen Besatzungszonen. Über 4 Millionen Soldaten waren an den Kämpfen auf deutschem Boden beteiligt.

180.000 Frauen erlitten Vergewaltigungen mit Todesfolge."

Herr W.: Für den Interessierten ist die Anzahl der politischen Häftlinge in der SBZ/DDR sicher wichtig. Gibt sie doch einen Hinweis über die Dimensionen politischer Verfolgung.

Dr. H.: Hier sei eine Tabelle zitiert nach Dr. Klaus-Dieter Müller, Historiker am Hannah-Arendt-Institut Dresden, aus seinem Buch „Die Vergangenheit läßt uns nicht los".

Anzahl politischer Häftlinge nach Kategorien.

Häftlingskategorie	Anzahl	Verstorbene z. T. hingerichtet
Speziallagerhäftlinge (Nicht-Verurteilte)	127.000 (Schätzungen. bis zu 200.000)	mind. 43.000 (Schätzungen bis zu 80.000)
Deportierte in die Sowjetunion 110.000 aus Osteuropa,. 100.000 aus Ostdeutschl. 20.000 aus Speziallagern	mind. 230.000	etwa ein Drittel
SMT – verurteilte Zivilisten	mehr als 50.000	bisher nicht bekannt
SMT – verurteilte Soldaten	mehr als 30.000	bisher nicht bekannt
Verurteilte durch DDR-Gerichte	ca. 200.000	vermutlich mehrere Tausend

Danach gehen auf das Konto der Sowjets mindestens ca. 350.000 bis 400.000 politische Häftlinge und Deportierte, etwa 200.000 wurden zusätzlich von DDR-Gerichten verurteilt.

Setzt man diese 600.000 politisch Inhaftierten in Beziehung zu 17 Millionen Einwohnern, so ergibt sich, daß etwa 3 bis 3,5 Prozent der SBZ/DDR-Bevölkerung als politisch Verfolgte oft langjährige Haftstrafen zu erleiden hatten. Wie viele während der Inhaftierung verstorben sind, läßt sich bis jetzt nicht sicher sagen. Weitere wissenschaftliche Untersuchungen sind dazu erforderlich. Wahrscheinlich dürfte die Zahl aber zwischen 120.000 und 200.000 liegen, was wiederum heißt, daß etwa ein Drittel aller inhaftierten Häftlinge, umgekommen sind.

In diesem Zusammenhang möchte ich allen Historikern danken, die sich mit der Historie der Nachkriegszeit beschäftigen und versuchen, ein wahrheitsgetreues Bild dieser Epoche aufzuzeichnen.

Wieviel unsägliches Leid sich hinter diesen nüchternen Zahlen verbirgt, wird kaum jemand ermessen können, der dieses Inferno nicht direkt durchlebt hat.

Herr W.: Sie wissen es als Arzt und Chirurg besonders deutlich, daß Sie nicht mehr allzu viele Maimonate zu erwarten haben. Was sind Ihre Wünsche in diesem beschaulichen Abschnitt Ihres Lebens für die Zukunft?

Dr. H.: Die größten Geißeln der Menschheit sind Naturkatastrophen, Seuchen bzw. Epidemien und Kriege gewesen. Naturkatastrophen sind bekanntlich nicht beeinflußbar. Epidemien sind dank des medizinischen Fortschritts zwar nicht sofort und vollständig beherrschbar, aber man kann sich zumindest dagegen wehren.

Der Krieg hingegen ist ausschließlich Menschenwerk, und es gibt und gab ihn tausendfach. Während es sich früher mehr um Raub- und Eroberungskriege handelte und machtbesessene Potentaten sich immer wieder noch größeren Machteinfluß kriegerisch beschaffen wollten, gab und gibt es in den letzten Jahrhunderten auch Religions- und Weltanschauungskriege.

Gerade diese beiden Arten von Kriegen wurden besonders grausam geführt. Menschen wurden verführerisch durch angeblich ehrenhafte Motivationen dazu begeistert. Abermillionen von Menschen nahmen dafür unendliche Strapazen und Opfer auf sich, weil sie glaubten, ihr Leben für etwas ganz Besonderes und Edles einzusetzen.

Mein größter Wunsch wäre, wenn heute im Zeitalter der Globalisierung alles, aber auch wirklich alles getan würde, um Kriege zu verhindern.

Natürlich hört sich dies heute weltfremd und utopisch an, aber es ist einer meiner Wünsche.

Vor allem aber wünsche ich mir, daß es möglichst bald keine politischen Gefangenen oder politisch Verfolgten mehr gibt. Das ist eine Vision, noch sehr weit ab von der Realität. Aber es gibt Hoffnungsträger wie z. B. „Amnesty International" und internationale Gerichtshöfe.

Und ein weiterer Wunsch wäre, daß man die Jugend der Welt mehr politisch und historisch bilden bzw. ausbilden sollte. Man muß sie lehren, das Gute vom Bösen zu unterscheiden. Das Schwierige dabei ist allerdings, daß beides keine absoluten, sondern relative Begriffswerte sind. Die Realisierung dieser Vorstellung hat wohl in der Demokratie die größte Chance.

Diese Staatsform sollte auf der Grundlage eines möglichst realistischen Menschen- und Weltbildes verankert sein. Zu beachten wäre aber, daß sich kein Zuviel an Laisser-faire dem Bösen und Zerstörerischen gegenüber etablieren darf.

Durch das unselige Schicksal, das sich im Gelben Elend und in der Haftanstalt Bautzen II während der Jahre 1945 bis 1989 unter der Herrschaft des Stalinismus und des Kommunismus zugetragen hat, wird ungerechterweise heute der Name Bautzen mit einem Negativimage belastet. Das bedaure ich, denn es ist nicht Rechtens.

Bautzen ist eine wunderschöne, sehenswerte alte Stadt. Ja, ich würde sagen, sie ist das Rothenburg ob der Tauber der Oberlausitz, auch dank der umfangreichen Restaurierung nach der Wende. Es würde mich freuen, wenn diese tausend Jahre alte Stadt möglichst viele Besucher begrüßen dürfte.

Herr W.: Was sagen Sie über die Arbeit der Medien heute?

Dr. H.: Die Medien in ihrer Gesamtheit sind in unserer Zeit dabei, eine vierte Säule zu errichten, die zusätzlich das Dach unserer Demokratie trägt. Unsere Welt wird durch sie kleiner. Das hat den unschätzbaren Vorteil, daß Menschenrechts- und Menschenpflichtverletzungen größeren Stils der interessierten Menschheit nicht mehr verheimlicht werden können. Das ist und wird auch weiterhin ein Verdienst mutiger Journalisten sein. Daß besagte Menschenrechtsverletzungen, wie sie besonders während des Niederganges des Dritten Reichs begangen wurden und die damals dem allergrößten Teil des Volkes nicht bekannt waren, daß die unmenschlichen Grausamkeiten, die während der Zeit des Stalinismus sich millionenfach ereigneten, der Welt verspätet zur Kenntnis gebracht wurden, das dürfte dank der unendlich vielen Informations- und Kommunikationsmöglichkeiten heute der Vergangenheit angehören.

Ich glaube, daß diese Tatsache für die Menschheit in der Zukunft von außerordentlicher Bedeutung sein wird.

Herr W.: Was erklären Sie den Bürgern, die in der ehemaligen DDR lebten, im Zusammenhang mit Bautzen?

Dr. H.: Wenn sich anerkennenderweise Bürger der ehemaligen DDR mit der Geschichte dieses Jahrhunderts und besonders mit der zweiten Hälfte dieses Säkulums beschäftigen, so könnte ich mir vorstellen, daß bei einigen von ihnen irgendwelche unterschwellige oder auch offene Schuldgefühle aufkommen.

Warum haben wir uns nicht mehr gegen das, was an Unrecht geschehen ist, gewehrt bzw. versucht, uns kundig zu machen über das, was eigentlich an Menschrechtsverletzungen begangen worden ist?

Die gleiche Situation hat ja bis zum heutigen Tage auch die vorangehende Generation im Hinblick auf den Nationalsozialismus durchlebt.

Meine Meinung dazu ist, daß es eine Kollektivschuld überhaupt nicht gibt. Schuldig ist allein der, der Unrecht begangen hat. Schuld ist individuell.

Auf gar keinen Fall soll dieses Geschichtsbild, auch nicht im geringsten, Schuldkomplexe wecken. Der ehemalige DDR-Bürger, der sich seines Lebens erfreut hat, soll es auch in der Erinnerung weiterhin ungetrübt tun. Sicherlich hat der eine oder andere, hinter vorgehaltener Hand, auch einmal was von politischen Häftlingen, Bestrafung wegen versuchter Republikflucht usw. gehört. Aber ein Mensch, der in Ruhe und Frieden seinen Lebensweg gehen will, ist nicht unbedingt verpflichtet, sich um politische Verfehlungen zu kümmern, die skrupellose Machthaber zu verantworten haben. Erst recht kann man nicht von jedem verlangen, gegen das Unrecht zu kämpfen und dabei Gefahr für sein eigenes Leben in Kauf zu nehmen. Das bleibt sicher immer nur einem kleinen Prozentsatz der jeweiligen Staatsbürger überlassen, denen dann allerdings Anerkennung gezollt werden sollte.

27

Kommentar zu den Übersetzungen der Originaldokumente und der Fotokopien

1. Die gesamte halbjährige Untersuchungshaft 1947 im Bautzener Justizgefängnis, der jetzigen Gedenkstätte Bautzen II, einschließlich der Vernehmungen und der Verhöre durch die Angehörigen des sowjetischen NKWD, bzw. MWD, war außerhalb jeglicher rechtsstaatlicher Normen.

Es gab selbstverständlich keinen Verteidiger. Zeugen, insbesondere Entlastungszeugen, waren nie zugelassen, d. h. ein Untersuchungshäftling konnte nie den Wunsch äußern, einen Entlastungszeugen zu laden. Ständige Drohung, sofort erschossen zu werden, sowie schwerster Psychoterror waren an der Tagesordnung. Körperliche Mißhandlungen, vor allem Schläge, oft von mehreren Soldaten gleichzeitig, führten nicht selten bis zur Bewußtlosigkeit.

Nahrungsentzug, bei ohnehin hochgradiger Unterernährung, wurde zur Erpressung von Geständnissen angeordnet und durchgeführt. Ebenso wurde ständig damit gedroht, alle Angehörigen ebenfalls zu verhaften.

Selbstverständlich gab es keine Entlassung wegen Haftunfähigkeit.

Medizinische Versorgung oder Krankenhausbetreuung bei Erkrankung gab es nicht.

Hermetische Isolierung, monatelange Einzelhaft und keine Möglichkeit, mit den Angehörigen Kontakt aufzunehmen, waren die Regel.

Berufung gegen ein Urteil einzulegen, war ebenfalls absolut unmöglich.

Die gesamten Gerichtsverhandlungen wurden unter strengster Geheimhaltung durchgeführt. Die Öffentlichkeit sollte in keiner Weise von den unmenschlichen Machenschaften der sowjetischen Unterdrückungsmaschinerie etwas erfahren.

2. Wir Jungen von 15 bis 18 Jahren waren im nationalsozialistischen Deutschland groß geworden und mit dessen Ideengut und Utopien zu Jugendlichen herangewachsen. Unsere Erziehung in diesem Sinne war sehr intensiv und einseitig geprägt. Die unzähligen schrecklichen, menschenverachtenden, grausamen, ja unvorstellbaren Erlebnisse bei der Eroberung und anschließenden Besetzung unserer Heimat, der Oberlausitz, und Schlesiens durch die Rote Armee bestätigten uns, daß es nicht nur richtig war, sondern sogar eine moralische Verpflichtung beinhaltete, sich gegen den stalinistischen Bolschewismus zu stellen.

Besonders fühlten wir uns verpflichet, im Fall einer kriegerischen Auseinandersetzung zwischen den Angloamerikanern auf der einen Seite und den Sowjets auf der anderen Seite gegen die Sowjets Stellung zu nehmen.

Diese Vorstellung hatten wir einige Male in unserem kleinsten Kreis erwähnt, wie halt Jungs in diesem Alter so etwas besprechen. Unser Hauptanliegen war, uns und unser Dorf vor den kleinen Gruppen marodierender sowjetischer Soldaten zu schützen, die im Falle eines solchen Krieges wieder plündernd, vergewaltigend und terrorisierend durch das Land ziehen würden, wie wir es zur Genüge erlebt hatten.

Ein bevorstehender Krieg war in jenen Tagen 1946/47 in aller Munde, ja, er war für viele eine Hoffnung, obwohl der fünfeinhalbjährige furchtbare Weltkrieg eben erst vorüber war. Für viele war er aber der einzig vorstellbare Weg, von dem schrecklichen Joch der sowjetischen Okkupanten befreit zu werden.

Daß unsere sogenannte Gruppe sich an Vorbildern und Idealen der Befreiungskriege orientierte, geht eindeutig und beweisbar aus der Kokarde Schwarz-Rot-Gold hervor, die ich auf die sogenannten Mitgliedszettel als unser Geheimzeichen gemalt hatte. Wieso in beiliegendem Vernehmungsprotokoll von Walter Hamann von anderen Farben gesprochen wird, ist mir unbekannt. In weiteren Originalprotokollen werden die Farben richtig Schwarz-Rot-Gold genannt.

Es wird hier in dem Vernehmungsprotokoll auch von Versammlungen gesprochen. Das ist eine absolut falsche Bezeichnung in diesem Zusammenhang. Wir Jungen, 16 und 17 Jahre alt, trafen uns irgendwo und sprachen, lachten und vergnügten uns miteinander und berührten natürlich auch Themen, die unsere damalige Situation und unsere vollkommen ungewisse Zukunft betrafen. Auch ist es somit falsch, daß wir eine fest organisierte Untergrundgruppe waren.

3. Alle Vernehmungsprotokolle wurden in russisch geschrieben. Nach jedem Verhör wurden wir gezwungen, diese zu unterschreiben. Keiner von uns war der russischen Sprache mächtig, keiner von uns konnte daher die russischen Schriftstücke lesen.

Weigerten wir uns anfänglich, wurden wir bedroht, geschlagen, oder man teilte uns mit, sofort erschossen zu werden. Nach dem dritten Verhör schlug man mich deshalb bewußtlos, danach unterschrieb ich alles, was man mir vorlegte. Nie gab es dazu eine schriftliche Übersetzung.

Sehr erstaunt war ich jetzt, nachdem ich die Original-Akte habe übersetzen lassen, daß Rudi Kahl und auch ich bei dem Aufhängen der Fahne beteiligt gewesen sein sollten. Auch das stimmt nicht. Ich erinnere mich aber, daß mir mehrmals vorgeworfen worden ist, daß ich unsere Gruppe „zusammengeschmiedet“ hätte und wir immer alles, nach der Meinung der Vernehmenden, zusammen ausgeführt hätten.

Und somit wurde uns beiden auch diese Tat ungerechterweise angelastet.

Beim Lesen der Vernehmungsprotokolle gewinnt man den Eindruck, daß wir Jungen glühende Verehrer des Nationalsozialismus und dessen Ideengut gewesen wären. Das ist einseitig, übertrieben und verzerrt dargestellt. Sicherlich waren wir dem nationalsozialistischen Ideengut noch verhaftet, da wir ja nichts anderes kennengelernt hatten, aber wir haben uns nie als Faschisten gesehen.

Die Erfahrungen, die wir mit den Kommunisten und der Roten Armee gemacht hatten, waren alles andere als dazu angetan, die Meinungen zu ändern, die man uns anerzogen und beigebracht hatte. Um aber ein objektiveres Bild unserer Geisteshaltung darzustellen, ist es vielleicht nicht unwichtig festzustellen, daß keiner von uns in der Hitlerjugend eine führende Position eingenommen hatte. Ich war immer einfacher, nicht dekorierter Hitlerjunge.

Es ist auch in diesem Zusammenhang erwähnenswert, daß ich in jugendlicher Romantik und Abenteuerlust z. B. dem Lützowschen Freikorps und dessen Geisteshaltung näher verhaftet war. Dafür gibt es auch den oben angeführten Beweis.

Freiherr von Lützow war ein begeisterter Kämpfer gegen den Eroberer Napoleon. In unserer schlesischen Landeshauptstadt Breslau hatte er 1813 das nach ihm benannte Freikorps gegründet. Viele Studenten, auch Joseph von Eichendorff, Turnvater Jahn und Theodor Körner, gehörten dazu. Bis zu 3.000 Mann sammelte er für die „Schwarze Schar“. Das Gedicht Theodor Körners „Lützow's wilde verwegene Jagd“ war von Carl Maria von Weber vertont worden.

Die Bestimmung des Freikorps war, im Rücken des Feindes Kleinkrieg zu führen sowie Volksaufstände zu arrangieren.

Überhaupt muß festgestellt werden, daß vieles, was in den Vernehmungsprozeßprotokollen niedergeschrieben worden ist, nicht stimmt. Vieles ist im Sinne der vernehmenden Offiziere passend zusammenkombiniert und konstruiert worden, vieles ist weggelassen und vieles entstellt dargestellt worden.

Es sei aber auch ausdrücklich angemerkt, daß unsere antisowjetische Einstellung überaus groß war. Sie war die logische Folge all dessen, was wir mit der Roten Armee erlebt hatten.

Es entspricht auch der Wahrheit, daß, solange kein Krieg zwischen Ost und West entbrannt war, wir keinerlei aktive Aktionen gegen die Sowjets durchführen wollten, um keine Repressalien gegen die Zivilbevölkerung auszulösen.

Hingegen stimmt, daß wir propagandistische Vorhaben immer wieder diskutierten, weil wir der Meinung waren, daß es gut wäre, der unterdrückten und verängstigten Bevölkerung zu zeigen, daß es durchaus noch Mitmenschen in unserer Dorfgemeinschaft gibt, die sich nicht restlos unterjochen lassen, die sich keineswegs mit den gegebenen politischen Verhältnissen abfinden wollten, die diesen unerträglichen Zustand keineswegs als endgültig akzeptierten und zeigen wollten, daß es durchaus Hoffnung gab auf eine bessere Zukunft.

Wir wollten anderen Mut machen, sie vor übereilter Kollaboration bewahren und sie zu einer Kampagne in unserem Dorf und unserer Gegend motivieren, gegen den kommunistischen Stalinimus und gegen die Okkupanten Stellung zu beziehen.

Uns war durchaus bewußt, daß dieses Unterfangen für uns nicht ungefährlich war. Hätten die eigenen Landsleute uns nicht schnöde an die uns unterjochenden Sowjetmachthaber verraten, wäre eine Entdeckung unserer Taten und deren Verfolgung durch die Sowjets nie möglich geworden.

Was wir über das Dritte Reich, den Nationalsozialismus und den Zweiten Weltkrieg wußten, war uns natürlich absolut einseitig von der nationalsozialistischen Propaganda zur Kenntnis gebracht worden.

Sich in den ersten beiden Nachkriegsjahren objektiver zu informieren, war für uns nicht möglich.

Die uns Deutsche belastenden Vorwürfe sahen wir als unwahre Behauptungen und Lügen an.

Ein solches politisches System, dessen Armee zu solchen Grausamkeiten fähig war, mußte uns als absolut unglaubwürdig erscheinen.

Die am Schluß beiliegenden Übersetzungen eines kleinen Teils der Original-Vernehmungsprotokolle spricht u. a. von den angeblichen Zielen unserer sogenannten „Faschistischen Jugenduntergrundgruppe".

Hier wird besonders deutlich, wie übertrieben, einseitig falsch und anklagend der vernehmende KGB- bzw. MWD-Offizier das Protokoll geführt hat.

Zu 1. „Behinderung der Vorgehensweise der russischen Truppen in der sowjetischen Besatzungszone Deutschlands mit allen Mitteln."

Eine Handvoll Jungen sollen eine große Gefahr für die Besatzungsarmee der SBZ sein? Wir bedrohten also eine Militärmacht, die hoch gerüstet und die zweitstärkste der Welt war!

Zu 2. „Sabotage und Verhinderung der Aktivitäten der demokratischen Parteien Deutschlands."

Dazu kann nur gesagt werden, daß es in der SBZ keine demokratischen Parteien gab. Außerdem haben wir keine Partei sabotiert, da wir leider keine Mittel dazu hatten. Daß wir gegen die Parteien und ihre Sympathisanten waren, stimmt allerdings absolut.

Zu 3. „Im Falle eines Krieges … Abschneiden der Versorgung der Front mit Waffen, Lebensmitteln u. a.“

Dieser Vorwurf ist dermaßen übertrieben. Wie sollten wir wohl verhindern können, daß die sowjetische Front mit Waffen versorgt wird?

Was die „Anwerbung weiterer Personen“ betrifft, ist folgendes zu sagen: Wir haben uns gelegentlich darüber unterhalten, wer eigentlich so denkt wie wir und wen wir noch ins Vertrauen ziehen könnten.

Bericht einer Freundin

Kurze Zusammenfassung über die Begegnung mit Wolfgang nach seiner Entlassung aus Bautzen

Ich glaube, wir waren so ziemlich die ersten Freunde aus der Schulzeit, die Wolfgang nach seiner Entlassung aus Bautzen aufsuchte.

Er kam nach Berlin, seine erste Station im Westen, und Ulrich und ich holten ihn gemeinsam ab. Der Weg zu unserem Haus dauerte endlos, denn alle zwei Schritte blieb Wolfgang abrupt stehen, um sich hektisch umzudrehen, im Glauben, er würde verfolgt. Gutes Zureden half nichts. Es war wie eine Zwangshandlung, weil ihn der einzige Gedanke zu beherrschen schien: Sei wachsam! Sei vorbereitet! Gleich erfolgt der nächste Angriff.

Man hatte das Gefühl, daß er unfähig war aufzunehmen, was man zu ihm sagte, gleich einem gehetzten Wild, dessen gesamte Aufmerksamkeit auf die herannahende Gefahr konzentriert war. Beruhigende Worte verhallten sinnlos, Fragen blieben unbeantwortet. Angst und Grauen der vergangenen Zeit hielten Wolfgang noch so völlig im Bann, daß er nicht einmal fähig war, auf ein paar banale Worte zu antworten auf dem langen Heimweg.

Als wir endlich bei uns ankamen und die vier Wände unseres Zimmers uns einschlossen, legte sich die vorherige Hektik bei Wolfgang zwar etwas, doch die Wachsamkeit blieb, denn er erstarrte bei jedem Geräusch und versank buchstäblich in angestrengtes Lauschen.

Unter einem Vorwand ließ Ulrich uns dann allein, nachdem er mir leise zugeraunt hatte: „Vielleicht kannst du als Frau mehr helfen, ihn zu lockern, als wenn wir beide es versuchen."

Tatsächlich erfolgte nach einiger Zeit des beruhigenden Zuredens ein ziemlicher Zusammenbruch.

Weinend beteuerte mir Wolfgang immer wieder: „Ich darf nicht reden! Ich kann nicht reden! Sie haben verboten zu sprechen!", obwohl ich ihn nicht dazu aufforderte, als ich seine Schwierigkeiten bemerkte.

Mir drückte es bald das Herz ab, als ich dieses verzweifelte Bündel Mensch tröstend in den Armen hielt und zwischen dem ständigen „Ich darf nicht reden" doch einige stockend hervorgestoßene Informationen zu hören bekam.

Wie oft er z. B. zu Verhören geholt wurde, mißhandelt wurde, oft mitten in der Nacht. Verängstigt stand er dann vor dem Schreibtisch des russischen Kommissars, der stets die gleichen Fragen stellte, mal scheinheilig freundlich, mal erschreckend brüllend.

„Willst du deutsches Schwein Zeitung lesen?“

Auf ein zaghaftes „Nein“ (denn vielleicht war es vermessen, den Wunsch zu äußern!) wurde er grausam geschlagen und angeschrien: „Was, du willst nicht? Wir werden dir zeigen, ob du willst!“

Antwortete Wolfgang das nächste Mal mit „Ja“, wurde eine Zeitung um eine Stahlrute gewickelt, die man zu der gleichen Mißhandlung benutzte mit den Worten: „Hier hast du deine Zeitung!“

Nach derartigen Verhören wurde Wolfgang meist mit Fußtritten in die Zelle zurückgetrieben.

Vor der Urteilsverkündung, erzählte mir Wolfgang, sei er bereits felsenfest überzeugt gewesen, eines Tages zu seiner Hinrichtung abgeholt zu werden.

Um seinen Peinigern kein Schauspiel zu bieten, hätte er tagelang in seiner Zelle „sterben“ geübt, indem er sich mit dem Gesicht zu Wand aufgestellt und langsam bis drei gezählt habe.

Als ihn eines Tages endlich ein Richter zu 25 Jahren Haft verurteilte, muß es für ihn und die anderen betroffenen Jungs die reine Erlösung gewesen sein, denn obwohl ihnen Tränen in den Augen standen, lachten sie laut und hysterisch auf: *„Nur* 25 Jahre! Kein Todesurteil!“

Man „schenkte“ ihnen das Leben, aber man stahl ihnen die Jugend und fügte ihnen nicht nur körperliche, sondern auch schwerste seelische Schäden zu.

Traudel Däunert
(Oktober 1955)

Für wichtige Hinweise und freundliche Hilfe möchte ich besonders den Herren Dr. Klaus Boetzel, Karl-Georg Hartmann, Dr. Klaus-Dieter Müller und Dr. Dieter Wehnert danken, ganz besonders aber auch meiner Frau für die umfangreiche redaktionelle Mitarbeit und ihre große Geduld.

Staatseigentum

[Stempel: Gerichtssache Nr. 767
Angelegt 29.9.47
(Rest des Stempels nicht lesbar)]

EWIG AUFZUBWAHREN

OPERATIVSEKTOR DER SOWJETISCHEN MILITÄRVERWALTUNG FÜR DAS LAND SACHSEN

Bezirk: Bautzen Kreis: ....

UNTERSUCHUNGSVERFAHREN
Nr. 370

Anklage gegen Hardegen, Lätsch Werner und Hamann nach §§ 19-58-8, 58-10 Abs. 2, 58-11 und 58-14 des Strafgesetzbuches der RSFSR, nach §§ 19-58-8, 58-10 Abs. 2 und 58-11 StGB d. RSFSR und Lätsch Hilda nach § 58-10 StGB d. RSFSR.

[Stempel: Zentralarchiv des Ministeriums
für Staatssicherheit der UdSSR Nr. 573785*]*

[Stempel: Akte entnommen
zur thematischen Erfassung
III 1982 *Unterschrift]*

Vernehmungsprotokoll

20. Juni 1947 Bautzen

Ich, der Leiter der 6. Abteilung der Bezirksbehörde Bautzen des Operativsektors der SMV des Landes Sachsen, Major Balabajew, habe zum genannten Datum über die Dolmetscherin Statut den folgenden Angeklagten vernommen:

Hamann, Walter, geb. 1930, gebürtig und wohnhaft in Königshain, Kreis Weißwasser, aus Arbeiterfamilie, Deutscher, Staatsbürger Deutschlands, achtjährige Schulbildung, parteilos, ehem. Mitglied der Hitlerjugend.

Die Dolmetscherin wurde vor falscher Übersetzung gemäß § 95 StGB d. RSFSR gewarnt.

Unterschrift Statut

Frage: Dem Untersuchungsverfahren liegen Informationen vor, wonach Sie einer faschistischen Untergrund-Jugendgruppe angehören. Nehmen Sie zu diesem Vorwurf Stellung?

Antwort: Ja, ich bestätige dies. Ich bin tatsächlich seit Mai 1946 Mitglied einer faschistischen Untergrund-Jugendgruppe, die bis zu meiner Festnahme und zur Festnahme meiner Kameraden in Königshain, Kreis Weißwasser, existierte.

Frage: Wann und unter welchen Umständen wurden Sie Mitglied dieser faschistischen Untergrund- Jugendgruppe?

Antwort: Etwa im Mai 1946 traf ich auf der Straße in der Nähe meines Hauses meine Freunde Wolfgang Hardegen und … und ging zusammen mit ihnen die Straße von Königshain entlang.

Als wir so gingen, wandte sich Hardegen mir zu und sagte: „Walter, ich kenne dich schon lange und möchte deshalb mit dir über eine sehr wichtige und gleichzeitig geheime Sache sprechen. Ich hoffe, daß du, falls du nicht mit mir übereinstimmst, nie jemandem von dem Gespräch, das ich mit dir führen möchte, erzählen wirst." Ich gab Hardegen mein Ehrenwort, daß ich das Gespräch für mich behalten würde.

Anschließend begleiteten wir … nach Hause, und danach kehrten wir wieder um und gingen zu mir nach Hause.

In unserem Haus sagte mir Hardegen, daß er zusammen mit … vorhabe, eine geheime Gruppe zu gründen, die einen Kampf gegen die sowjetischen Besatzungstruppen in Deutschland, gegen die

Kommunisten und gegen die deutschen demokratischen Parteien führen solle. Die praktische Aufgabe dieser Gruppe solle darin bestehen, alle Maßnahmen der russischen Besatzungstruppen und der demokratischen Parteien zu sabotieren. Danach sagte mir Hamann, daß er und ... hofften, daß ich bereit sei, in die Gruppe einzutreten und mich aktiv an ihren Aktivitäten zu beteiligen.

Ich antwortete auf Hardegens Vorschlag, ohne zu zögern, daß ich schon lange selbst an die Gründung einer solchen Gruppe gedacht, aber bisher keine geeigneten Leute gefunden hätte, die ich zur Verwirklichung dieser hätte gewinnen können, da ich meinte, daß sich die Jugendlichen in Königshain vor allem für Tanzveranstaltungen und Mädchen interessierten, aber nicht für die bestehenden politischen Verhältnisse. Damit war unser Gespräch beendet, und ich begleitete Hardegen nach Hause und ging dann selbst wieder nach Hause zurück.

Auf diese Weise wurde ich Mitglied der faschistischen Untergrund-Jugendgruppe.

<u>Frage</u>: Was bewegte Sie dazu, Mitglied der faschistischen Untergrund-Jugendgruppe zu werden?

<u>Antwort</u>: So weit ich zurückdenken kann, war ich Mitglied von nationalsozialistischen Kinder- und Jugendorganisationen, wo wir tagtäglich im Geiste der faschistischen Ideologie und des Hasses auf das russische Volk erzogen wurden. Kurz vor der Kapitulation der deutschen Wehrmacht wurden wir aus unserem Wohnort evakuiert, doch wir konnten nicht weit gehen, und wir wurden von angreifenden Truppen der Roten Armee erwischt. Während der Zeit der Evakuierung und auch nach unserer Rückkehr mußte ich wiederholt mit ansehen, wie einzelne Soldaten der sowjetischen Armee die deutsche Bevölkerung ausraubten und Uhren, Ringe und andere Wertgegenstände mitnahmen, und all dies steigerte meinen Haß auf die Russen. Außerdem machten wir einmal Rast in einem Dorf und legten unsere Sachen in einem Schuppen ab. Dieser Schuppen wurde von Russen in Brand gesetzt,

so daß unsere ganze Kleidung verbrannte. Auch dies steigerte meinen Haß auf die Russen.

Nach der Kapitulation Deutschlands, als die Russen Besatzungsmacht wurden und anfingen, eine Bodenreform durchzuführen, Fabriken und Werksanlagen zu demontieren und auch in anderer Weise das faschistische Regime zu vernichten, unter dem ich aufgewachsen war und dem ich positiv gegenüberstand, tat es mir in der Seele weh, als ich sah, wie das Alte zerstört wurde. Und so trat ich aus Haß auf die Russen und ihre Vorgehensweise und aus dem Wunsch heraus, diese Vorgänge zu verhindern, der faschistischen Untergrund-Jugendgruppe bei.

Frage: Welche Ziele und Aufgaben hatte die faschistische Untergrund-Jugendgruppe, deren Mitglied Sie waren?

Antwort: Die faschistische Untergrund-Jugendgruppe, deren Mitglied ich war, hatte folgende Ziele und Aufgaben:

1. Behinderung der Vorgehensweise der russischen Truppen in der sowjetischen Besatzungszone Deutschlands mit allen Mitteln.
2. Sabotage und Verhinderung der Aktivitäten der demokratischen Parteien Deutschlands.
3. Im Falle eines Krieges zwischen den angloamerikanischen Streitkräften und der russischen Armee: Sabotage der russischen Truppen im Hinterland und Abschneiden der Versorgung der Front mit Waffen, Lebensmitteln und anderen Dingen.

Frage: Wie wollten Sie die Ziele und Aufgaben der Gruppe praktisch verwirklichen?

Antwort: Ein genau ausgearbeitetes Programm zur praktischen Umsetzung unserer Ziele gab es nicht, aber im Verlauf der Beratungen, die unter den Gruppenmitgliedern stattfanden, sprachen wir öfters, kamen aber nie zu einer endgültigen Entscheidung.

Auf einer unserer Versammlungen wurde der Vorschlag gemacht, zur Unterwanderung der Vorgehensweise der russischen Truppen und der demokratischen Parteien Flugblätter zu verbreiten, doch da wir keinen Apparat zur Vervielfältigung der Flugblätter besaßen, wurde der Vorschlag wieder verworfen. Außerdem kamen wir zu dem Schluß, daß unser Dorf so klein ist, daß wir, wenn wir die Flugblätter verbreitet hätten, sehr schnell entdeckt und verhaftet worden wären.

Darüber hinaus erörterten wir den Vorschlag, als Sabotageakte gegen die Russen die Reifen ihrer Autos zu zerstechen, verschiedene Autoteile zu entfernen, doch auch über diesen Vorschlag wurde nie endgültig entschieden, und wir haben diesbezüglich praktisch nichts unternommen.

Bei allen Zusammenkünften kamen wir zu dem Schluß, daß es unabdingbar wäre, den Russen Schaden zuzufügen, doch darüber, wie dies geschehen solle, konnten wir uns nicht einigen, und deshalb sagten wir immer, daß die Zeit und die Situation zeigen würden, wie die Ziele und Aufgaben in die Praxis umzusetzen sind.

Frage: Welche praktischen Aktivitäten hat Ihre faschistische Untergrund-Jugendgruppe durchgeführt?

Antwort: Die praktischen Aktivitäten unserer Gruppe bestanden darin, daß wir uns öfters versammelten, um Fragen … *(Ende d. 1. Teils)*

(Beginn des 2. Teils) … bezüglich unserer weiteren Tätigkeit zu erörtern. Ich muß jedoch hinzufügen, daß unsere Versammlungen nicht im voraus geplant waren, sondern sich einfach ergaben, wenn wir zufällig zusammenkamen – so z. B. bei folgenden Gelegenheiten:

Einige Tage, nachdem ich für die Gruppe angeworben wurde, traf ich Hardegen auf der Straße, wo wir auch auf die Gruppe zu sprechen kamen. Im Laufe des Gesprächs sagte mir Hardegen, daß unsere Gruppe vorerst nur aus drei Personen – Hardegen, … und mir – bestehe und daß man mit der Anwerbung weiterer Personen sehr vorsichtig sein müsse. Ich stimmte Hardegen zu und sagte, daß ich unter den Jugendlichen in Königshain niemanden wüßte, der als weiteres Mitglied in Frage käme.

Einige Tage nach diesem Treffen traf ich mich - ebenfalls auf der Straße - mit … und Hardegen. Wir kamen wieder auf die Gruppe zu sprechen und beschlossen erneut, daß wir mit der Aufnahme weiterer Gruppenmitglieder noch abwarten sollten und daß eine solche Aufnahme nur mit größter Vorsicht und erst nach einer sorgfältigen Prüfung der jeweiligen Person durchgeführt werden dürfe.

Außerdem fanden noch einige weitere Treffen zwischen mir, Hardegen und … auf der Straße, bei Hardegen und an anderen Orten statt.

Unterschrift W. Hamann

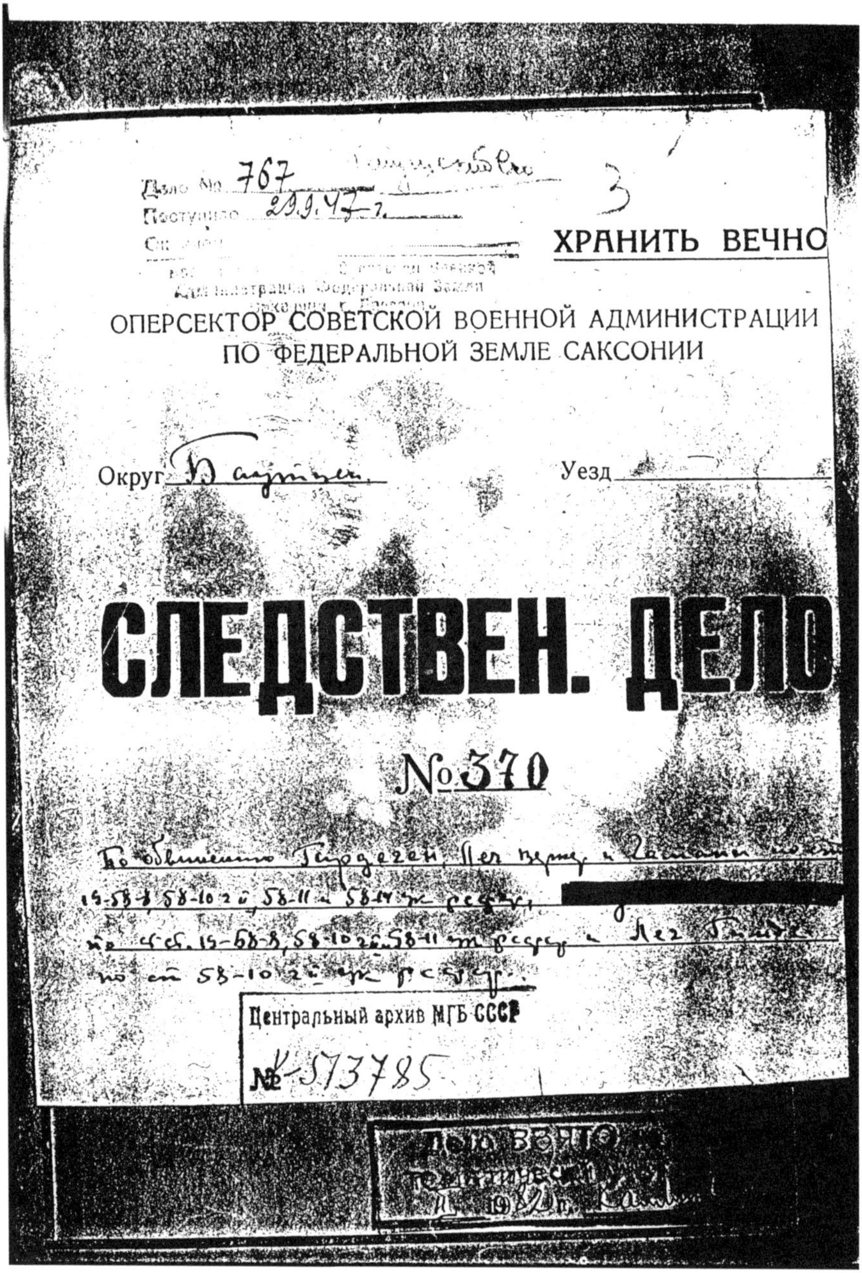

Дело № 767

Поступило 29.9.47 г.

ХРАНИТЬ ВЕЧНО

ОПЕРСЕКТОР СОВЕТСКОЙ ВОЕННОЙ АДМИНИСТРАЦИИ
ПО ФЕДЕРАЛЬНОЙ ЗЕМЛЕ САКСОНИИ

Округ Бауцен Уезд

СЛЕДСТВЕН. ДЕЛО

№ 370

По обвинению [illegible]
19-58-8, 58-10 ч. 2, 58-11 и 58-14 ук РСФСР, [redacted]
по ст. 19-58-8, 58-10 ч. 2, 58-11 ук РСФСР [illegible]
по ст. 58-10 ч. 2 ук РСФСР.

Центральный архив МГБ СССР

№ 573785

Deckblatt unserer Originalakte

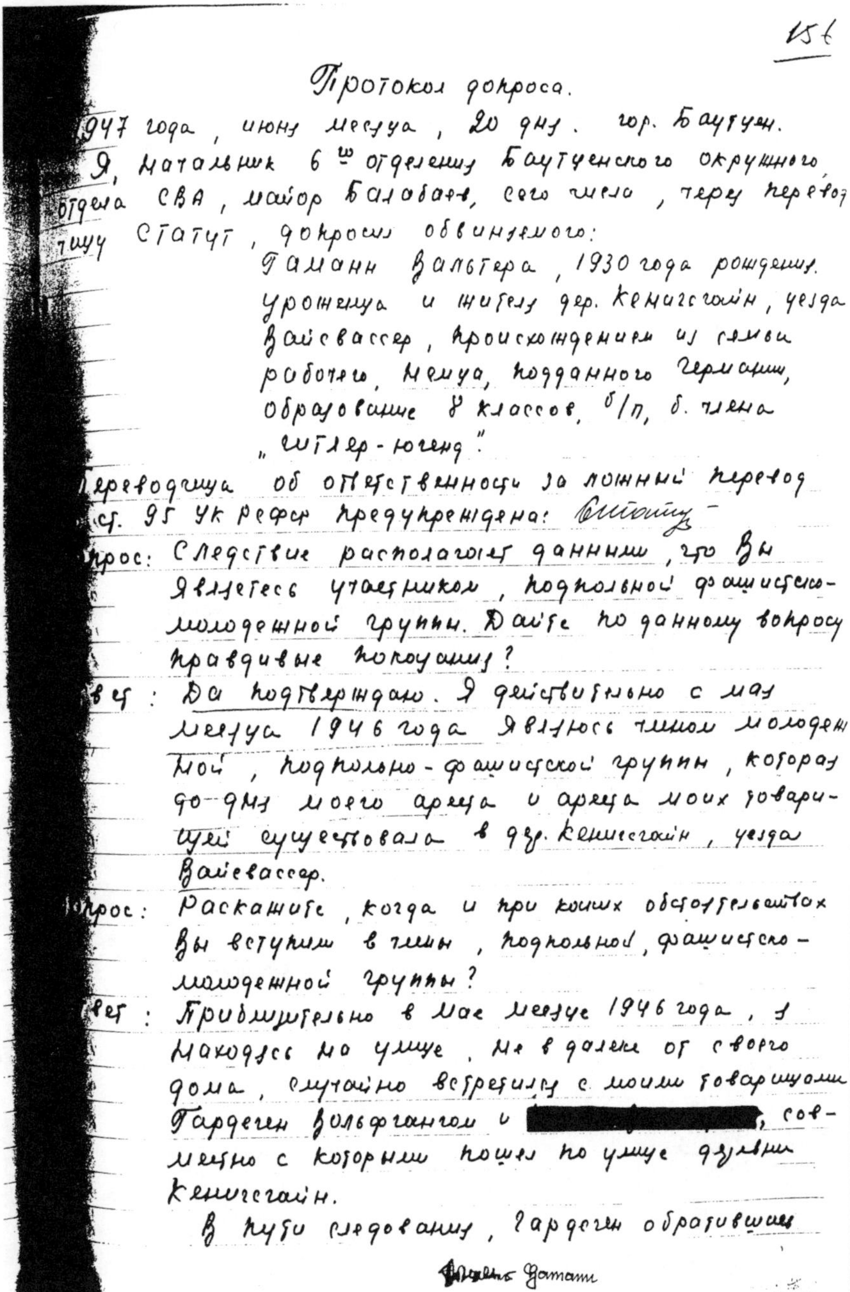

156

Протокол допроса.

1947 года, июня месяца, 20 дня. гор. Бауцен.

Я, начальник 6-го отделения Бауценского окружного отдела СВА, майор Балабаев, сего числа, через переводчицу Статут, допросил обвиняемого:

Гаманн Вальтера, 1930 года рождения, уроженца и жителя дер. Кенигсгайн, уезда Вайсвассер, происхождением из семьи рабочего, немца, подданного Германии, образование 8 классов, б/п, б. члена „Гитлер-югенд".

Переводчица об ответственности за ложный перевод по ст. 95 УК РСФСР предупреждена: Статут

Вопрос: Следствие располагает данными, что Вы являетесь участником подпольной фашистско-молодежной группы. Дайте по данному вопросу правдивые показания?

Ответ: Да подтверждаю. Я действительно с мая месяца 1946 года являюсь членом молодежной, подпольно-фашистской группы, которая до дня моего ареста и ареста моих товарищей существовала в дер. Кенигсгайн, уезда Вайсвассер.

Вопрос: Расскажите, когда и при каких обстоятельствах Вы вступили в члены подпольной, фашистско-молодежной группы?

Ответ: Приблизительно в мае месяце 1946 года, я находясь на улице, не вдалеке от своего дома, случайно встретился с моими товарищами Гардеген Вольфгангом и [redacted], совместно с которыми пошел по улице деревни Кенигсгайн.

В пути следования, Гардеген обратившись

Hamann

Auszug aus dem Vernehmungsprotokoll

Botschaft
der Bundesrepublik Deutschland

Moskau, den 24. Nov. 1994 Ri/Hei
Leninskij prospekt 95A
Fernsprecher: 936-2401
SV-Stelle nur: 936-2693/2694
Fernschreiber: 414309 aasv su
Telefax: 936-2143

AZ.: RK 544-5805
(Bitte bei Antwort angeben)

Herrn
Dr. Wolfgang Hardegen
[redacted]

Postanschrift
Post- und Kurierstelle
des Auswärtigen Amts
für Botschaft Moskau
Postfach 11 48
53001 Bonn

Betr.: Rehabilitierung von durch sowjetische Militärtribunale verurteilten oder durch das NKWD verfolgten Deutschen;
hier: Dr. Wolfgang Hardegen

Bezug: ohne

Anlg.: - 1 Blatt -

Sehr geehrter Herr Dr. Hardegen,

nach längerer Bearbeitungszeit auf russischer Seite haben wir jetzt Ihren Rehabilitierungsbescheid erhalten.

Wir freuen uns, Ihnen den Bescheid als Anlage zu diesem Schreiben übersenden zu können.

Mit freundlichen Grüßen
Im Auftrag

(Richter)

Brief der deutschen Botschaft in Moskau

51

Dienststelle
Bautzen

BStU
000058

BStU

KOPIE

Bautzen, den 15.12.1954

56

Betr.: Strfg. H a r d e [illegible], Wolfgang Walter Josef
geb. 1o.4.1929 in Königshain, wohnhaft in Königshain Nr. 119 a
bei Görlitz

H. wurde am 4.1o.1947 vom SMT Bautzen wegen unbefugten Waffenbesitz und antisowjetischer Propaganda zu 25 Jahren Arbeitslager verurteilt.
Durch GI-Arbeit wurde uns bekannt, daß H. sich an einer illegalen Gruppe, welche in der SVA Bautzen besteht, aktiv beteiligt.
Diese Gruppe, welche besonders aus Ärztepersonal besteht, hat sich zum Ziel gesetzt, ihnen bekannt werdende V-Leute der VP mit Tbc-Bazillen zu infizieren und sie somit arbeitsunfähig zu machen.
Desweiteren wurde von dieser Gruppe 19~~4~~5o Listen und Bilder von verstorbenen Strfg. angefertigt, welche man für später, d.h. wenn " der Ami käme", benutzen wollte.
H. ist in der Anstalt bekannt als vollkommen westlich orientierter Mensch, welcher noch eine sehr faschistische Einstellung besitzt.
Mit ~~a~~ den anderen~~n~~ Gefangenen diskutiert er viel über die schönen Zeiten des Baschismuses. Eine ~~peet~~ positive Umerziehung ist bei ihm noch nicht erreicht worden.

(Krug)
Ultn.

Idiotische Bericht
eines mir unbekannten
Spitzels

Dieser verlogene Bericht eines Spitzels, dessen Identität mir nicht bekannt ist, wurde offensichtlich auch von den zuständigen Stasi-Leuten nicht ernst genommen. Ich wurde 4 Monate später entlassen.

1. es gab überhaupt keine Gruppe,
2. wie sollten wir uns wohl Tuberkelbazillen beschaffen und diese dann den V-Leuten der VP verabreichen?
3. wir haben nie Listen von Verstorbenen angefertigt.Soetwas war uns nicht möglich,es wäre sehr gefährlich gewesen und wie hätten wir sie aus dem Gelben Elend bringen sollen?
4. eine noch dümmere Behauptung ist,daß wir Bilder von Verstorbenen angefertigt hätten.
5. um sich besonders willfährig einzuschmeicheln stellt er mich verlogenerweise als Faschisten dar.
6. in so wenigen Sätzen so viel Unwahres zu schreiben ist eine besondere "Leistung".

Bericht eines Spitzels

Weihnachten 1931. Bei uns zu Hause im Herrenzimmer. Die ganze Familie freut sich über mein neues Schaukelpferd.

SA-Leute halten Totenwache bei meinem Großvater in seinem Sprechzimmer

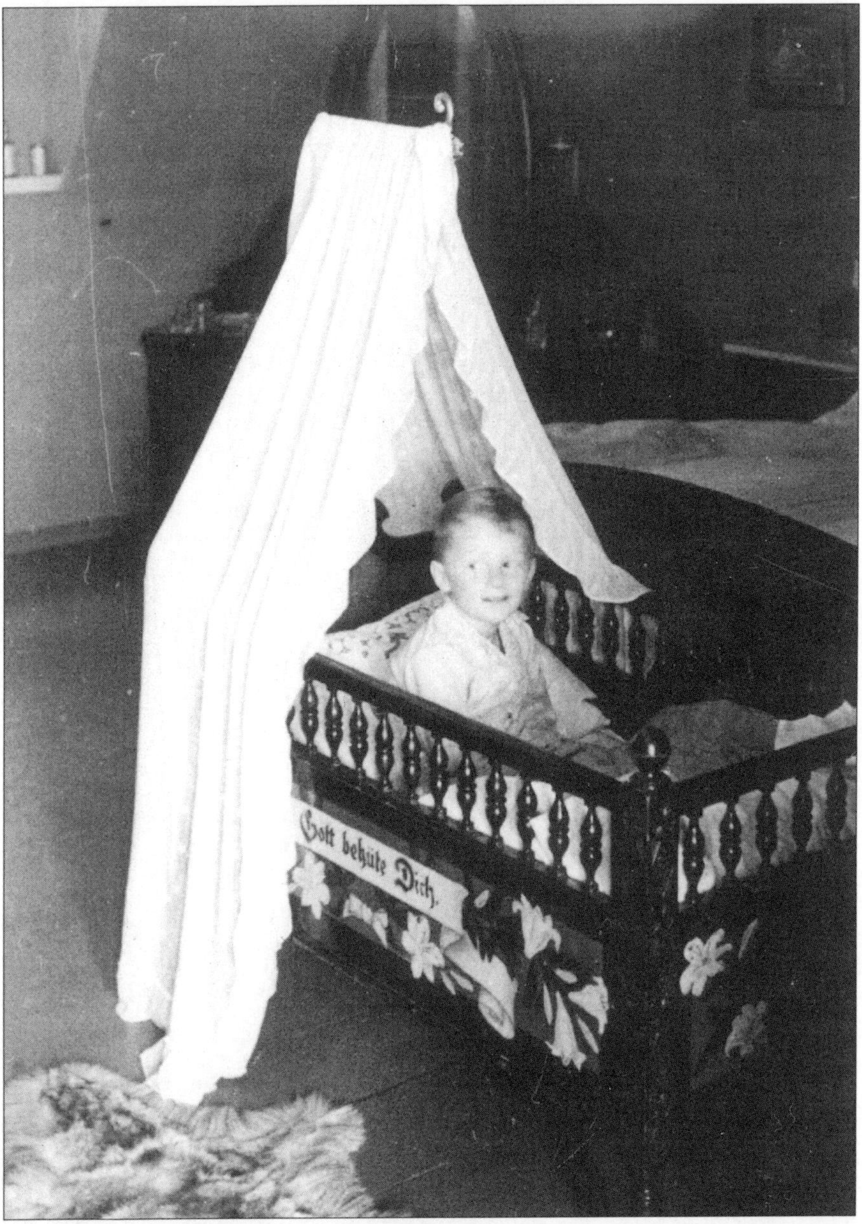

In meinem Kinderbett. Bei einer Haussuchung durch die NKWD schenkte meine Mutter dieses Kinderbett einer schwangeren sowjetischen Soldatin, in der vergeblichen Hoffnung, daß mir das etwas nützen würde.

Die Beerdigung meines Großvaters in Königshain 1935

Beim Segelfluglehrgang 1944

Der Führer Führerhauptquartier, 25. September 1944

Erlaß
über die Bildung des deutschen Volkssturmes

Nach 5jährigem schwersten Kampf steht infolge des Versagens aller unserer europäischen Verbündeten der Feind an einigen Fronten in der Nähe oder an den deutschen Grenzen. Er strengt seine Kräfte an, um unser Reich zu zerschlagen, das deutsche Volk und seine soziale Ordnung zu vernichten. Sein letztes Ziel ist die Ausrottung des deutschen Menschen.

Wie im Herbst 1939 stehen wir nun wieder ganz allein der Front unserer Feinde gegenüber. In wenigen Jahren war es uns damals gelungen, durch den ersten Grosseinsatz unserer deutschen Volkskraft die wichtigsten militärischen Probleme zu lösen, den Bestand des Reiches und damit Europas für Jahre hindurch zu sichern. Während nun der Gegner glaubt, zum letzten Schlag ausholen zu können, sind wir entschlossen, den zweiten Grosseinsatz unseres Volkes zu vollziehen. Es muss und wird uns gelingen, wie in den Jahren 1939–1941 ausschliesslich auf unsere eigene Kraft bauend, nicht nur den Vernichtungswillen der Feinde zu brechen, sondern sie wieder zurückzuwerfen und solange vom Reich abzuhalten, bis ein die Zukunft Deutschlands, seiner Verbündeten und damit Europa sichernder Friede gewährleistet ist. Dem uns bekannten totalen Vernichtungswillen unserer jüdisch-internationalen Feinde setzen wir den totalen Einsatz aller deutschen Menschen entgegen.

Zur Verstärkung der aktiven Kräfte unserer Wehrmacht und insbesondere zur Führung eines unerbittlichen Kampfes überall dort, wo der Feind den deutschen Boden betreten will, rufe ich daher alle waffenfähigen deutschen Männer zum Kampfeinsatz auf.

Ich befehle:

1. Es ist in den Gauen des Grossdeutschen Reiches aus allen waffenfähigen Männern im Alter von 16—60 Jahren der deutsche Volkssturm zu bilden. Er wird den Heimatboden mit allen Waffen und Mitteln verteidigen, soweit sie dafür geeignet erscheinen.
2. Die Aufstellung und Führung des deutschen Volkssturmes übernehmen in ihren Gauen die Gauleiter. Sie bedienen sich dabei vor allem der fähigsten Organisatoren und Führer der bewährten Einrichtungen der Partei, SA, SS, NSFK, NSKK und der HJ.
3. Ich ernenne den Stabschef der SA, Schepmann, zum Inspekteur für die Schiessausbildung und den Korpsführer des NSKK, Kraus, zum Inspekteur für die motor-technische Ausbildung des Volkssturmes.
4. Die Angehörigen des deutschen Volkssturmes sind während ihres Einsatzes Soldaten im Sinne des Wehrgesetzes.
5. Die Zugehörigkeit der Angehörigen des Volkssturmes zu ausserberuflichen Organisationen bleibt unberührt. Der Dienst im deutschen Volkssturm geht aber jedem Dienst in anderen Organisationen vor.
6. Der Reichsführer SS ist als Befehlshaber des Ersatzheeres verantwortlich für die militärische Organisation, die Ausbildung, Bewaffnung und Ausrichtung des deutschen Volkssturmes.
7. Der Kampfeinsatz des deutschen Volkssturmes erfolgt nach meinen Weisungen durch den Reichsführer SS als Befehlshaber des Ersatzheeres.
8. Die militärischen Ausführungsbestimmungen erlässt als Befehlshaber des Ersatzheeres Reichsführer SS Himmler, die politischen und organisatorischen in meinem Auftrage Reichsleiter Bormann.
9. Die nationalsozialistische Partei erfüllt vor dem deutschen Volk ihre höchste Ehrenpflicht, indem sie in erster Linie ihre Organisationen als Hauptträger dieses Kampfes einsetzt.

gez. **ADOLF HITLER.**

Großes Plakat zum Aufruf des Volkssturms September 1944

Das Gelbe Elend. Rechts Kreuzbau mit Kirche, Bildmitte hinten Lazarett Winkelbau, vorne links, Haus III (Tuberkulose-Sterbehaus) 7 1/2 Jahre kam ich aus diesen Mauern nicht heraus.

Mein Geburts- und Heimathaus

Elena und Ron in den Allgäuer Bergen 1994

Keine Briefmarken u Geldsend. Brief

54 A

Anordnungen für den Empfänger

Straf- und Untersuchungsgefangene dürfen alle 4 Wochen einmal Post empfangen, die in gut lesbarer Schrift gehalten sein muß. Fotos, sonstige Bilder, Postwertzeichen und dgl. sind nicht beizulegen.

Diese Gebühren sind auf das Konto Nr. .... bei der DNB in .... zu überweisen. Dabei ist anzugeben, für wen der Betrag bestimmt ist.

K

Bautzen, den 11. Juni 1953.

Meine liebe Mutti, lieber Vati, liebe gute Oma, meine innig geliebte Hanni! Gott sei Dank, kann ich Euch berichten, dass ich gesund u. munter bin, u. weiterhin sehr interessiert meiner Arbeit nachgehe. Habt herzlichen Dank für Euren lieben Mai-Brief u. das liebevolle, gute Paket. Habe mich sehr darüber gefreut, liebe Oma, dass es Dir gesundheitlich wieder etwas besser geht. – Was macht Deine Furunkulose, liebe Mutti? Dir, lieber Vati, möchte ich noch einmal ganz besonders danken für Deinen letzten Besuch. Ist es doch für mich eine grosse Freude zu hören, dass alles soweit in Ordnung ist, dass Ihr soweit zufrieden u. glücklich in unserem so schönen zu Hause lebt. – Dir, liebste Hanni, lass lieben Dank sagen für die beiden netten Bilder, die ich beim letzten Besuch erhielt. Freue mich sehr, dass Du Deinen Urlaub gut verbracht hast, aber noch mehr darüber, dass Dir nun auch Deine Arbeit Zufriedenheit schenkt. Ach, Liebste, die Liebe u. Treue, die wir uns, die besonders Du mir schenkst, gerade in dieser Zeit, wird eines der kostbarsten, edelsten u. grössten Bande sein, das unser gemeinsames Leben umschlingt. Wenn ich mit meinen Gedanken bei Dir bin, u. ein Schleier der Sehnsucht mich umwebt, dann ist es immer wieder die Arbeit, die Erfüllung meiner Lebensaufgabe, die mir in jeder Situation Zufriedenheit, ja auch Geduld schenkt. Ist es doch etwas wunderbares Kranke zu heilen, sie nicht nur von ihren körperlichen Leiden zu befreien, sondern nach der Ansicht der Psychosomatik, der modernen Richtung der Medizin, die da sagt: Krankheit hat den Zweck, den Menschen zum Sinn seines Lebens zu führen, zu betreuen. – Euch grüsst u. küsst innig Euer

Wolfgang.

SV 38 (VA) Terminbrief VP 00 1. 58 644,1

Anschrift in Blockschrift schreiben!

Wolfgang Hardegen 54 A (VI/44

Anordnungen für den Empfänger

Straf- und Untersuchungsgefangene dürfen alle 4 Wochen einmal Post empfangen, die in gut lesbarer Schrift gehalten sein muß. Fotos, sonstige Bilder, Postwertzeichen und dgl. sind nicht beizulegen.

Postgebühren sind auf das Konto Nr. .... bei der DNB in .... zu überweisen. Dabei ist anzugeben, für wen der Betrag bestimmt ist.

Anordnung: An die Paketscheinvorschriften halten.

Bautzen, den 24. April 1954.

Meine innig geliebten Eltern, liebe gute Oma!
Nun sind all' die Feiertage wiedereinmal vorüber u. habe ich sie soweit recht zufrieden verbracht. Stand doch mein Geburtstag wie auch das Osterfest diesmal ganz unter dem Zeichen meiner – Konfirmation. Sicherlich werdet Ihr ja inzwischen schon etwas davon gehört haben. Nur allzugerne hätte ich auch mich mit Euch über diesen Schritt, den ich schon monatelang genauestens geprüft habe, unterhalten. Es ging mir darum, um es einmal ganz einfach zu formulieren: ein festes Bekenntnis dem Gott gegenüber abzulegen, an den ich glaube, mich dem Christentum anzuschliessen, der christlichen Ethik zu folgen u. diese meine Anschauung auch vor den Menschen zu bekennen. Ihr werdet vielleicht fälschlicher Weise annehmen, dass meine Meinungen situationsbedingt sind, oder mir von den 7 Jahren diktiert wurden – nun wir werden hoffentlich recht bald Gelegenheit haben ausführlich u. gemütlich darüber zu sprechen – ein kleinwenig zu philosophieren. – Seid aber bitte unbedingt davon überzeugt, dass meine lebensbejahende Einstellung, meine oft beneidete Heiterkeit sich deshalb keinesfalls geändert hat, noch zu ändern braucht. – Gott sei Dank, dass ich noch gesund bin u. nun wieder meiner alten Arbeit nachgehen kann. Für Euer so liebevolles Paket u. Eure lieben Geburtstagsgrüsse habt tausend Dank. Bis auf die Eier, die beschlagnahmt wurden ist alles gut angekommen

Auf dem Schulweg verhaftet, war es uns zwei Jahre strikt verboten Kontakt mit unseren Angehörigen aufzunehmen. Sie lebten in dieser Zeit von 1947-1949 in der sorgenvollen Ungewißheit, ob man uns nach Sibirien verschleppt hat oder ob wir überhaupt noch am Leben waren. Danach durften wir u.U. monatlich einen Brief von 15 oder 20 Zeilen schreiben. Kritik oder Negatives war verboten und wurde mit Strafe geahndet.

Unser Freund – Walter Hamann – der nach dreijähriger Haft, 19jährig im Gelben Elend unter den menschenunwürdigsten Verhältnissen sein junges Leben verlor – ein Opfer stalinistischer Gewaltherrschaft